山东耕地质量评价与应用丛书

邹平耕地

任兴超 董慎成 由静 王少伟 主编

山东大学出版社

《邹平耕地》编委会

前　言

耕地是农业生产的基础和最基本的生产资料，是人类生存、生产的物质基础和保障。搞好耕地地力调查与评价，摸清土壤肥力状况，可为农业生产、合理改良利用土地、调整种植业结构、因地制宜地发展现代农业提供可靠的依据。耕地地力评价是了解耕地地力现状的手段。应用好评价成果，以促进现代农业发展、保障国家粮食安全是开展地力评价工作的目的。

邹平县于1959年进行了第一次土壤普查工作，又于1983年8月至1985年5月进行了第二次土壤普查工作。自第二次土壤普查以来，没有再进行邹平县范围的土壤普查工作。此后的三十多年里，随着改革开放，我国的农业生产力得到了极大的释放，农业生产水平得到了极大的提高，耕作制度、耕作方式、施肥品种、作物生产能力、农业基础设施、水利条件等因素都发生了较大变化，耕地与现代农业生产的高产、稳产、可持续发展要求出现了新的矛盾。所以，第二次土壤普查数据已不能准确反映当前的土壤养分现状和用来指导农业生产，原有的调查数据内容也已远远不能满足当前农业生产的需求。开展耕地地力调查与质量评价工作，是践行“三个代表”重要思想、贯彻落实科学发展观和习近平总书记系列重要讲话精神、维护农民切身利益的具体体现，是保障国家粮食安全、促进粮食稳产增产、保证农民持续增收、促进农业生态环境不断改善的重大举措，也是落实农业部2015年制定的《到2020年化肥使用量零增长行动方案》和《到2020年农药使用量零增长行动方案》的具体措施，对摸清和改善当前土壤养分状况、实现农业可持续发展具有十分重大的意义。

本次耕地地力调查与质量评价充分应用了第二次土壤普查的成果资料、土地利用详查资料，调查了粮田、棉田、蔬菜地的生产管理情况，采集了土壤样品、灌溉水质样品、植株样品，分析了土壤养分等含量、土壤物理状况等项目，对耕地的土壤肥力进行了综合评价，建立了耕地质量空间数据库和属性数据库，建立了耕地质量管理信息系统，绘制了耕地地力等级、土壤养分（有机质、全氮、碱解氮、有效磷、速效钾、缓效钾、有效态中微量元素）等数字化成果图，提出了主要粮食作物和经济作物的平衡施肥模式。

目　录

第一章　自然与农业情况

邹平县地处山东省中北部、滨州市最南端、胶济铁路北侧、黄河下游南岸，是鲁中山区北麓和鲁西北黄泛平原的叠交地带，北依黄河，南枕长白山。

邹平县历史悠久。夏朝时封舜后姚姓为邹侯，在邹平之域建立了邹侯国；楚汉战争后，刘邦分封诸侯，封功臣武虎为梁邹侯，于邹平建立梁邹侯国；春秋时，齐景公筑“邹之长涂”（通向邹国的道路），邹关（今隘埠口）之东始就平地，故名邹平；西汉时设县，是历史上有名的齐鲁上九县（泰莱肥、邹长桓、蓬黄掖）之列，1991年境内发现的属龙山文化的古城遗址（丁公遗址）把中国文字历史向前推进了800年（丁公陶文比甲骨文早800年）；战国时期，陈仲子创立“於陵学派”；秦末伏生口传《尚书》名闻天下；魏晋数学家刘徽为《九章算术》做注，《九章算术注》是中国最宝贵的数学遗产；隋末著名的王薄起义在邹平发起；北宋名相、杰出政治家、军事家、文学家范仲淹在邹平度过了青少年时代；20世纪30年代，著名学者梁漱溟先生在邹平创办了山东乡村建设研究院，进行了为期七年的乡村建设实验活动；邹平是中美建交后第一个对美国学者开放的农村调查点，先后接待外国学者3800余人次；1997年，美国前总统吉米·卡特专程来邹平进行了为期三天的考察访问。

邹平资源丰富，拥有“鲁中生态明珠”鹤伴山国家级森林公园、“齐鲁小灵岩”佛教寺院唐李庵、丁公遗址、王薄起义遗址、范公祠等景点80余处，还拥有白云山。邹平白云山，又名“玉皇顶”，海拔729.6m，山石黑色，类泰山石，山势雄伟，峰高峪深，形有泰山主峰之势，俗称“小泰山”，故古来就有“泰山副岳”之称。

邹平县不仅具有悠久的历史文化和丰富的自然资源，而且在经济、社会、生态等多方面都取得了长足的发展。目前，邹平县是世界上最大的棉纺织基地，山东省第一个设在县内的保税物流中心——滨州保税物流中心（鲁中运达保税物流中心）已经落户邹平。邹平县已经取得的主要城市名片有：全国县域经济百强县、全国民营经济最具活力县、国家园林县城、国家卫生县城、中国书法之乡、中国棉纺织城、中国糖都、中国玉米油城等。

邹平县由新中国成立初期的邹平、长山、齐东三县合并而成。1956年3月，根据《山东省关于调整部分行政区划令》，长山县撤销后与邹平县合并为邹平县。1958年10月，根据《山东省行政区划调整方案》，撤销齐东县，将原齐东县6个公社划归邹平县，邹平县调整为1个镇、21个公社，归淄博专区领导。1961年1月，邹平县划归惠民专区管辖，同时划出4个公社归高青县，调整为18个公社。1984年5月，邹平县实行政社分开，建立乡（镇）政府，在18个公社的基础上，建立了14个乡、3个镇。1994年，经山东省人民政府批准，邹平县撤销明集、临池、好生、青阳、韩店、孙镇6个乡，设立明集、临池、好生、青阳、韩店、孙镇6个镇。1995年，山东省人民政府批准苑城、焦桥、西董、礼参、台子5个乡撤乡设镇。1996 年，山东省人民政府批准九户撤乡设镇。2001 年，山东省人民政府批准撤销苑城镇合并到长山镇，撤销礼参镇合并到邹平镇，撤销里八田乡合并到魏桥镇。2002 年，山东省人民政府批准码头撤乡设镇，批准撤销邹平镇，设黛溪、黄山、高新 3 个街道办事处。至 2002 年，邹平县共辖 3 个街道办事处（黛溪、黄山、高新）、13 个镇（长山、魏桥、临池、好生、西董、焦桥、韩店、孙镇、九户、明集、青阳、台子、码头），共 77 个办事处、858 个行政村（本次耕地地力评价工作行政区划的依据就是 2002 年邹平县区划）。2010 年，山东省人民政府批准撤销好生镇，设立好生街道办事处。2011 年，山东省人民政府批准撤销西董镇，设立西董街道办事处。2003 年 6 月山东省人民政府批准设邹平县经济开发区，2010 年 11 月国务院正式批准其升格为国家级经济技术开发区，成为山东省首家设在县级城市的国家级经济技术开发区。至此，邹平县共辖 5 个街道办事处（黛溪、黄山、高新、好生、西董）、11 个镇（长山、魏桥、临池、焦桥、韩店、孙镇、九户、明集、青阳、台子、码头）和 1 个国家级经济技术开发区，共 77 个办事处、23 个社区、858 个行政村。

邹平县的地理坐标为北纬 36°42′～37°09′、东经 117°18′～117°57′。西北与济南市济阳县、滨州市惠民县隔黄河相望，北与淄博市高青县以小清河为界，东与淄博市桓台县接壤，东南与淄博市周村区相邻，西南和西部与济南章丘市毗邻。南北长 50.15km，东西宽 57.55km，总面积为 1249.97km^2。2014 年，邹平县共 73.6 万人，其中非农业人口为 26.4 万；2008 年，邹平县共 72.5 万人，其中农业人口为 63.42 万。济青高速公路贯穿县境东西 26km，西距济南国际机场 62km，行程约 0.5h，东距青岛市 218km，行程约 2h。2018 年即将建成的济青高铁，穿越邹平县境内 20.8km，并设有济青高铁邹平站。这将终结邹平县没有铁路客运站的历史，也必会极大地方便邹平及其周边居民的出行。

第一节 自然条件

邹平县属北温带大陆性季风区半湿润干旱气候区，大陆度为 64.7（$k=\frac{1.7\times 年较差}{\sin\varphi}-20.4$）。天气具有明显的季节变化和季风气候特点，四季分明。年降水量为 637.7mm，多集中在 6～9 月，历年平均气温为 13.4℃，年均相对湿度为 64%，年无霜期为 198 天，年日照时数为 2581.2h。雨热同期，光照时间长，光能资源丰富，适宜多种作物生长。春季干旱、多风、回暖快，夏季炎热、多雨、湿度大，秋季天高、气爽、降温急，冬季寒冷、干燥、降雪少。经常发生春旱，夏秋季北部会出现涝灾，晚秋又旱，影响农业生产的发展。近年来，随着全球变暖以及人工沟、河、渠的综合治理，邹平县夏秋涝等自然灾害有所减轻。

邹平县境内地势南高北低，由海拔 826.8m 的高山（摩诃山）到海拔 11.6m 的平原呈倾斜式下降，有低山丘陵、山前冲积平原和黄泛平原 3 种地貌类型。境内南部多山，属于著名的长白山脉，面积为 274.2km^2，共有 317 个山峰，以摩诃顶为最高。境内河流主要有黄河、小清河、杏花河、孝妇河。黄河流经县西北边界，境内长度为 23.5km。

一、气象因素指标

由于邹平县地域较大，南部山丘区对邹平县气候产生较大的影响，所以各地域间小气候有一定差异。南部山区多年平均气温比北部平原区多年平均气温低0.3℃。山区海拔由低而高，气温的垂直递降率为0.68℃/100m。降水量随地域、地形变化而分布不均的现象十分明显。总体来说，南部多于北部，而中部魏桥镇里八田、九户镇九户一带又为邹平县降水量最少的低洼区，多年平均降水量为512.9mm，比北部码头镇的炭刘少39mm，比邹平站少133.4mm。

现以县驻地50年(1959～2008年)统计的有关气象资料，对各气象因素作简要指标分析。

(一)气温

邹平县累计全年平均气温为13.4℃，年度变幅为12.0℃～15.3℃。7月最热，为27.0℃，1月最冷，为－2.4℃，年较差为29.4℃。4月升温幅度最大，为7.8℃；11月降温最快，为8.0℃。历年平均日较差为11.7℃，春、秋两季日较差较大，利于作物的光合作用和物质积累。历年极端最高气温为42.9℃(2005年)和42.8℃(1968年)，极端最低气温为－25.1℃(1959年)。气温年变化情况如表1-1所示。

表1-1 气温年变化情况

项目＼月份	1	2	3	4	5	6	7	8	9	10	11	12	全年
平均气温(℃)	－2.4	0.6	7.1	14.9	20.9	25.7	27.0	25.6	20.8	14.7	6.7	－0.2	13.4
极端最高(℃)	21.0	24.9	28.0	35.2	38.3	42.9	40.6	40.4	37.7	33.8	27.5	23.0	42.9
极端最低(℃)	－22.9	－21.0	－18.1	－6.0	0.9	8.4	12.8	12.3	2.5	－4.9	－15.7	－25.1	－25.1
平均日较差(℃)	10.9	11.7	12.4	13.1	13.2	12.6	9.6	9.4	12.2	12.6	11.6	10.8	11.7
平均最高(℃)	3.5	6.9	13.5	21.2	27.1	31.8	31.9	30.5	26.8	21.6	12.9	5.6	19.4
平均最低(℃)	－7.4	－4.6	1.1	8.2	13.9	19.1	22.3	21.2	15.2	8.7	1.4	－4.8	7.8

历年耕作期(≥0℃)始于2月20日，终于12月6日，期间289.1天，积温为5047.6℃；作物温暖生长期(>10℃)始于4月2日，终于10月30日，期间210.8天，积温为4550.4℃。历年各界限温度初终期及积温如表1-2所示。

表 1-2 历年各界限温度初终期及积温

项目＼界限温度	0℃	5℃	10℃	15℃	20℃
初期(日/月)	20/2	15/3	2/4	25/4	22/5
终期(日/月)	6/12	17/11	30/10	7/10	13/9
间隔天数	289.1	247.8	210.8	167.7	115.0
最早(日/月)	14/1	27/2	21/3	12/4	29/4
最晚(日/月)	28/12	1/12	12/11	25/10	19/10
积温(℃)	5047.6	4886.4	4550.4	3941.5	2948.4
期间降水(mm)	610.1	570.0	565.5	515.8	415.9

(二)地温

邹平县地面温度平均为15.4℃,历年极端最高温度介于59.2℃～68.1℃,极端最低温度介于－30.4℃～－11.9℃;春秋5cm地温的升降幅度较大,7月5cm地温最高为28.7℃,历年4月15日5cm地温可稳定通过15℃,为棉花、花生等的适宜播种期。国庆节前后地温为18℃左右,为小麦播种的最适期。历年各月平均地温如表1-3所示。

表 1-3 历年各月平均地温

项目＼月份	1	2	3	4	5	6	7	8	9	10	11	12	全年
地面温度(℃)	－2.6	1.0	8.8	17.9	25.3	30.4	30.3	28.8	23.4	15.9	6.6	－0.6	15.4
5cm地温(℃)				15.9	22.6	27.7	28.7	27.6	22.4	15.4	7.2		
10cm地温(℃)				15.3	21.8	26.6	28.1	27.4	22.5	15.9	8.0		
20cm地温(℃)				14.7	21.0	25.8	27.5	27.1	22.8	16.6	9.2		

(三)霜期

邹平县历年平均无霜期198天,最长218天,最短161天,平均初霜日为10月25日(9月29日至10月30日),平均终霜日为4月8日(3月25日至5月10日)。

(四)结冰与冻土

邹平县历年平均11月19日开始结冰(10月23日至11月24日),次年4月3日结冰终止(3月26日至4月28日),冰期110.0天。10cm土的冻结期始于1月2日,终于2月13日,每年冻土深度为9～34cm。

（五）降水与蒸发

邹平县历年年平均降水量为 637.7mm，年际变化较大，1976 年高达 1306.0mm，而 1989 年仅为 281.3mm。年内降水量分配极不均匀，夏季最多，占全年的 60.5%，冬季最少，仅占 6.4%，春、秋季分别占 14.6%和 18.6%。7 月降水量最大，累年平均为 173.4mm，占全年的 27.2%；1 月仅为 6.3mm，占全年的 1%。8 月相对变率最小，为 31.2%；1 月相对变率最大，为 132%。

历年年平均蒸发量为 1865.9mm，1968 年最多，为 2636.8mm，1964 年最少，为1502.6mm，年蒸发量为降水量的 2.93 倍。全年平均干燥度为 1.8。7、8 月为湿润期，9 月为半湿润期，6、10、11 月为半干旱期，冬、春季则为干旱期。历年降水与蒸发情况如表 1-4 所示。

表 1-4　历年降水与蒸发情况

项目＼月份	1	2	3	4	5	6	7	8	9	10	11	12	全年
降水量（mm）	6.3	10.7	14.2	31.1	47.8	73.4	173.4	139.0	63.6	35.5	19.6	23.5	637.7
占全年（%）	1.0	1.7	2.2	4.9	7.5	11.5	27.2	21.8	10.0	5.6	3.1	3.7	100
相对变率	132	72	55	62	50	41	36	31	52	54	72	95	21
月降雨日	2.9	3.5	4.2	5.9	6.5	8.2	14.0	11.6	7.3	5.8	4.5	3.6	77.7
蒸发量（mm）	47.9	73.0	149.8	228.3	281.0	306.7	208.9	168.0	151.8	126.6	77.3	46.7	1865.9
蒸发比	9.6	6.48	10.23	6.35	8.4	4.89	1.13	1.25	2.30	3.3	3.75	7.75	3.15
干燥度	6.3	4.1	5.0	3.6	4.8	3.0	0.5	0.8	1.5	2.5	2.5	5.0	2.0

（六）日照

邹平县历年实际日照时数为 2581.2h，日照率为 59%，总辐射量为 123.94kcal/cm²，生理辐射量为 60.75kcal/cm²。各月日照时数及辐射量如表 1-5 所示。

表 1-5　各月日照时数及辐射量

项目＼月份	1	2	3	4	5	6	7	8	9	10	11	12	全年
日照时数（h）	180.0	182.5	220.4	240.7	273.4	257.2	216.6	222.7	217.6	213.1	182.9	174.1	2581.2
日照率（%）	58	58	58	63	62	57	48	53	58	62	59	57	58
总辐射量（kcal/cm²）	6.33	7.59	11.03	12.50	15.28	14.88	12.09	12.05	10.96	8.99	6.48	5.77	123.95
生理辐射量（kcal/cm²）	3.10	3.72	5.41	6.12	7.49	7.29	5.93	5.90	5.37	4.41	3.18	2.83	60.75

（七）风

邹平县以无风天为主，但冬、早春以西北风为主导风向，东北风次之。夏季以东风和东南风最多；春、秋两季则为冷暖气流交汇，进退不定。历年平均风速为 2.2m/s，4 月最大，为 2.9m/s，8 月最小，为 1.6m/s。

二、灾害性天气

邹平县灾害性天气年年皆有发生，平均每年有 8000hm² 左右的农田受到不同程度的灾害，甚至威胁到人们的财产安全。

（一）旱涝

由图 1-1 可看出，邹平县雨热同季，月、季降水不均，春季降水不均匀，夏季集中，春季蒸降比过大，秋冬蒸降比也大，这是造成年内“春旱重，盛夏、早秋易涝，晚秋、冬又旱”的根本原因。

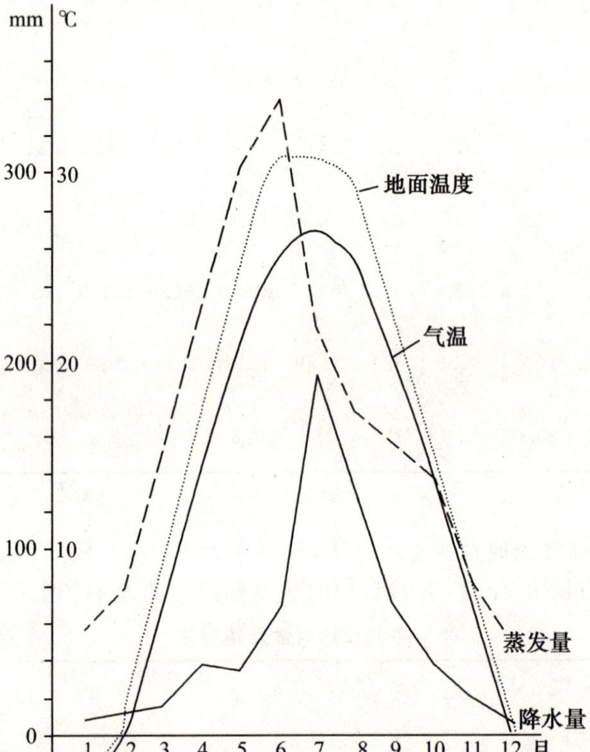

图 1-1　邹平县雨热示意图

年际降水不均，相对变率大，地区差异大，地形复杂，又造成不同年份、不同地区、不同程度的旱涝灾害。

邹平县最为突出（尤其是山丘区）的灾害是旱灾，发生频繁，持续时间长，范围广，危害重。

涝灾多发生在黄泛平原的洼地。造成涝灾的气候原因是夏季降水频率大，强度大，雨量集中，大部分雨量集中在几次大暴雨之中。

1959～2008 年，邹平境内发生过数次旱灾和涝灾。其中，1959～1984 年的 25 年间共发生过 29 次旱灾(春旱 13 次、夏旱 7 次、秋旱 9 次)、12 次涝灾(夏涝 5 次、秋涝 7 次)。

(二)干热风

干热风是 5、6 月的主要灾害性天气，可使小麦千粒重降低 5～10g，减产 10%～20%。历年干热风平均有 10.4 天(3～21 天)，其中重干热风平均有 3.8 天(0～10 天)。

(三)大风

邹平县各镇(街道办事处)大风的风速均可达到 20m/s 以上，经常摧毁房屋和树木。码头镇春季大风时，常带起沙土遮天蔽日，影响农业生产。山区西南大风较多，平原西北大风较多。全年平均大风日数为 20.4 天，以 3、4 月最多，9 月最少。

(四)冰雹

冰雹一般出现在 4～10 月，每次发生范围不大、时间不长，但危害甚重。西北部和东北部 1～2 年一遇，其他地区 3～5 年一遇。

(五)暴雨

1959～1984 年的 25 年间，邹平县共出现过 41 次暴雨，4～10 月都有出现，以 7 月最多。暴雨在山区易造成山洪暴发，从而冲毁农田，低洼地积水成涝。

(六)霜冻

初霜冻比气温稳定降至 10℃的时间平均提前 6 天，增加了棉花霜后花的比例。终霜冻出现于 4 月 20 日以后，每 8 年一遇，对棉花、小麦均有不同程度的影响。

三、气象要素对土壤的影响

在气候因素中，水、热是影响土壤形成和发育的重要因素。邹平县寒暑变化幅度较大，雨热同季，干湿交替明显，冬春低温干燥、冻融交替，夏季炎热多雨、暴雨多，这促进了岩石、土壤母质的风化。山丘区年均流失 2.3mm 表土，尤其是暴雨造成山洪暴发，冲刷表土，冲毁梯田，使上部土层变薄，洪水把泥沙携带到低洼地或淤塞河道，形成大小不等的冲积扇；黄泛区暴雨造成地表径流，泥沙被冲积于洼处，破坏了表土肥力，而细土沉积可形成较黏重的土质，长期积水，可形成湿潮土；西北部大风吹动沙壤表土，可形成沙丘，埋没小苗，造成沙害；春季降水量少，蒸发量大，易使背河槽状洼地和洼坡地造成表土积盐的条件，形成盐碱地。

四、灌溉条件

土壤的发生、发展与地表水、河网、地下水、排灌系统等有密切的关系，在不同的水分状况下往往形成不同的土壤类型。

(一)河流水文特征

邹平县属黄河流域小清河水系，境内有 8 条大型河沟、13 条骨干排水沟、306 条小型排水沟，总长 1045km。除黄河，其余基本属于季节雨源型河流。邹平县地表径流量为 $1.2733\times10^{8}m^{3}$，实际用水量为 $0.8929\times10^{8}m^{3}$，历年平均客水量为 $4.1772\times10^{8}m^{3}$，年利

用量为 $0.7751\times10^8m^3$。除部分下渗转为地下水，其余为蒸发和河流排泄。

1. 黄河

黄河从邹平县西北边境流过，境内长度为 21.75km，水量丰富，水质优良，pH 在 8 左右，矿化度低于 1g/L，历年平均来水量为 $5\times10^9m^3$。黄河引水工程 1 处，当年实际供水量为 $2.65\times10^8m^3$。其中，农业灌溉用水量为 $1.025\times10^8m^3$，工业生产用水量为 $0.125\times10^8m^3$，生态环境用水量为 $0.12\times10^8m^3$，其他用水量为 $1.38\times10^8m^3$。黄汛期最大洪水量为 $2.2\times10^4m^3/s$，洪水漫滩，最深达 2.9m，淹没庄稼，更新表层质地。由于黄河水侧渗影响，沿黄的背河槽状洼地水位不断升高，盐化程度加重，形成中到重度盐化潮土。

黄河是邹平县黄泛区沉积成土母质的动力所在，河流决溢改道、变迁是该区地形地貌、土壤类型形成发育的基本因素。几千年来，黄河水横溢，携带大量泥沙冲积成陆，造就大片土地的同时也给沿黄人民带来了无穷灾难。黄河在西汉时期(公元前 1206 年)到 1938 年间决溢 1413 次。1855 年，黄河在铜瓦厢(河南省兰考县北部)决口后，穿运夺济，由利津入海。1880 年至 1901 年的 21 年中，黄河先后决溢 16 次，对邹平县黄泛区现在的地形地貌、成土过程都有不同程度的影响。黄河下游的河患(堤防决溢或漫溢)一般是由于伏秋大汛(7～9 月)洪水暴涨而致，凌汛也曾造成数次决溢。近代邹平县黄河决溢情况如表 1-6 所示。

表 1-6　近代邹平县黄河决溢情况

决溢地点	时间	灾害情况	堵复情况
山东省历城县骚沟	清光绪六年(1880 年)	是年骚沟决口，水流东趋，注入小清河，灾害波及齐东(今邹平)，尤其东码头上、下村庄受害严重，房屋多被漂没	
邹平县(原齐东)各民埝	清光绪八年(1882 年)	五月底至六月初，连日阴雨，河水陡涨一丈以外，邹平县民埝多数漫决，邹平县大部受害	
邹平县(原齐东)赵丰站	清光绪九年(1883 年)	正月十四、五日，凌水陡涨丈余，二月赵丰站民埝漫决，分东西两口门，计东坝口宽四十余丈，西北龙口宽三十余丈，邹平县大部受害	
邹平县(原齐东)马家庄	清光绪九年(1883 年)	十月霜降后，黄水复涨，地处邹平县坝河两岸，民埝当被冲决，漫入小清河。邹平县大部受害	百姓自行兴办抢堵，二月二十日东坝口堵合，其后，西北龙口坝合
邹平县(原齐东)船家道口	清光绪九年(1883 年)	伏秋雨汛，黄水盛涨，船家道口民埝漫决；十月霜降后，黄水复涨，漫水直入小河清，至冬不涸，邹平县受害	
邹平县(原齐东)肖家庄、西生等处	清光绪十年(1884 年)	五月初九月后，数日风雨交作，八处民埝，大堤节节生险，被大水漫决成口，大堤内外均被冲刷。惟肖家庄，西生两处严重，灾害遍及邹平县	

续表

决溢地点	时间	灾害情况	堵复情况
邹平县(原齐东)肖家庄	清光绪十一年(1885年)	五月伏汛,黄水盛涨,肖家庄复决,邹平县受害	以上口门,除肖家庄,西生两区抢堵较晚外,其余皆随即抢护
山东省历城县河套圈	清光绪十二年(1886年)	六月伏汛,黄水盛涨,河套民埝决口,水向东流,将郭家寨大堤漫冲七十余丈,注入小清河。波及齐东(今邹平)堤南大部境地	
章丘县大寨、金王庄	清光绪十四年(1888年)	伏汛,黄水盛涨,码头镇大寨、金王庄等护庄堤被冲,水入圈堤,灌满后,即将庄南大堤一并漫溢,堤身坍陷三十余丈,漫水东流,注入齐东(今邹平县)境,大部受害	
邹平县(原齐东)旧城	清光绪十八年(1892年)	此处历为县城,三面临河,形如釜底。光绪十八年河势南移,水洪入城,房舍大半坍塌,仅存东南一隅,故于光绪二十年,将县城迁往今邹平县九户	
邹平县(原齐东)堤北滩地	清光绪十九年(1893年)	七月七日,黄水盛涨,邹平县民埝漫溢,堤北滩地尽被淹没	
邹平县(原齐东)堤北滩地	清光绪二十三年(1897年)	正月二十日,黄河凌汛盛涨,民埝漫溢,堤北滩地尽被淹没	
历城县杨史道口	清光绪二十四年(1898年)	六月二十四日,黄水陡涨,民埝漫决,黄水流顺小清河东下,泛滥三月有余,齐东(今邹平)全境被害,小清河两岸村庄尤甚	
章丘县陈家窑	清光绪二十七年(1901年)	六月伏汛,黄水盛涨,六月二十四日大堤漫决,决去数十丈,水流东注,波及齐东(今邹平)堤南全部村庄	

2. 小清河

小清河从邹平县北部穿过,境内长 46.5km,流域面积为 960km^2,是邹平县排洪泄涝的主河道,最大泄洪量为 250m^3/s。另有马四干、郑一沟、魏桥大沟等,每年引小清河水约 0.24×10^{8}m^3,灌溉魏桥镇、明集镇、孙镇等的农田。

3. 孝妇河

孝妇河发源于淄博市山区神头,系排山洪河道,流经淄川、周村,穿越邹平县长山、高新、焦桥镇。境内长 22.9km,流域面积为 350km^2,蓄水能力(2.5×10^{5}m^3)和灌溉效益都不大,80%的径流白白淌掉。主要支流有猪龙河、新月河、淦沟河、胜利河。

4. 杏花河

杏花河是一条古老的自然河道,流经邹平县中部由西南到东北的最洼地带,担负着沿河的排涝和邹平、章丘两县市的山洪排除任务。沿线有 6 条河道(黛溪河、郑马河、六六河、新民河、安袁河、利民河)汇入其中,流域面积为 550km²,年径流量为 0.11775×10⁸m³,汛期时可排出 70%的水量。因其地势低洼、汇水量大,又有小清河顶托,沿河两岸易积水成涝,但汛后上游断流无水,易出现旱灾。

(二)地下水

地下水的类型、运动规律、矿化度变化与地形地貌密切相关。

1.潜水类型

根据地形、成因,潜水类型共分三类。

(1)山间谷地潜水层:直接伏于基岩之上,为基岩裂隙水,径流速度快,水质为淡水,矿化度低于 0.5g/L,流域面积为 196.02km²。其中 66km² 含水层较好,埋深为 4~10m,单井出水量为 20~40m³/h,水层厚度平均为 5m;30km² 含水层较深,埋深为 10~16m,单井出水量为 15m³/h,水层厚度平均为 3m 左右;低山丘陵 100km²,含水量少,有的在基岩之下,无法利用。

(2)山前平原潜水层:面积为 364.08km²,地势较高,矿化度为 0.5~2g/L,为弱矿化水。1976 年以前,潜水埋深在 2m 左右,单井出水量为 50m³/h。由于干旱、农业用水增加、工业用水截流等,潜水得不到适当补给,用水超采,水位急剧下降,潜水埋深已达 7~15m,单井出水量只有 20m³/h。水源的缺乏,限制了该区农业生产的发展。

(3)黄泛平原潜水层:面积为 691.65km²,河流分布多,河水侧渗影响大。地势低,海拔为 12~19m,潜水埋深为 1~8m,年际变化幅度小,年内随降水变化快。不同地区的水质差异大,矿化度为 1~15g/L。近黄河处潜水埋深浅,其余基本由高地到洼地,潜水埋深由深到浅,矿化度由低到高。潜水径流方向与地表水径流方向基本相同。

2.潜水埋深

1984 年 4~6 月,对潜水埋深进行了测量。因为是在枯水季节进行的测量,所以取得的数值可能偏高。山区潜水埋深 4~35m 不等;山前平原 7~17m,平均 10m;黄泛平原 0.4~9.5m,平均 4.5m。潜水埋深分区及分布如表 1-7 所示。

表 1-7 潜水埋深分区及分布

潜水埋深(m)	分布范围	地貌类型	面积(667m²)	占总面积(%)
<1	芽庄湖、郑马河下游北侧、杏花沟下游两侧	交接洼地	59480	3.17
1~2	沿黄洼地、台子镇东北部;九户镇西北沿及草于头南;魏桥镇里崖镇东;明集镇窝村北;孙镇辛集西;韩店镇官庄	背河槽状洼地、交接洼地、浅平洼地	265814	14.16
2~3	码头附近、魏桥北、九户南、孙镇和韩店等地	决口扇形地、高坡地、平坡地	237596	12.66

续表

潜水埋深(m)	分布范围	地貌类型	面积(667m²)	占总面积(%)
3～5	码头镇南部;魏桥镇郭辛、西码头、南辛;九户镇韩杠、房家;魏桥镇洛庄、粉张、刘井;明集镇里六田;韩店镇西言礼	高坡地、平坡地	336830	17.93
5～7	细条带状分布于魏桥的文家;魏桥镇的辛梁、刘聚桥;明集镇的牛家;焦桥镇的东直	平坡地	157616	8.39
7～10	青阳、西董、黛溪、黄山;明集镇张辛、宋集、高洼、解家;魏桥镇的田李靳、小坡村	山丘、山前平原、平坡地	356239	18.98
＞10	西董镇南洞南、好生镇东、黛溪街道办事处东、高新街道办事处东、长山镇、临池镇	山丘、山前平原	463959	24.71
合计			1877624	100

3.潜水埋深变化

潜水埋深变化主要受降水的影响,侧渗、径流、采水量也各有一定程度甚至较大的影响,年内总的变化呈现“高—低—高”规律。1～3月雨量小,但其他补给大,采水量小,故埋深呈稳定的高水平,平均5.6m左右。3～6月,降水对埋深上升作用甚微,而农业用水量陡增,采大于补,使地下水位骤降,6月达极低值,平均6.73m。7～8月雨季到来,降水除满足作物需求,余者直接下渗或流入河、沟、库内,下渗变为地下水,农业基本停止提水灌溉,水位渐升。9月回升到5.9m左右,直到12月都是慢升。在回升过程中,山丘、山前平原地势高亢,大雨后回升慢;黄泛区低洼,河流多,则迅速回升。个别秋旱年份,埋深可稍有下降,一般维持在雨季后的水平,变动不大。山丘褐土区年变幅为2～4m;黄泛区为1～2m。1976～1983年的8年间,潜水埋深年际间变化更为明显,由1976年的4.65m下降到1982年的7.42m,平均以每年49cm(32～81cm)的速度下降。1983年的降雨量较前两年有所增加,潜水水平面则上升44cm。

4.潜水矿化度

邹平县潜水矿化度依地形地貌的变化而呈规律性的分布。山丘区基本是淡水,山前平原多为弱矿化水。黄泛平原分布复杂,因微地貌类型多样且经多年变化,地表水及地下水径流夹带着淋洗的盐基,碱离子多在洼地积累,故不同类型的潜水交错镶嵌。岗地多为弱矿化水;洼地、坡地多为矿化水;洼地边缘间有少量的强矿化水和盐水。潜水矿化度分类及分布如表1-8所示。

表 1-8 潜水矿化度分类及分布

矿化度分类	矿化度(g/L)	主要分布范围	面积($667m^2$)	占总面积(%)
淡水	<0.5	青阳山丘，西董全部，临池西部山区，好生李家庄附近，好生展家店到高新莲池一线	265541	14.14
弱矿化水	0.5～2.0	黛溪、黄山全部，好生西南与西董东北交界处，临池东部、高新、长山、焦桥、韩店大部、明集成家、许道口、段桥、王家、九户北部、码头西南部、东南部、台子中部、魏桥北部	954079	50.81
矿化水	2.0～5.0	码头大部；魏桥沿黄及南部、东部；魏桥镇里八田北部；九户、孙镇大部；明集大部，长山苑城东北；长山附近	602790	32.10
强矿化水	5.0～10.0	孙镇至九户、明集东左附近、邢家附近，九户附近、刘欢家附近，码头成集附近	50792	2.71
盐水	10.0～30.0	孙镇小三村北，明集邢家、九户潘辛零星分布	4422	0.24

1983 年 2、5、8、10 月，邹平水利局对 3 个定点观测井的地下井水水质进行了化验分析，化验结果如表 1-9 所示。

邹平县地下水化学组成中，阳离子主要有 Ca^{2+}、Mg^{2+}、K^+、Na^+，阴离子主要有 Cl^-、SO_4^{2-}、HCO_3^-。码头镇炭刘庄阳离子中 Na^+、K^+ 占优势，阴离子中 HCO_3^- 占优势，化学分类为 $C\frac{Na}{II}$；九户站阳离子中 Mg^{2+} 占优势，阴离子中 HCO_3^- 占优势，化学类为 $C\frac{Mg}{II}$；青阳镇芽庄湖阳离子中 Ca^{2+} 占优势，阴离子中 HCO_3^- 占优势，化学分类为 $C\frac{Ca}{II}$。pH 随时间的推迟而升高。

(三)水文地质条件对土壤的影响

邹平县山地丘陵坡度较大，降水径流损失多，径流系数在 24%左右，丰水年达 50%以上。暴雨、大雨导致山洪暴发，雨水强烈冲刷表土，冲毁山坡中下部的梯堰，使土壤遭受强烈侵蚀，山丘中上部形成间有裸岩石砾地的褐土性土。近山河床形成大片沙滩淤泥，中游为细粉沙，下游为泥土，淤塞河道。韩店镇上口村东南、肖镇村北 1m 土体以下有较厚的砂层，便是古河道冲积后又覆土形成的。近山平缓地，径流小，降水多渗入地下，产生碳酸盐淋溶层和淀积层，形成淋溶褐土和褐土；下游积水多，潜水埋深浅，土壤受潜水作用明显，形成褐土；地势相对低洼处长期积水，水生植物繁茂，则形成砂姜黑土。

表 1-9　　1983 年定点观测井地下水化学分析结果表

井址（海拔,m）	取样时间 月、日时	水位（埋深,m）	pH	主要离子 阳离子 Ca^{2+}	Mg^{2+}	$K^{+}+Na^{+}$	阴离子 Cl^{-}	SO_4^{2-}	CO_3^{2-}	HCO_3^{-}	离子总量 mg/L 毫克当量/升	总硬度 德国度 毫克当量/升	总碱度 德国度 毫克当量/升	矿化度 mg/L 毫克当量/升	水化学类型（阿列金分类）
九户站 15.06	2.22	11.29	6.5	123	120	172	241	211	0	714	1590	44.9	32.8	1230	$C\frac{Mg}{II}$
	16.00	(3.77)		6.13	9.87	6.89	6.80	4.39	0	11.7	45.8	16.0	11.7	40.0	
	5.14	11.22	7.9	106	90.2	255	319	149	0	659	1580	35.6	30.3	1250	$C\frac{Na}{II}$
	13.00	(3.84)		5.28	7.42	10.2	9.00	3.11	0	10.8	45.8	12.7	10.8	40.4	
	8.15	12.44	7.9	127	110	226	277	266	0	677	1680	43.2	3.11	1340	$C\frac{Mg}{II}$
	17.00	(3.62)		6.34	9.06	9.04	7.81	5.53	0	11.1	48.8	15.4	11.1	43.3	
	10.12	12.07	7.8	135	129	178	283	236	0	702	1660	48.5	32.2	1310	$C\frac{Mg}{III}$
	15.00	(2.99)		6.72	10.6	7.10	7.98	4.92	0	11.5	48.8	17.3	11.5	43.1	
炭刘庄 17.82	2.22	13.14	7.0	146	147	355	573	229	0	769	2220	54.4	35.3	1840	$Cl\frac{Na}{III}$
	12.00	(4.41)		7.31	12.1	14.2	16.2	4.76	0	12.6	67.2	19.4	12.6	60.9	
	5.24	13.64	8.0	192	123	290	451	158	0	934	2150	55.2	42.9	1680	$C\frac{Na}{III}$
	14.00	(4.18)		9.58	10.1	11.6	12.7	3.30	0	15.3	62.6	19.7	15.3	55.0	
	8.12	15.13	7.9	142	102	358	381	407	16.2	616	2020	43.5	29.7	1710	$Cl\frac{Na}{III}$
	17.00	(2.69)		7.09	8.41	14.3	10.7	8.48	0.54	10.1	59.6	15.5	10.6	54.6	
	10.14	14.15	8.4	148	95.9	363	394	238	0	836	2080	42.9	38.4	1660	$C\frac{Na}{III}$
	14.00	(3.67)		7.41	7.89	14.5	11.1	4.96	0	137	59.6	15.3	13.7	52.8	
芽庄湖 17.09	2.22	13.20	6.0	130	40.8	47.5	47.4	181	0	405	851	27.6	18.6	649	$C\frac{Ca}{II}$
	12.00	(3.89)		6.47	3.36	1.90	1.34	3.76	0	6.63	23.4	9.83	6.63	20.1	
	5.15	14.13	7.0	123	39.6	86.8	45.1	218	0	431	943	26.3	19.8	728	$C\frac{Ca}{II}$
	8.00	(2.96)		6.13	3.26	3.47	1.27	4.53	0	7.06	25.8	9.39	7.06	22.3	
	8.13	14.20	7.6	129	39.4	75.0	54.2	180	0	450	927	27.1	20.7	702	$C\frac{Ca}{II}$
	16.00	(2.89)		6.42	3.24	3.00	1.53	3.75	0	7.38	25.4	9.66	7.38	21.7	
	10.15	14.60	7.7	129	53.2	31.0	49.2	188	0	411	861	30.3	18.9	656	$C\frac{Ca}{III}$
	12.00	(2.49)		6.42	4.38	1.24	1.39	3.92	0	6.73	24.0	10.8	6.73	20.6	

由于黄河是流量大、流水时间长的悬河，致使邹平县沿黄一带潜水埋深浅，仅 0.5～1.0m，排水不畅，积盐严重，形成了盐化程度较高的盐化潮土；杏花沟下游的芽庄湖侧，潜水埋深小于 1m，汛期排水不畅，积水时间较长，形成了含有潜育层的湿潮土；洼坡地土壤质地疏松，潜水埋深在 2m 左右，矿化度为 2～10g/L。春秋降水少，蒸发量大，盐分随地下毛管水上升到地表，水分蒸发，盐分积于地表，形成了盐化潮土；潜水埋深为 3～7m，雨季受潜水作用强烈的地区形成潮土；明集镇西部、魏桥镇里八田西南部地势高，潜水深，土壤向褐土方向发展。

五、地形、地貌

农业地貌是自然景观的综合体，制约着水分和热量的重新分配，影响着土壤的形成与演变，综合反映土壤的空间分布状况。因此，农业地貌是农业生产的主要生态环境条件。

邹平县地处鲁中泰沂山区北麓与鲁西北黄泛平原的叠交地带，地貌复杂，类型多样。南部是中度切割的低山丘陵，东南部是第四纪形成的山前冲积平原，北部和西北部是广阔的黄泛平原区，大体以杏花沟作为山前冲积平原和黄泛平原的分界线。海拔高度由南部山区 826.8m 的摩诃顶向东北 11.6m 的交接洼地呈倾斜式下降。黄泛平原由西北黄河沿岸向东南交接洼地呈缓降状态。邹平县以杏花沟沿岸的地势为最洼，平原基本呈簸箕状。由于地形的影响，地表径流方向多从西向东，或由南而北，汇入小清河。南部山谷峪川汇集山洪形成了黛溪河、新月河、潴龙河、淦沟河、望京河、卧狼沟等山洪河道，汇水泄入纵穿境内的杏花沟、孝妇河，最后总汇于横贯县境的小清河而入海。根据地形地貌特征、成因、地面组成物质和人类活动的影响，邹平县大体分为 3 个大地貌类型、17 个微地貌单元。邹平县地貌类型及分布面积如表 1-10 所示。

表 1-10　　邹平县地貌类型及分布面积表（1983 年）

大地貌类型	微地貌类型	分布范围	面积（667m²）		占总面积（%）	
低山丘陵	低山岭坡	山丘顶上部	294035	135502	15.66	7.22
	水平梯田	山丘中下部		69712		3.71
	近山阶地	坡麓之下		70195		3.74
	沿河阶地	山谷排洪河两侧		18626		0.99
山前倾斜平原	山前倾斜平地	山前冲积扇上部	546120	186206	29.09	9.92
	山前缓平地	山前冲积扇下部		295220		15.72
	山前缓岗	高新街道办事处五里堠和长山镇大闫		5733		0.31
	山前洼地	黛溪街道办事处十里堡洼、滕家洼、长山镇陈度洼		58961		3.14

续表

大地貌类型	微地貌类型		分布范围	面积(667m²)		占总面积(%)	
黄泛平原	交接洼地		青阳镇芽庄湖、孙镇辛集洼等		198818		10.59
	浅平洼地		魏桥镇东码头洼、九户镇长槐洼、台子镇孟湖洼等	287701	58848	15.32	3.13
	背河槽状洼地		沿黄堤南		30035		1.60
	缓平坡地	洼坡地	洼地边缘		129200		6.88
		平坡地	洼坡地之上，高坡地之下	583354	256332	31.07	13.65
		高坡地	决口扇形地，河滩高地之下		197822		10.54
	决口扇形地		码头镇大寨，码头镇到魏桥镇西	61405		3.27	
	河滩高地		魏桥镇里八田到九户镇	45522		2.42	
	河圈地		码头镇、台子镇黄河堰里	49487		3.17	
合计				1877624		100	

(一)南部低山丘陵

南部低山丘陵面积为196.02km²，占邹平县总面积的15.66%，系泰沂山区北缘的长白山脉北半部，由中生代至新生代历经地质变动和岩浆喷发、地面隆起而形成，岩性大部分为基性或中性火成岩，局部为变质岩。纵横连绵的大小山头有300多个，海拔从51m到826.8m不等，多为西北—东南走向。山丘区砂石资源丰富，并蕴藏着较为丰富的矿产，以铜、重度有色金属为主，有一定的开采价值。根据地形的相对高度，本区又分为4个微地貌单元。

1.低山岭坡

低山岭坡分布在山丘顶上部，坡度大于25°，成土母质为残积物、坡积物。土层浅薄，砾石多，强度沟蚀(年均侵蚀深度为6～12mm)，植被稀疏，多为荒山，偶有疏林草地，土壤为褐土性土和褐土。

2.水平梯田

水平梯田位于山丘中下部，成土母质主要是残积物和坡积洪积物，是由人工用石垒堰而形成的梯状农田。上部梯田是中层褐土性土，宜种林果。下部梯田土层厚，主要是褐土，多为农田。因水源奇缺，宜发展旱作农业，有条件的地方要退耕还林，搞好水土保持工作。

3.近山阶地

近山阶地位于坡麓之下，堰高1m以下，田面可达数亩至数十亩，系受洪水冲积作用沉积堆积而成。冲沟发达，土层深厚，土壤肥沃，土壤为褐土。

4.沿河阶地

沿河阶地分布在山谷排洪河两侧，阶地大小、多少不等，多者可有3～5个阶梯，最大阶差在4m以上，多为中厚层褐土，近河沟处常有潮褐土。

(二)东部山前倾斜平原

东部山前倾斜平原面积为364.08km^2，占邹平县总面积的29.09%，由山洪冲积而成。地势平缓，间有岗洼地，海拔为13～150m，土层深厚，土壤肥沃。原有丰富的水源，潜水埋深为2～3m，但由于地下水超采，现已降至平均10m以下，部分地区已降到15m以下，故水源缺乏。由于本区农业开发历史悠久，生产水平较高，经济条件较好，已成为邹平县粮菜高产区和高产开发区。本区共分为4个微地貌单元。

1. 山前倾斜平地

山前倾斜平地分布在近山阶地以下的山前冲积扇的上部，坡降为1/400～1/200，地面平坦，土层深厚，母质为洪积、冲积物，分布着褐土、潮褐土，边缘有砂姜黑土。

2. 山前缓平地

山前缓平地位于山前冲积扇的下部，地势缓平，坡降小于1/400，土质较黏重，土壤肥沃，母质为洪积、冲积物，土壤为褐土、潮褐土。

3. 山前缓岗

山前缓岗在高新街道办事处的五里堠和长山镇的大闫附近各有一岛状土岗，土壤为褐土。

4. 山前洼地

山前洼地位于山前缓平地之中或冲积扇边缘，如黛溪街道办事处十里堡洼、滕家洼和长山镇陈家洼等，地势相对低洼，土质黏重，大雨易积水成涝，排水条件较差，土壤为潮褐土。

(三)北部、西北部黄泛平原

北部、西北部黄泛平原面积为691.65km^2，占邹平县总面积的55.25%，是在黄河历次改道、决溢之时产生河床沉积、河道漫灌沉积、静水沉积和决口歧流堆积等外力作用下形成的，海拔为12～20m。长期以来，黄河冲积错综复杂，反复冲切，相互套叠积压，形成了岗、坡、洼相间的复杂地形及砂、黏、壤多样的土壤类型。本区土地广阔，水源丰富，是目前邹平县以小麦、玉米和棉花为主的粮食经济作物产区，具有农、林、牧、副、渔全面发展的有利条件。本区共分为7个微地貌单元。

1. 河滩高地

河滩高地系古河道漫滩沉积而成，从魏桥镇的里八田到九户镇呈带状分布，地势相对较高，地面坡降较大，径流通畅，潜水埋深为5～8m，土壤为潮土或褐土化潮土。

2. 决口扇形地

决口扇形地主要分布在码头镇，系黄河于1885年在历城县和1901年在陈家窑两次决口乱流堆积而成。决口上游砂淤深4m，下游砂淤深2m。地形起伏不平，有沙岗、砂洼，土壤以砂质潮土为主，剖面为均质砂，春季干旱大风，黄沙蔽天，风蚀严重，对农业生产影响很大。

3. 河圈地

河圈地是码头、台子两镇在黄河大堤以内的滩地，比堤外高3～5m，由每年汛期黄河行洪漫滩淤积而成，土壤为潮土，表土砂、壤、黏相间分布。黄河汛期大水漫滩时，又覆新土，庄稼受害。潜水埋深在5m左右，无盐化威胁，土质较好。

4. 缓平坡地

缓平坡地分布在黄泛区的所有地区，由黄河水漫流沉积而成，成土历史复杂，内夹有小岗地和洼地。根据地形部位又可分为3个单元。

(1)高坡地：分布在决口扇形地之下，台子镇的赵家和魏桥镇以西的地域内。坡度较大，地势较高，潜水埋深在3m左右，土壤多为砂质潮土。在魏桥镇大碾村以西有另一片高坡地，土壤耕作历史长，熟化程度高，表层质地多为轻壤，潜水埋深在7m左右。

(2)平坡地：多分布在台子镇、魏桥镇、九户镇、明集镇等，地势平坦，坡降在1/5000左右，潜水埋深为3～6m，矿化度为2～5g/L，地下水资源丰富，引河灌溉较方便，多为壤质潮土，边缘或水位高处有盐化潮土。

(3)洼坡地：分布在孙镇王屋、明集镇颜集、韩店镇实户等环包交接洼地，潜水埋深为2～3m，排水不畅，矿化度在5g/L左右，多为壤质潮土和壤质盐化潮土。

5.背河槽状洼地

背河槽状洼地沿黄河南堤外呈带状分布，地势相对低洼，潜水受两侧补给影响大，潜水埋深为1～2m，矿化度为2～5g/L，土壤多属盐化潮土，盐碱荒地多，暴雨时易积水成涝。

6.浅平洼地

浅平洼地由黄河水泛滥尾间缓流或静水沉积而成，零星分布于平坡地、洼坡地之中，主要有孙镇洼、辛集洼、九户镇长槐洼、台子镇孟湖洼、魏桥镇东码头洼等7个洼。地势缓平低洼，潜水埋深为1～2m，潜水滞流，矿化度较高，土壤为黏质潮土，透水性差，遇暴雨或雨水集中时排水不畅，易涝。

7.交接洼地

交接洼地为山前倾斜平原和黄泛平原的交接地带，由黄河水和山洪的静水沉积而成，淤土细黏，土壤肥沃，潜水埋深为0.5～2m，土壤为潮土、潮褐土或湿潮土，表土为重壤。

六、地质构造、母岩和成土母质

(一)地质构造

在地质构造上，邹平县属鲁中南台块隆起的北缘和济阳坳陷区南缘的交接地。自震旦纪以来，地壳长期处于缓慢升降运动中，山东黄泛平原曾反复升降5次，原与日本、朝鲜大陆相通。两亿年前，我国西部上升、东部下降，随同泰山、太行山、燕山等高地隆起，平原部分相对沉降，已初具规模。新生代第三纪(约6000万年前)，发生了喜马拉雅山造山运动，地壳褶皱，平原开始以断裂活动为主，太行山以东、泰山以北，包括辽河以南的广大地区向下凹折，剧烈下降到海平面以下，形成一个大致东北向的渤海坳陷，与当时的胶辽古陆解体。第四纪以来，平原仍继续下沉，但由于太行山、燕山沉积物堆积和黄河、海河水系携带大量泥沙的填充，逐渐战胜了长期以来的地壳下沉而形成陆地，沉积物厚度达500～1000m不等。黄河至今仍以每年3km的造陆速度向渤海纵深推进，从而形成了如今颇为壮观的黄泛平原。

由于燕山运动、断裂运动与岩浆活动甚为强烈，中生代表现出地台活化现象，从济南到金岭镇构造的岩浆通过邹平县西南部喷出。中生代晚期，陆续发生了较强烈的火山喷发活动。另在燕山活动期还形成了一系列侵入岩和次火山岩，有岩柱、岩被出现，形成了白垩世青山组中基性火山熔岩和碎屑岩的山脉。后历尽沧桑至新生代重新崛起，长期上升，古老的基底岩裸露，形成中度切割的低山丘陵，即为现在的长白山脉。据推测，在黛溪街道办事处北部本应也有一弧形山丘高地，但由于鲁北平原是在古地质体断裂发生下沉影响而下降，又经第三、第四纪沉积了巨厚松散地层而形成平原。

（二）母岩

邹平县山丘岩石出露者大部分为中基性岩，其中有火山岩 $2.18\times10^{9}m^{3}$、侵入岩 $1.26\times10^{9}m^{3}$、砂岩 $2.1\times10^{9}m^{3}$。

1. 火山岩

火山岩主要有碎屑岩、集块岩、安山玄武岩、凝灰岩等，属白垩系青山组地层，距今不超过 1.4 亿年，主要分布在黄山、青龙山、会仙山、白云山、印台山、跑马岭、歪歪顶子等，风化呈柱状或枕状。

2. 侵入岩

二长岩是邹平县境内最大的侵入岩，为一巨大的弧形岩墙，东起雪花山，经于张、杨李、围子山、四尖山到青阳镇的化庄，全长约 10km，最宽在 2km 以上，储量在 $8.4\times10^{8}m^{3}$ 以上。该岩为白垩系中亚组，距今 1 亿年以上，属中性岩石，是良好的建材资源。

辉长岩分布在山区最南部，东起雪花山、茶叶山、玉泉山到青阳镇西窝陀西南山，全长 10km，储量为 $4.2\times10^{8}m^{3}$。

3. 砂岩

砂岩主要有紫色砂岩、黄色砂岩、石英细粉钙质砂岩，主要分布在临池镇东北方向约 3km 的山上及青阳镇西窝陀西北方向的长白山上，面积大约 $3km^{2}$，风化呈丘状。

（三）成土母质

成土母质是土壤的物质基础。土壤以疏松的状态存在于地球陆地的表面，在土壤下面是岩石的风化残积物或其他堆积物，它们是形成土壤的原始物质，这便是母质。成土母质对土壤的形成、形态、理化性质、生产性能等都有深刻的影响。邹平县不同的地域母质各具特色，根据母质的成因特点，可概括为 6 个类型。

1. 近代残积物

近代残积物是经过风化淋溶残留在原地的岩石碎屑，多为近代风化产物，分布在山丘上部比较平缓的高地上。其中的砂岩和石英岩主要含难风化的结晶石英，其风化物颗粒粗，细粒很少，植被稀少，水蚀、风蚀强烈，形成极薄层或薄层马牙砂或粗砂土；辉长岩、玄武岩、安山岩较易风化，形成的土壤母质含黏粒多，盐基物质较多，矿质营养丰富；凝灰岩风化物黏、细，植物所需的矿质元素亦丰富；二长岩较易风化，风化后产生高岭土、二氧化硅和盐基物质，是土壤中黏粒和钾素的主要来源。总之，火山岩、次火山岩风化物的自然植被覆盖度较大，颜色较深，形成的土壤较厚且生产性能好，陡坡因水土流失重，形成中、薄层褐土性土。

2. 坡积物

坡积物系山坡上部的风化碎屑物，经重力作用、降水侵蚀冲刷，搬运到山坡中部、下部至山麓而成的堆积物。山坡上部分选性差，堆积层薄，粒级粗，磨损程度低，多带棱角；而下部土层厚，发育层次明显，经过淋溶淀积形成淀积层，保水肥性能较好，常与洪积扇堆积在一起，形成褐土或淋溶褐土，土壤为砾质土。

3.洪积冲积物

洪积冲积物系山洪搬运的碎屑物质，在山前平原地区沉积而形成的山洪沉积体。在山谷出口处的沉积物是分选性不好的砾石或粗砂，多年冲积形成的平原土壤层次明显，由扇顶到扇缘推移形成的土壤由粗到细，肥力渐高，多形成褐土和潮褐土，大部分属于高产土壤类型。

4.黄土状母质

黄土状母质分布在邹平县青阳镇和西董镇山麓，由第四纪黄土风积而成。其断面特点为粉砂质，上下层均一，无层理，柱状节理发育，常呈陡壁直立状，颜色以黄(灰黄)为主，一般疏松，易粉碎，具有较大的孔隙。当原生黄土受到次一级的动力作用时，黄土成为次生。邹平县浅层黄土母质为中基性岩风化物所掺，形成黄土状母质。常有层理，柱状节理不明显。颜色有灰白、灰黄、棕黄不等，色调不均一，一般较坚硬，不易粉碎，大孔隙少，全层自上而下不均匀，常有砂砾夹层，属黄土的洪积冲积物。

5.黄河冲积物

黄河冲积物是黄河历代从黄土高原冲积而来的母质，为冲积性黄土母质，并非原生母质，而是在自然成土因素和人类生产活动综合作用下，形成的具有一定肥力的农业土壤。黄土高原为古老的农业区，多为农业土壤，含有丰富的养分和有机质，经洪水径流冲刷，随水流而下，黄河改道决溢之时，呈紧砂慢淤的规律沉积而成潮土。黄土新淤土肥沃，沿黄有“一淤收三麦”之说，故人们争相灌淤。

6.湖积物

邹平县青阳镇芽庄湖内母质是湖泊的静水沉积物，质地黏细，母质颜色较深，汛期易积水成涝，丰水年长期积水，生有大量水生动植物，土壤中掺杂有水生动植物的遗体。土壤为湖积湿潮土或湖积潮褐土。

七、植被

(一)植被类型及种类

根据调查，邹平县植被共有木本植物 26 科、47 属、63 种，草本植物 300 余种。邹平县共分 8 个植被类型。

(1)温带常绿针叶林：鹤伴山等山坡中上部有 4.27hm^2(64 亩)的马尾松、赤松等，黄山的南山及北山坡有 145.1hm^2(2177 亩)的侧柏、圆柏等。

(2)温带落叶阔叶林：共 13682hm^2(205230 亩)。刺槐为山坡主要阔叶树种，山麓、沟旁可见枫杨、加杨、毛白杨、杂交杨、旱柳等，麻栎、黄榆、杜梨、胡桃及松柏类为山区伴生树种，还有数量不多的槲斗树、垂柳、棉槐、黄连木、构树、桑树、君迁子等。杏树、山楂树、柿子树等散生于山坡，山区中下部有生长旺盛的香椿、苹果树、花红果等。

平原区主要树种有刺槐、国槐、榆树、白杨、臭椿、泡桐、柳树等。果树主栽苹果、梨、桃、大红枣、长枣、石榴等。

山区丘陵较常见黄荆、酸枣、紫穗槐，还有金鸡儿、扁担杆子、连翘，胡枝子、紫丁香、柘树、南蛇藤、葛藤、爬山虎、野葡萄、葡萄、花椒等 20 余种。平原有紫穗槐、条桑、红荆、棉柳、枸杞、白蜡等。

(3)温带灌木草丛:山丘区以结缕草、香白草、白羊草为主,另有野菊花、虎尾草。蒿类中,红茜草、白草、野葱、野蒜常见。野生药类有射干、白首乌、防风、土贝母、土牛夕、地黄、百合、远志、南沙参、苦参、紫参、丹参、天南星、元胡、柴胡、半夏、葛草、漏芦、黄花菜、野槐、托盘、灵仙、虎仗、地芋、白尾、苦楝、山括蒌、马兜铃、连翘、曲麦、石尾、透骨草、卷白、金牛草、绿鹤草、芝麻蒿、银花、茵陈、箭羽、五加等200余种。

(4)草甸:主要分布在平原上,白茅、狗尾草、马唐、小蓟、灰菜、苦菜、独行菜、萹蓄、雀麦、节节麦、马齿苋等较多,另有蒺藜、车前、黄蒿、羊胡子草、狗牙根、芦苇、芦草、茅草、苍耳、野生小麦、益母草、菟丝子、泽兰、香草、荠菜、小旋花、酸浆、枸杞、野艾、罗布麻、莎草、蟋蟀草、旱稗、牛筋草、画眉草、野菜豆、匐子苗、野胡萝卜、薄荷、野菠菜、曲曲酸、猪殃殃等,覆盖度达90%左右。

(5)沼泽:分布在青阳镇芽庄湖侧及低洼潮湿处,长有芦苇、芦草、莲、马兰、水毛花、蒲草、莎草、牛鞭草、两栖蓼、三轮草、牛毛毡、荸荠、地环等,覆盖度达90%左右。

(6)温带沙生植被:虎尾草、白茅、节节草等。

(7)温带盐生植被:碱蓬、黄须菜、柽柳较多,还有碱灰菜、野紫苑草、马绊草、芦草、羊角菜、罗布麻等,覆盖度在60%左右。

(8)温带水生植被:黑藻、苦草、眼子菜、菱、荇菜、浮萍、满江红、蒲草、三楞草、大刺藻、轮叶藻等。

(二)栽培农作物植被

邹平县农作物覆盖度为57.33%(1983年第二次土壤普查时为69.22%)。

(1)粮食作物:以冬小麦、玉米、谷子、红薯为主,小杂粮面积很小。

(2)油料作物:主要为花生、大豆,极少的会间作芝麻等。

(3)经济作物:以棉花面积最大,另有西瓜、甜瓜等。

(4)蔬菜作物:主要有大白菜、小白菜、甘蓝、菜花、山药、土豆、大葱、洋葱、蒜、西红柿、茄子、黄瓜、南瓜、冬瓜、丝瓜、辣椒、菠菜、韭菜、莴苣、芹菜、香菜、豆角、芸豆、扁豆、萝卜、胡萝卜、甜菜、茴香、苔菜等。

(5)药材作物:主要有生地、黄芪、菊花、桔梗、红花、丹参、黄芩、白芷、沙参、大力子、大青叶、紫苏、黑芝麻等20余种。

(6)水生作物:藕、芦苇、水葫芦、蒲草等。

(三)植被与土壤的关系

植被是土壤形成的主导因素,对土壤特性有深刻的影响。由于生物的产生、繁殖、进化及生物小循环的作用,出现了种类繁多的植物和微生物组成的群落,形成了相应的土壤。山丘中上部植被稀少,造成水土流失,形成褐土性土;而中下部则植被繁多,土壤中着生大量植物根系,纵横交错固定土壤,大大减少了径流造成的水土流失,形成深厚的褐土;在山地草甸植被影响下,形成了腐殖层深厚的山地灌丛草甸土;封山育林较好的阔叶林下生物累积作用显著,有机质含量可达30g/kg以上,有利于土壤生物分化,同时有利于改善生物小气候,为植物创造了良好的生长条件;耕作历史悠久的农田,自然植被为栽培作物所更换，成土中生物作用已较弱，土壤有机质来源要靠农家肥和作物遗留下来的残根落叶来维持，故在土壤风化演变过程中，人类生产活动影响较大。反过来，植物对土壤有一定的适应性，如在山区，山楂、柿子、香椿生长良好，而它们在潮土中则生长不良；盐生植被只能生长在盐碱土壤上。在不同的土壤上种植相同的作物品种，在相同的管理条件下，最终产量和品质也各不相同。究其原因，水土异也。例如黛溪街道办事处张高的水杏、临池镇北园的葡萄和丝瓜、码头镇李坡的西瓜和韭菜、长山镇甘埠的大白菜和毛张的山药、青阳镇和西董镇的小米、码头镇邵家的红铃枣以及黄山街道办事处和西董镇的红芽香椿等享有盛名，黄泛区的轻壤生产的棉花产量高、品质好，都充分说明了这一点。

植物、气候、土壤相互影响，相互依赖，相互促进，良好的植被条件，使气候向有利于作物良好发育的方向发展，促进土壤熟化，反过来又促进植被更加昌盛、繁茂。

第二节 农业经济与农业生产情况

邹平县自古就属于齐鲁上九县(泰莱肥、邹长桓、蓬黄掖)之列，农业生产基础好，是全国有名的小麦和玉米种植基地。邹平县分别于 2008 年和 2011 年荣获农业部“全国粮食生产先进县”和国务院“全国粮食生产先进县”称号。

一、农业经济情况

邹平县农业生产发展较快，2004 年与 1984 年相比，农业总产值由 52063 万元增加到 171887 万元，农民人均纯收入由 431 元增加到 3942 元。2011 年，邹平县 121940hm^2 小麦和玉米的总产为 931500t。其中，61280hm^2 小麦的总产为 431100t，每亩最高单产为 702kg；60660hm^2 玉米的总产为 500400t，每亩最高单产为 850kg。

多年来，邹平县认真全面落实各项惠农政策，为全县农业生产的健康稳定发展起到了良好的促进作用。比如粮食直补、政策性农业保险、良种补偿、大型农机具补贴、减轻农民负担、耕地地力保护补贴等政策全部落实到位，农民的生产积极性明显提高。邹平县 2008 年实现地区生产总值(GDP)429.76 亿元，按可比价格计算，比上年增长 14.5%。其中，农业实现增加值 20.84 亿元；第二产业实现增加值 328.86 亿元，增长 14.7%；第三产业实现增加值 80.06 亿元，增长 18.5%。三大产业结构比由上年的 5.42∶76.45∶18.03 变化为 4.85∶76.52∶18.63。第一产业比重下降了 0.67 个百分点，第二产业比重上升了0.07个百分点，第三产业比重上升了 0.6 个百分点，人均生产总值 59346.5 元，增长 14.14%。全年农、林、牧、渔业总产值 397105 万元。其中，农业 216091 万元，增长1.3%；林业 7760 万元，增长 7.2%；畜牧业 158132 万元，增长－3.2%；渔业 5322 万元，增长－20.2%；农林牧渔服务业 11800 万元，持平。

邹平县 2008 年实有劳动力 38.65 万人，耕地总面积为 71643.78hm^2，人均耕地面积为 0.113hm^2。主要粮食作物中，小麦年产 326756t，玉米年产 349909t，棉花年产 13186.71t，瓜果、蔬菜年产 423456t。农业总产值 216091 万元。

二、农业生产情况

邹平县种植业历来以小麦、玉米等粮食作物和棉花为主。粮食作物种植面积年际间有波动，1949 年粮食种植面积为 79266.7hm^2(118.9 万亩)，1983 年为 40446.6hm^2(60.7 万亩)，2008 年为 93929.7hm^2(140.8945 万亩)。2008 年农业产值为 216091 万元，比 1949 年的 2849 万元增长了 74.8 倍，比 1978 年的 7092 万元增长了 29.5 倍。农业产值的逐年提高，完全得益于农业科技、农业项目带动、农田基础设施建设和各项惠农政策的贯彻落实。

随着社会各项事业的发展，邹平县耕地总面积逐年减少。1949 年耕地总面积为 94666.7hm^2(142 万亩)，1983 年为 79906.7hm^2(119.86 万亩)，2008 年为 71643.8hm^2(107.4657 万亩)。在此期间，邹平县耕地总面积总共减少 23022.9hm^2(34.3543 万亩)，年均递减 0.41%。

新中国成立后，特别是改革开放以来，邹平进行了大规模的水利建设和农田基本建设，开挖疏浚河道 1860km，建成大型引黄灌区 1 处，引黄能力为 35m^3/s。新建码头镇和韩店镇平原水库 2 座，库容为 $1.2\times10^7 m^3$ 和 $4.5\times10^7 m^3$。通过加固和新建，使山区水库达到 23 座、塘坝达到 108 处，蓄水能力达到 $1.8\times10^7 m^3$。新修和加固堤防约 200km，新建和维修配套桥涵闸 304 座，配套机井 1.43 万眼，整治中小排水沟 260 余条，治理水土流失面积 124km^2。通过这些工程和措施，基本形成了灌溉、供水、防洪、污水处理、水土保持等多功能的水利工程体系，增强了抗旱防涝能力，高产、稳产田达 50000hm^2。

2008 年，邹平县森林覆盖率达 29.6%，达到了平原绿化标准，鹤伴山国家级森林公园也顺利建成。有林地面积达到 22818.7hm^2，比 1978 年的 4666.7hm^2增长了 3.89 倍，年均递增 5.43%。林木蓄积量达到 $1.5912\times10^6 m^3$，比 1978 年的 $0.245\times10^6 m^3$ 增长了 5.49倍。农田林网从无到有，发展到 32524hm^2，比 1978 年增长了 6.5 倍。农田林网的建设，有力地改善了农田小气候，为控制水土流失和提高农作物产量创造了良好的条件。林业产值由 1978 年的 119 万元增加到 2008 年的 7760 万元，增长了 64.2 倍。

邹平县畜牧业也有新的发展，结构不断优化，规模效益明显提高。2008 年，主要牲畜存养量分别为大牲畜数量 6.32 万头(只)，生猪存栏量 27.54 万头，羊 6.91 万只，鸡 546.54 万只。肉总产量为 56532.36t，禽蛋产量为 52206.8t。肉蛋产量的增长为改善城乡人民生活提供了物质条件，畜牧业的发展反过来又为农业发展提供了优质的有机肥料，促进了农业生产的发展，形成了农业生产的良性循环。邹平县各类规模饲养场(户)已发展到 3000 余个，各类畜牧饲养小区发展到 450 个，畜牧产值高达 158132 万元。

第三节　农业基础设施

一、农田水利建设情况

邹平县水利工程有效灌溉面积达 69483.17hm^2。南部山区以池塘、水库、井水为灌溉水源，北部地区以黄河水为水源，中部明集、韩店、孙镇一部分为井河兼用。邹平县现已建成蓄水工程 138 座（中型水库 2 座、小型水库 23 座、塘坝 113 座），已建成蓄水工程总库容为 $7.567\times10^7 m^3$（中型水库 $5.7\times10^7 m^3$、小型水库 $1.55\times10^7 m^3$、塘坝 $0.315\times10^7 m^3$）。蓄水工程当年供水量（农业灌溉）为 $0.4\times10^7 m^3$。黄河引水工程 1 处，引水工程年设计供水能力为 $2.7\times10^7 m^3$。引水工程当年实际供水量为 $2.65\times10^8 m^3$，其中农业灌溉用水 $1.025\times10^8 m^3$，工业生产用水 $0.125\times10^8 m^3$，生态环境用水 $0.12\times10^8 m^3$，其他用水 $1.38\times10^8 m^3$。机井总眼数为 14699 眼，配套机井为 14289 眼，已建成配套机井装机容量为 $8.4\times10^5 kW$。已建成配套机井年实际供水能力为 $1.25\times10^8 m^3$。机井年实际供水能力为 $1.232\times10^8 m^3$，其中用于农业生产的 $1.125\times10^8 m^3$、工业生产的 $4.7\times10^6 m^3$、城镇生活的 $4\times10^6 m^3$、乡村生活的 $2\times10^6 m^3$。除山区，其余的农田基本达到了农业用水供给，真正达到了旱能浇、涝能排的农田基本要求。

二、农业生产机械情况

邹平县的农业机械化程度较高。2008 年，邹平县农机总值已发展到 48515 万元，拥有总动力 857434kW 的多种农业机械。机耕面积为 $1.208\times10^5 hm^2$，机播面积为 $0.8121\times10^5 hm^2$，机收面积为 $0.9405\times10^5 hm^2$，机械化秸秆还田面积为 $1.0499\times10^5 hm^2$，机械脱粒总量达到 $1.46\times10^6 t$。联合收割机有 3022 台，农用拖拉机有 7419 台，农用汽车有 8334 辆，机动喷雾机械有 12007 台。农业机械化的发展，为邹平农业生产的进一步发展增添了后劲。

三、交通运输情况

交通运输业的蓬勃发展，为邹平县农业的发展增添了新动力。到 2008 年，邹平县民用汽车拥有量达到 60463 辆，其中私人汽车 59220 辆、轿车 20140 辆。

2000 年，邹平县率先在滨州市县级地区开通了公交客运，城区开通 1～6 路公交车，魏桥镇开通了 34 辆小公交。到 2008 年年底，邹平县公交车已发展到 137 辆，由城区辐射韩店、长山、明集、魏桥、台子、码头及高新、黛溪、黄山等，858 个行政村有 853 个通上了公交车或客运车，成为山东省第一个公交车过百辆县。

2008 年，邹平县交通运输物流企业发展到 61 家，从事运输的机动车辆有 31637 辆，完成公路货物运输量 $8.313\times10^6 t$、周转量 $6.4187\times10^8 t/km$，完成公路旅客运输量 611.9 万人次，周转量 22011 万人/km。邹平县通柏油路里程达到 2518.4km，其中镇（街道办事处）以上公路通车里程 602km，县城到各镇（街道办事处）、各镇（街道办事处）到各村均有公交车通。所有这些基础设施的完善，都为繁荣邹平经济、促进邹平农业生产发展、推动内外贸易、进行物资交流提供了便利条件，也为包括农业在内的各项事业的进一步发展增添了新动力。

第二章　土壤与耕地资源

第一节　土壤的形成及演变

土壤是指发育于地球陆地表面、能够生长绿色植物的疏松表层。这一概念包含了土壤所在的位置、功能和物理状态，也表明了土壤是一个独立的历史自然体，有它的形成和发育过程。就形成过程而言，土壤是经过自然的成土过程而形成的。地球上所有的土壤，都是由岩石变成的。未经人工开垦的土壤称为"自然土壤"。自然土壤是在一定成土过程中，由母质、生物、气候、地形、时间等5个自然成土因素共同综合作用下形成的自然客体。其中有的土壤是就地形成的，这类土层较薄，如山区土壤。有的土壤是经水流或风力的搬运后再堆集起来的，这类土壤土层深厚，如黄泛平原就是黄河挟带大量泥沙，不断向渤海填充而建造起来的。在自然土壤的基础上，经过人为的作用(如耕种、灌溉、施肥等)后，它的性状发生了改变，称为"农业土壤"或"耕作土壤"。各成土因素相互联系、相互影响，不可代替。诸因素的质和量不同，组合复杂多样，便形成千差万别的不同土壤类型。

邹平县南部山丘区的土壤多为当地基性岩风化物经外力搬运形成的褐土。山丘上部坡度大，地势高，自然植被少，土壤常被雨水冲刷、侵蚀，因而土层薄，发育程度差，表层以下即为基岩，形成褐土性土；山丘中上部坡度较缓，残积物、坡积物累积较多，土层较厚，但发育不完全，多为中层褐土性土或薄层褐土；山丘中下部大部分坡面被人们整修为水平梯田，种植耐旱作物或果林，肥力低，多为坡、洪积褐土；近山阶地或近山平原多为当地岩石风化物和黄土母质混合物形成的黄土母质褐土，土质较松；山前平原则是第四纪以来由山洪携带山上的坡积物、洪积物、有机质逐渐沉积和堆积，形成的深厚肥沃的褐土，邹平县农业历史悠久，素有集约经营习惯，土壤肥力高，多为每亩当季产量在500～700kg的粮田；在沼泽草甸过程及生物累积作用下形成的砂浆黑土，生产性能较差。

黄泛平原的成土母质是黄河历代从黄土高原携带而来的冲积沉淀物，由于黄河决溢位置不一，水流缓急程度不同，使黄泛区土壤不断更新变化，质地砂黏相间，错综复杂，土壤类型繁多，但均属潮土类。现在的近地面土体构型乃黄河近代决溢的历史产物，表层质地以最后一次影响最重。

据邹平县水利局1982年土壤普查钻探深度探测，全县土层均属全新统地层上组。杏花沟东南地区大部分为洪积冲积土层，岩性自下而上为浅黄、灰黄及棕黄色的细砂、粉砂、壤、黏等质地构成的土壤类型，同时钙质结核也不少见。小清河以南与杏花沟之间地区为黄泛冲积平原与山前冲积平原的叠交地带，土体构型复杂。由北向南黄泛地层逐渐变薄，颗粒变粗，向山前冲积土层过渡，岩性分选性逐步渐弱。小清河以北全为黄泛冲积物。

第二节 土壤类型及分布

邹平县土壤类型和分布与地形地貌变化相吻合，又因母质和地下水等区域因素的影响，使土壤分布产生地域性差异。山丘土壤由高而低依次分布着极薄层、薄层、中层褐土性土和坡积洪积褐土、洪积冲积褐土。随着相对高度的降低，土层基本呈同心圆状渐厚，土壤发育程度相对明显，土地利用率相对提高。山前平原由山根到扇缘，依次分布着洪积冲积褐土、洪积冲积淋溶褐土、洪积冲积潮褐土、砂姜黑土。随着地势的降低，质地渐细，土壤肥力渐高。黄泛平原土壤由高到低，基本呈褐土化潮土、潮土、盐化潮土、湿潮土的规律分布，如河滩高地零星分布着褐土化潮土，码头镇的决口扇形地分布着砂质潮土，孙镇辛集洼地分布着黏质潮土或黏质湿潮土，明集镇、魏桥镇里八田、九户镇等的缓平坡地上多为壤质潮土。由于潜水影响强烈，洼坡地及背河槽状洼地多形成盐化潮土。另在山前倾斜平原的相对低洼处，形成面积不大呈带状或块状分布的脱潜育过程而发育成的砂姜黑土。邹平县土壤分类检索表如表 2-1 所示，邹平县土壤分类面积统计表如表 2-2 所示，邹平县各镇（街道办事处）土属面积如表 2-3 所示，邹平县土壤分布断面图如图 2-1 所示。

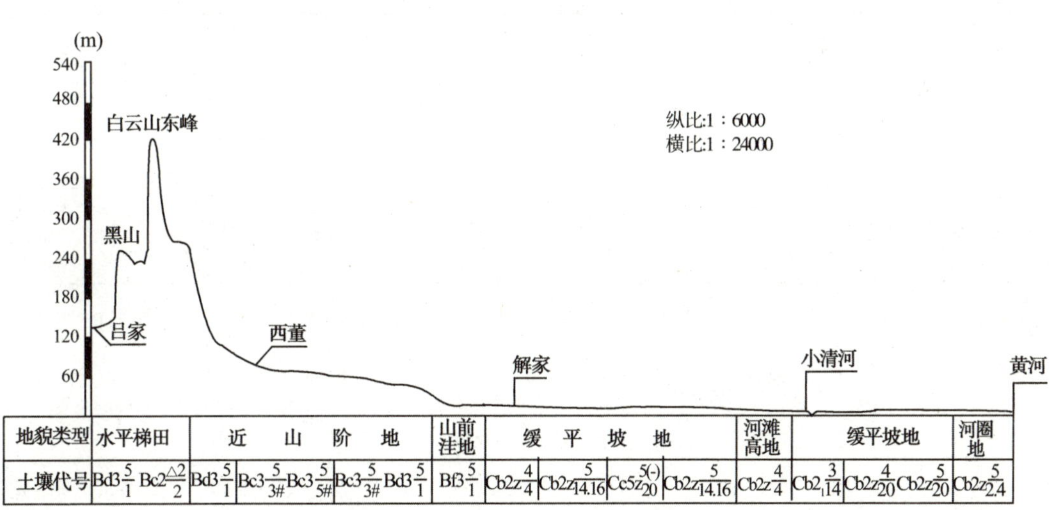

图 2-1 邹平县土壤分布断面图

表 2-1　　邹平县土壤分类检索表

土类代号	土类名称	亚类代号	亚类名称	土属代号	土属划分依据	土种代号	土种划分依据（分母表示）	代号	表土质地（分子表示）
B	褐土	a	褐土性土	2	基性岩类	1 2 3	极薄层硬石底 薄层硬石低 中层硬石底		壤质中砾石土 壤质轻砾石土 中砾质中壤土
									Ⅱ$_1$ 轻度沟蚀 Ⅱ$_2$ 中度沟蚀
		c d f	淋溶褐土 褐土 潮褐土	1 3 7	坡积洪积物 洪积冲积物 黄土母质	1 3 5 7	均质 厚心 厚腰 中层　△砾石层 #黏质 ∸砂层	$\overset{2}{\triangle}_2$	少砾质中壤土 砂壤土　轻壤 中壤土　重壤土
C	潮土	a	褐土化潮土	1_1	壤质褐土化潮土	2	厚砂心	$\overset{1}{\triangle}2$ $5\triangle_2$ $5\triangle_1$ 3 4 5 6	盐化程度按 0～20cm 土层含盐量分：氯化物盐化潮土： （一）轻度：含盐量 1～2g/kg （二）中度：含盐量 2～4g/kg （三）重度：含盐量 4～8g/kg 硫酸盐盐化潮土： （一）轻度：含盐量 2～4g/kg （二）中度：含盐量 4～6g/kg （三）重度：含盐量 6～10g/kg
		b	潮土	2_1 2_2 2_3	砂质潮土 壤质潮土 黏质潮土	4 10 13 14	厚砂腰 厚壤腰 薄黏心 厚黏心		
		c	盐化潮土	5_1 5_2 5_3	砂质盐化潮土 壤质盐潮土 黏质盐化潮土	15 16 19	薄黏腰 厚黏腰 均质砂		
		e	湿潮土	10_3 11_3	黏质冲积湿潮土 黏质湖积湿潮土	20 21	均质壤 均质黏		
G	砂姜黑土	a	砂姜黑土	2 3	薄层覆盖 厚层覆盖	3 5	厚黑土心 厚黑土腰		

表 2-2　　邹平县土壤分类面积统计表（1983 年）

土类名称	土类面积（667m^2）	土类占土壤总面积（%）	亚类名称	亚类面积（667m^2）	亚类面积（hm^2）	亚类占土壤总面积（%）	土属名称	土属面积（667m^2）	土属面积（hm^2）	土属占土壤总面积（%）
褐土(B)	688779（45918.6hm^2）	44.81	褐土性土(Ba)	89925	5995.0	5.85	基性岩褐土性土(Ba1)	89925	5995.0	5.85
			淋溶褐土(Bc)	51738	3449.2	3.37	洪积冲积淋溶褐土(Bc3)	51738	3449.2	3.37
			褐土(Bd)	215877	14391.8	14.04	坡积洪积褐土(Bd1)	37487	2499.1	2.44
							洪积冲积褐土(Bd3)	159106.8	10607.1	10.35
							黄土母质褐土(Bd7)	19283.6	1285.6	1.25
			潮褐土(Bf)	331239	22082.6	21.55	洪积冲积潮褐土(Bf3)	331239	22082.6	21.55

续表

土类			亚类				土属			
名称	面积（667m²）	占土壤总面积（%）	名称	面积（667m²）	面积（hm²）	占土壤总面积（%）	名称	面积（667m²）	面积（hm²）	占土壤总面积（%）
潮土（C）	819532（54635.5hm²）	53.31	褐土化潮土（Ca）	22955.5	1530.4	1.49	壤质褐土化潮土（Cal_2）	22955.5	1530.4	1.49
			潮土（Cb）	654379.4	43625.3	42.58	砂质潮土（$Cb2_1$）	184386	12292.4	12.00
							壤质潮土（$Cb2_2$）	377321	25154.7	24.55
							黏质潮土（$Cb2_3$）	92672.4	6178.2	6.03
			盐化潮土（Cc）	118007.5	7867.2	7.67	砂质盐化潮土（$Cc5_1$）	22177.8	1478.5	1.44
							壤质盐化潮土（$Cc5_2$）	87503.0	5833.5	5.69
							黏质盐化潮土（$Cc5_3$）	8326.7	555.1	0.54
			湿潮土（Ce）	24189.6	1612.6	1.58	黏质冲积湿潮土（$Ce10_3$）	22193.6	1479.6	1.44
							黏质湖积湿潮土（$Ce11_3$）	1996	133.1	0.13
砂姜黑土（G）	28887（1925.8hm²）	1.88	砂姜黑土（Ga）	28887	1925.8	1.88	薄层覆盖（Ga_2）	1968	131.2	0.13
							厚层覆盖（Ga_3）	26919	1794.6	1.75
合　计	1537198	100		1537198	102479.9	100		1537198	102479.9	100

表 2-3 邹平县各镇(街道办事处)土属面积表(1983 年)

镇(街道办事处)	褐土($667m^2$)						潮土($667m^2$)									砂姜黑土($667m^2$)		合计($667m^2$)	占土壤总面积(%)
	Ba2	Bc3	Bd1	Bd7	Bd3	Bf3	$Ca1_2$	$Cb2_1$	$Cb2_2$	$Cb2_3$	$Cc5_1$	$Cc5_2$	$Cc5_3$	$Ce10_3$	$Ce11_3$	Ga2	Ga3		
邹平镇	10719	1500	26935		8692	64799											6726	119371	7.77
西董	54642.7	26468	1546.7	13898.5	35970													132525	8.62
好生	3038	13046			5051	12958										20	6100	40213	2.62
临池	7519	10550	6244		38183	1528												64024	4.16
礼参					9944	22958										1429	7040	41371	2.69
长山					34538.8	39420.5										518.5	3958.7	78432	5.10
苑城						49269											3094	52363	3.41
焦桥						69622			14153	10396								94171	6.13
韩店					969	55743			40693	3989				1799				103193	6.71
孙镇									632121	17939.9		19536.6		16825.6				117514	7.64
九户							9151.7	9586.4	55142.0	4870.6		32770.5						111522	7.25
青阳	14006	174	2761	5385.1	25762.9	12258				38		1154		1392	921			63847	4.15
明集						2688	4183		65611	9756		1106		2177	1075			86596	5.63
里八田							8195.5		47695.6	4778.5		13054.4						73724	4.80
位桥							1425	61323	30667	1135								84554	6.15
台子								26817	49444	11498	2060	16403	3639					109861	7.15
码头								86659.2	10701.8	28271.4	20117.9	3478.4	4687.7					153916	10.02
合计	89924.8	51738	37487	19283.6	159106.7	331239	22955.5	184386	377321	92672.5	22177.8	87503.4	8326.7	22193.6	1996	1968	26919	1537192	100

第三节　土壤分类与理化性状

根据《全国第二次土壤普查暂行技术规程》和《山东省第二次土壤普查工作分类暂行方案》的有关规定，邹平县土壤共分3个土类、9个亚类、17个土属、76个土种。3个土类：褐土、潮土、砂姜黑土；9个亚类：褐土性土、淋溶褐土、褐土、潮褐土、褐土化潮土、潮土、盐化潮土、湿潮土、砂姜黑土。亚类依据表土质地的差异，区分为17个土属。邹平县土壤归属情况如表2-4所示。

表2-4　　邹平县土壤归属表

土类	亚类	土属	土种	
			土种发生学名称	俗称
褐土	褐土性土	基性岩褐土性土	壤质中砾石极薄层基性岩褐土性土	极薄层石渣土
			壤质轻砾石薄层基性岩褐土性土	薄层石渣土
			中砾质中壤中层基性岩褐土性土	中层石渣土
	淋溶褐土	洪积冲积淋溶褐土	中壤表厚黏心洪积冲积淋溶褐土	黏心坡黄土
			中壤表厚黏腰洪积冲积淋溶褐土	黏腰坡黄土
			中壤表均质洪积冲积淋溶褐土	坡黄土
			中壤表厚砾石腰洪积冲积淋溶褐土	砾石腰坡黄土
	褐土	坡积洪积褐土	少砾质中壤表中层坡积洪积褐土	中层粗黄土
			少砾中壤表均质坡积洪积褐土	粗黄土
		洪积冲积褐土	轻壤表中层洪积褐土	中层轻黄土
			轻壤表厚黏心洪积冲积褐土	黏心轻黄土
			中壤表厚黏心洪积冲积褐土	黏心透黄土
			中壤表厚黏腰洪积冲积褐土	黏腰透黄土
			中壤表均质洪积冲积褐土	透黄土
			中壤表厚砾石心洪积冲积褐土	砾石心透黄土
			中壤表厚砾石腰洪积冲积褐土	砾石腰透黄土
		黄土母质褐土	中壤表均质黄土母质褐土	面黄土
	潮褐土	洪积冲积潮褐土	轻壤表均质洪积冲积潮褐土	轻潮黄土
			中壤表均质洪积冲积潮褐土	潮黄土
			中壤表厚黏心洪积冲积潮褐土	黏心潮黄土
			中壤表均厚黏腰洪积冲积潮褐土	黏腰潮黄土
			中壤表厚砂腰洪积冲积潮褐土	砂腰潮黄土
			轻壤表厚砂心洪积冲积潮褐土	砂心潮黄土
			重壤表质洪积冲积潮褐土	老黄土
			重壤表厚黏心洪积冲积潮褐土	黏心老黄土

续表

土类	亚类	土属	土种	
			土种发生学名称	俗称
潮土	褐土化潮土	壤质褐土化潮土	轻壤表均质褐土化潮土	均质两合土
			轻壤表厚黏腰褐土化潮土	黏腰两合土
			中壤表厚黏心厚黏腰褐土化潮土	黏体小红土
			中壤表厚黏腰褐土化潮土	黏腰小红土
	潮土	砂质潮土	沙壤表均质潮土	均质白土
			沙壤表薄黏心潮土	薄黏心白土
			砂质表厚黏腰潮土	黏腰白土
			沙壤表厚黏心潮土	厚黏心白土
			沙壤表薄黏腰潮土	薄黏腰白土
			沙壤表厚黏心厚黏腰潮土	黏体白土
		壤质潮土	轻壤表厚砂心厚砂腰潮土	砂体两合土
			轻壤表厚砂心厚黏腰潮土	砂心黏腰两合土
			轻壤表厚砂腰潮十	砂腰两合十
			轻壤表厚黏心厚砂腰潮土	黏心砂腰两合土
			轻壤表厚黏心潮土	黏心两合土
			轻壤表厚黏腰潮土	黏腰两合土
			轻壤表厚黏心厚黏腰潮土	黏体两合土
			轻壤表均质潮土	均质两合土
			中壤表均质潮土	均质小红土
			中壤表厚砂心厚砂腰潮土	砂体小红土
			中壤表厚砂腰潮土	砂腰小红土
			中壤表厚让心厚砂腰潮土	黏心砂腰小红土
			中壤表厚黏心潮土	黏心小红土
			中壤表厚黏腰潮土	黏腰小红土
			中壤表厚黏心厚黏腰潮土	黏体小红土
		黏质潮土	重壤表厚砂心厚砂腰潮土	砂体红淤土
			重壤表厚砂腰潮土	砂腰红淤土
			重壤表厚壤腰潮土	壤腰红淤土
			重壤表均质潮土	均质红淤土

续表

土类	亚类	土属	土种	
			土种发生学名称	俗称
潮土	盐化潮土	砂质盐化潮土	中盐化砂质表均质盐化潮土	中盐化均质白土
			中盐化沙壤表厚黏腰盐化潮土	中盐化黏腰白土
		壤质盐化潮土	轻盐化轻壤表厚砂腰盐化潮土	轻盐化砂腰两合土
			轻盐化轻壤表均质盐化潮土	轻盐化均质两合土
			轻盐化轻壤表厚黏腰盐化潮土	轻盐化黏腰两合土
			轻盐化中壤表均质盐化潮土	轻盐化均质小红土
			轻盐化中壤表厚黏心盐化潮土	轻盐化黏心小红土
			轻盐化中壤表厚黏腰盐化潮土	轻盐黏腰小红土
			轻盐化中壤表厚黏心厚砂腰盐化潮土	轻盐化黏心砂腰小红土
			轻盐化中壤表厚黏心厚黏腰盐化潮土	轻盐化黏体小红土
			中盐化轻壤表厚砂腰盐化潮土	中盐化砂腰两合土
			中盐化轻壤表均质盐化潮土	中盐化均质壤两合土
			重盐化轻壤表厚砂腰盐化潮土	重盐化砂腰两合土
			重盐化轻壤表薄黏心厚黏腰盐化潮土	重盐化薄黏心砂腰两合土
			重盐化中壤表厚砂心厚黏腰盐化潮土	重盐化砂心黏腰小红土
		黏质盐化潮土	中盐化重壤表厚砂心厚砂腰盐化潮土	中盐化砂体红淤土
	湿潮土	黏质冲积湿潮土	重壤表厚砂腰冲积湿潮土	砂腰红淤土
			重壤表均质冲积湿潮土	均质红淤土
		黏质湖积湿潮土	重壤表均质湖积湿潮土	均质黏红淤土
砂姜黑土	砂姜黑土	薄层覆盖砂姜黑土	中壤表厚黑土心薄层覆盖砂姜黑土	薄覆盖砂姜黑土
		厚层覆盖砂姜黑土	中壤表厚黑土心厚层覆盖砂姜黑土	厚覆盖砂姜黑土
			中壤表厚黑土腰层覆盖砂姜黑土	黄黑土

一、褐土土类

(一)发生属性、面积和分布范围

褐土是在一定的成土因素影响下形成的地带性土壤。邹平县南部是地形起伏平缓、高度不大的低山丘陵。母岩为中基性岩，山麓阶地和山前平原主要是黄土母质和当地母岩风化物的冲积物。自然植被以落叶林为主，伴生有旱生森林和灌木植物，在漫长的季节性干湿交替、雨水集中淋溶及生物作用下，形成了褐土。

褐土的形成过程主要是黏化过程和碳酸钙的淋溶淀积过程。夏季高温、高湿同时出现，表层有机质迅速转化，20～70cm 深度间的土壤原生矿物和次生黏土矿物强烈分解，形成残积黏化和淀积黏化相伴进行的黏化层，雨季水分下行，土体中碳酸盐淋溶淀积形成钙积层。

褐土剖面通体呈棕色或褐色，表层腐殖质层较薄，黏化层深厚，紧实而具有核状或块状结构，结构面常有断续的黏粒胶膜。一般褐土氧化钙含量丰富，在下行水分的作用下，强烈淋溶和积累于钙积层，形成假菌丝体，底土层常发现散布的小型石灰结核。由于成土阶段不同、环境条件不一，钙积层深度有别。剖面 pH 为 6.5～7.2(平均 7.0，1984 年)、6.2～7.8(平均 7.5，2006～2009 年)，有机质含量平均为 12.1g/kg(10.6～15.1g/kg，1984 年)、17.6g/kg(8.6～24.8g/kg，2006～2009 年)，氮、磷均缺乏，肥效反应快。发育在黄土母质上的土层为深厚的褐土，具有良好的渗水、保水性能，地势平坦，在一般降水强度下，大部分雨水均可渗入土中，湿润土层可达 2m，储水量达 540mm，对山区旱作农业有特殊的意义。

褐土广泛分布于杏花沟以东地区，面积为 45918.6hm^2，占土壤总面积的 44.82%。

根据褐土的发育阶段，以及碳酸钙在剖面中的淋溶、淀积特点和潜水影响情况，邹平县褐土土类可分为褐土、淋溶褐土、潮褐土和褐土性土 4 个亚类(见表 2-5)。

表 2-5 邹平县褐土分布表

土类	亚类	土属	主要分布	面积(hm^2)	占土壤总面积(%)
褐土	褐土性土	基性岩褐土性土	分布在低山丘陵中上部较高处	5995.0	5.85
	淋溶褐土	洪积冲积淋溶褐土	主要发育在近山阶地和山麓平原上，临池镇、好生镇、西董镇	3449.2	3.37
	褐土	坡积洪积褐土	黛溪街道办事处、西董镇、青阳镇、临池镇山丘中下部的低山岭坡或梯田上	2499.1	2.44
		洪积冲积褐土	黛溪街道办事处、西董镇、青阳镇、临池镇、长山镇的缓平地上	10607.1	10.35
		黄土母质褐土	西董镇丁家—西井—西赵—会仙—尚庄—由家河滩等	1285.6	1.25
	潮褐土	洪积冲积潮褐土	黄山街道办事处东景、焦桥镇张官以南，山前平原上	22082.6	21.6
合计				45918.6	44.82

（二）亚类、土属和主要土种

1. 褐土亚类（Bd）

褐土亚类俗称“黄土”，主要分布在山丘中下部的水平梯田、近山阶地及青阳镇南部、黛溪街道办事处西南部、黄山街道办事处西南部、西董镇南部、好生镇南缘、临池镇大部分的山麓平原和长山镇附近，面积为 14391.8hm^2，占土壤总面积的 14.04%。植被良好，草旺林茂，土体深厚，侵蚀较轻，多为耕种历史悠久的农田。土壤发育良好，剖面明显地分为耕作层、黏化层和钙积层。耕作层受人类耕作活动影响最深，下有较紧实的犁底层，黏化层多在 40cm 左右出现，厚度不等，深度可达 150cm 以上，土壤结构为棱柱状，表层脱钙作用明显，钙积层碳酸钙含量明显增加，多呈菌丝状附着在结构面上，在一定条件下形成砂姜。土壤呈中性反应，pH 为 6.8～7.5，表层质地多为轻壤到中壤，有机质含量为 11.3g/kg左右，耕性良好，通透性强，适种性较好，自然肥力较高，近山丘潜水深处易受旱害，水是限制农业生产的主要因素。根据成土母质类型，可分为坡积洪积褐土、洪积冲积褐土、黄土母质褐土 3 个土属。

（1）坡积洪积褐土土属（Bd1），主要分布在黛溪街道办事处、黄山街道办事处、西董镇、青阳镇、临池镇等的山丘中下部的低山岭坡或梯田上，面积为 2499.1hm^2，占土壤总面积的 2.44%。土层较深厚，表层含有少量砾石，母质为坡积洪积物。自然植被为白草、酸枣等，侵蚀较重，水源极缺，适于林果生产，农田为旱作。

坡积洪积褐土土属根据土层厚度及土体构型又可分为 2 个土种。

①少砾质中壤表均质坡积洪积褐土（Bd1 $\frac{5\triangle 1}{1}$），俗称“粗黄土”，分布在黛溪街道办事处、黄山街道办事处、临池镇、西董镇、青阳镇的水平梯田上，面积为 2175.3hm^2，占土壤总面积的 2.12%。

代表剖面：⊗13125，1984 年 6 月 26 日取于青阳镇西阿陀的岭坡梯田上，海拔为 200m，自然植被主要为马唐、白草等，轻度沟蚀，无灌溉条件，林地。

该剖面为均质中壤，通体黄褐色，夹有 1%～5%的砾石，土层厚 90cm，发育不完全，层次不明显（见图 2-2）。

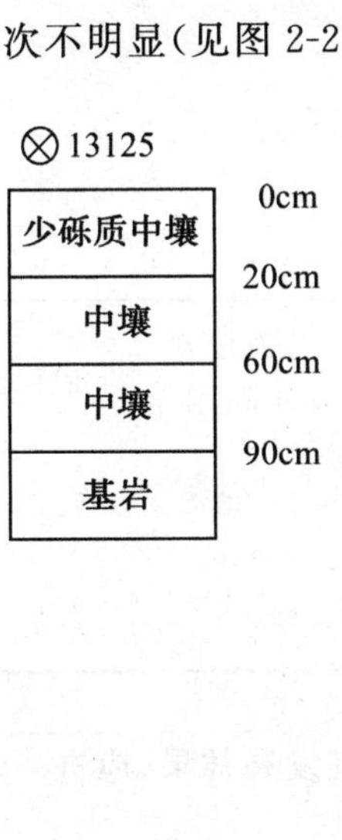

剖面特征：

0～20cm，黄褐色，少砾质，中壤，块状结构，疏松，根系多，石灰反应弱；

20～60cm，黄褐色，砾质中壤，碎块结构，紧，根较多，石灰反应弱；

60～90cm，黄褐色，中壤，碎块结构，紧，根较少，石灰反应弱。

图 2-2 Bd1 $\frac{5\triangle 1}{1}$剖面图

粗黄土⊗13125 剖面理化性状如表 2-6 所示。

表 2-6　粗黄土⊗13125 剖面理化性状表

项目 土层深度(cm)	pH	有机质(g/kg)	全氮(g/kg)	全磷(g/kg)	碱解氮(mg/kg)	有效磷(mg/kg)	速效钾(mg/kg)	容重(g/cm^3)	总孔隙度(%)	毛管孔隙度(%)	通气孔隙度(%)
0～20	7.0	11.9	0.64	1.40	59.5	17.1	112	1.23	53.58	44.0	9.58
20～60	7.0	11.3	0.72	1.21		3.7	94				
60～90		3.8	0.31			2.6	93				

该土种多为农田，通透性较强，各种养分含量偏低，干旱是农业生产的主要矛盾。应因地制宜，退耕还林，发展林果，积极搞好水土保持工作。

②少砾质中壤表中层坡积洪积褐土(Bd1 $\frac{5\triangle 1}{7}$)，俗称“中层粗黄土”，分布于临池镇的山丘岭坡梯田上，面积为 323.9hm²，占土壤总面积的 0.32%，土层厚 30～60cm。

代表剖面：⊗05092，1984 年 5 月 9 日取于临池镇北园水库西北 300m 处的岭坡梯田上，海拔为 300m，自然植被为白草、酸枣等，轻度沟蚀，无灌溉条件。

该剖面有 50cm 的土层，以下为基岩，石灰反应弱，土体发育良好，表层以下有一定发育的淀积层，有胶膜出现。种植葡萄、丝瓜等(见图 2-3)。

⊗05092

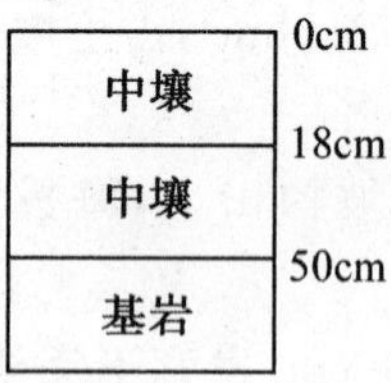

剖面特征：

0～18cm，灰黄色，质地少砾质中壤，屑粒状结构，疏松，根系多，石灰反应弱；

18～50cm，棕褐色，质地中壤，碎块状结构，紧，根系少，石灰反应弱。

图 2-3　Bd1 $\frac{5\triangle 1}{7}$ 剖面图

中层粗黄土⊗05092 剖面化学性状如表 2-7 所示。

表 2-7　中层粗黄土⊗05092 剖面化学性状表

项目 土层深度(cm)	有机质(g/kg)	全氮(g/kg)	全磷(g/kg)	有效磷(mg/kg)	速效钾(mg/kg)	代换量(me/100g 土)	pH
0～18	7.7	0.42	1.66	8.4	89.5	10.92	7.1
18～50	5.8	0.32	2.03	4.7	61.5	13.06	7.1

该土种土层较薄，养分贫瘠，侵蚀较重，干旱缺水，农业产量低，宜发展林果，应进一步搞好水土保持工作。

(2)洪积冲积褐土土属(Bd3)：面积为 10607.1hm^2，占土壤总面积的 10.35%，主要分布在黛溪街道办事处、黄山街道办事处、西董镇、好生镇、临池镇、青阳镇等的山丘水平梯田、近山阶地、近山平原和高新街道办事处东北部的吕家、大刘、西坦及长山镇附近的缓平地上。土层深厚，自然植被为马唐、麦蒿、虎尾草、狗尾草等。表土为中壤，少数为轻壤，侵蚀较轻，潜水较深，平原一般在 8m 左右，山区在 15m 左右。土壤肥沃，多为良好的农田。根据土体构型，洪积冲积褐土土属分为 7 个土种，其中面积较大、有代表性的有 3 个土种。

①中壤表均质洪积冲积褐土(Bd3 $\frac{5}{1}$)，俗称“透黄土”，面积为 9069.3hm^2，占土壤总面积的 8.85%，是该土属面积最大、分布最广的土种，在该土属面积范围内皆有分布。

代表剖面：⊗13094，1984 年 5 月 26 日取于青阳镇西阿陀东北 150m 的近山阶地上，海拔为 65m，自然植被为狗尾草等，侵蚀轻，无灌溉条件，淡水，一年两作或一作，一般种植小麦、玉米和谷子，基本属旱作。耕层疏松，易耕作，土地发育良好，钙积层明显(见图 2-4)。

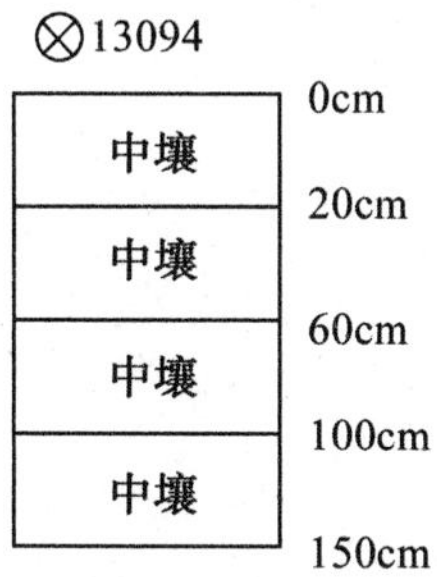

剖面特征：

0~20cm，黄褐色，中壤，块状结构，疏松，根系多，石灰反应强烈；

20~60cm，黄褐色，中壤偏重，块状结构，有胶膜，假菌丝体多，紧，根较多，石灰反应强；

60~100cm，褐黄色，中壤，块状结构，有胶膜，假菌丝体少，紧，根少，石灰反应强；

100cm~150cm，褐黄色，中壤偏重，块状结构，有胶膜，假菌丝体少，紧，根少，石灰反应强。

图 2-4　Bd3 $\frac{5}{1}$剖面图

透黄土⊗13094 剖面理化性状如表 2-8 所示。

表 2-8　　透黄土⊗13094 剖面理化性状表

项目 土层深度(cm)	有机质(g/kg)	全氮(g/kg)	全磷(g/kg)	碱解氮(mg/kg)	有效磷(mg/kg)	速效钾(mg/kg)	容重(g/cm^3)	总孔隙度(%)	毛管孔隙度(%)	通气孔隙度(%)	田间持水量(%)
0～20	9.4	0.64	1.26	83.3	8.3	165	1.27	52.08	40.8	11.28	21.2
20～60	4.1	0.35	1.21		6.0	118	1.45	45.28	35.1	10.18	14.9
60～100	7.3	0.52			3.1	161					

该土种养分含量较高，容重较小，通气性强，田间持水量一般，土体构型无不良层次，近山深水区受旱害较重。应广开水源，发展旱作，浅水灌溉区应增打深井，进一步培肥地

力，以提高土地生产力。

②中壤表厚黏心洪积冲积褐土（Bd3 $\frac{5}{3\#}$），俗称“黏心透黄土”，面积为 1226.6hm²，占土壤总面积的 1.2%，分布于均质壤之中或之下的地势相对较洼的地带，心、腰部黏粒明显增加，黏化层深厚，达 60～150cm，土质肥沃，保肥水性能强，有较高的土地生产力。

代表剖面：⊗05128，1984 年 4 月 26 日取于临池镇南寺东北 30m 处的近山阶地上，自然植被为狗尾草、苦菜等，轻度侵蚀，井灌，潜水埋深为 9m，一年两作，种植小麦、玉米（见图 2-5）。

⊗05182

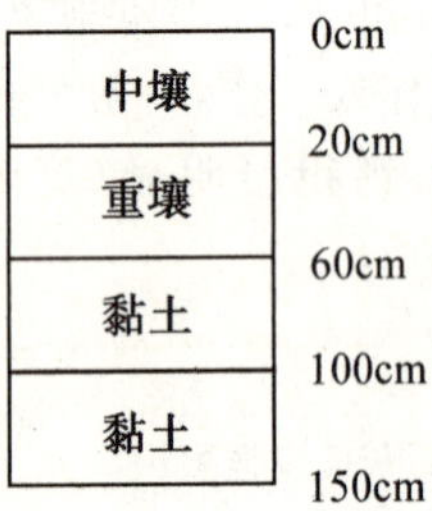

剖面特征：

0～20cm，黄褐色，质地中壤，屑粒状结构，稍紧，根系多，石灰反应弱；

20～60cm，黑褐色，质地重壤，块状结构，胶膜少，紧，根较多，无石灰反应；

60～100cm，棕褐色，质地黏土，核状结构，胶膜多，极紧，根少，石灰反应弱；

100～150cm，红棕色，质地黏土，棱柱状结构，极紧，根少，石灰反应弱。

图 2-5 Bd3 $\frac{5}{3\#}$剖面图

黏心透黄土⊗05128 剖面化学性状如表 2-9 所示。

表 2-9 **黏心透黄土⊗05128 剖面化学性状表**

项目 土层深度(cm)	有机质 (g/kg)	全氮 (g/kg)	全磷 (g/kg)	碱解氮 (mg/kg)	有效磷 (mg/kg)	速效钾 (mg/kg)
0～20	17.1	0.89	1.24	78.3	30.5	254
20～60	8.5	0.57	0.80		8.8	153.5
60～100	6.3	0.56				128

该土种富含养分，保水肥能力强，耕层以下土质黏重，对根系下扎有不利影响，应打破犁底层，逐年加深熟化层，增施有机肥，促进根系发育。大力发展井灌，提高抗旱能力。

③中壤表厚砾石腰洪积冲积褐土（Bd_3 $\frac{5}{5\triangle}$），俗称“砾石腰透黄土”，面积为 303.7hm²，占土壤总面积的 0.3%，主要分布在黄山街道办事处贺家村周围、青阳镇耿刘村及临池镇北台村的近山阶地或近山平原上。表土稀松，通透性强，剖面腰位有大于 10cm 的厚薄不一的砾石层，漏水、漏肥严重，尤其是干旱年份，严重影响作物生长。

代表剖面：⊗01086，1983 年 11 月取于黄山街道办事处贺家村西南 350m 处的近山高阶地上，自然植被为白草、麦蒿等，轻度侵蚀，无灌溉条件，潜水埋深为 11m，一年一作，多数种植红薯（见图 2-6）。

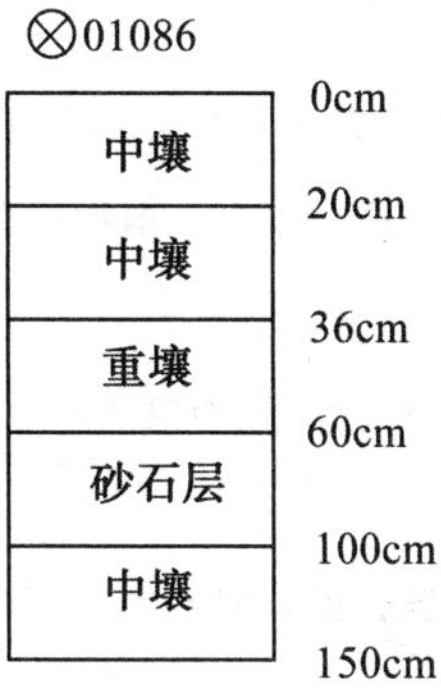

剖面特征：

0～20cm，黄褐色，中壤，屑粒状结构，疏松，根系多，石灰反应强；

20～36cm，黄色，中壤，块状结构，假菌丝体少，紧，根较多，石灰反应强；

36～60cm，黄棕色，重壤，块状结构，假菌丝体多，紧，根少，石灰反应强；

60～100cm，黄棕色，砾石层夹有黏土，块状结构，紧，根少，石灰反应强；

100～150cm，黄棕色，中壤，柱状结构，紧，根少，石灰反应强。

通体pH为7.0。

图 2-6 $Bd_3\ \frac{5}{5\triangle}$ 剖面图

砾石腰透黄土⊗01086 剖面化学性状如表 2-10 所示。

表 2-10 砾石腰透黄土⊗01086 剖面化学性状表

项目 土层深度(cm)	有机质 (g/kg)	全氮 (g/kg)	全磷 (g/kg)	碱解氮 (mg/kg)	有效磷 (mg/kg)	速效钾 (mg/kg)	代换量 (me/100g 土)
0～20	9.1	0.49	1.20	43.1	4.5		12.9
20～36	6.6	0.42	1.10	35.7	4.6	101	13.6
36～60	3.8	0.23			3.5	95	

该土种养分含量偏低，漏肥水，应增施有机肥，增氮、补磷。砾石层是生产上的障碍因素，旱季对作物影响重。应蓄集降水径流，广开水源，改善水利条件，发展旱作或植树造林，发展果树生产。

(3)黄土母质褐土土属(Bd7)：主要分布在西董镇丁家—西井—西赵—会仙、尚庄—由家河滩、小马峪—张家洞、马家台—韦家坡和青阳镇徐家—化庄—陈家庄等的山丘北麓和山间平原上，面积为 1258.6hm^2，占土壤总面积的 1.25%。土层深厚，母质多为马兰黄土与中基性岩风化物的混合物。石灰反应强烈，柱状节理不明显，色调不均一，表层有微量砾石，皆为洪积冲积物。自然植被为黄背草、酸枣等，轻度侵蚀，水源缺乏，宜发展旱作农业或林果生产。该土属仅有 1 个土种。

中壤表均质黄土母质褐土(Bd7 $\frac{5}{1}$)，俗称“面黄土”。代表剖面：⊗03301，1985 年 9 月 5 日取于西董镇由家河滩东北 450m 处的水平梯田上，海拔为 180m，轻度侵蚀，无灌溉条件，潜水埋深为 12m，淡水，一年一作，种植红薯，也可种植粮食(见图 2-7)。

剖面特征：

0~25cm，棕黄色，中壤，屑粒状结构，散，孔隙多，植物根系多，石灰反应强；

25~63cm，灰黄色，中壤，碎块状结构，有假菌丝体，散，孔隙较多，植物根系较多，石灰反应强烈，pH为7.1；

63~105cm，棕黄色，中壤，碎块状结构，假菌丝体较多，较紧，植物根系较少，石灰反应强烈，pH为7.2；

105~150cm，棕黄色，中壤，碎块状结构，假菌丝体少，紧，植物根系少，石灰反应强烈，pH为7.0。

图 2-7　Bd7 $\frac{5}{1}$ 剖面图

面黄土⊗03301 剖面理化性状如表 2-11 所示。

表 2-11　面黄土⊗03301 剖面理化性状表

项目 土层深度(cm)	有机质(g/kg)	全氮(g/kg)	全磷(g/kg)	有效磷(mg/kg)	速效钾(mg/kg)	容重(g/cm^3)	总孔隙度(%)	毛管孔隙度(%)	通气孔隙度(%)
0～25	8.7	0.62	0.92	3.7	121	1.25	52.8	37.49	15.31
25～6.3	4.8	0.38	0.80	2.1	83	1.41	46.8	35.39	11.41
63～105	3.5	0.22		4.4	77				

该土种养分含量稍低，但熟化程度较高，土质适中，通透性良好，易于耕作，抗旱保墒力强，土性发暖转化快，供肥性好，适种作物广，是山丘地区较好的土壤。由于抗蚀性弱，地下水位深，无灌溉条件，易受春旱威胁。应积极创造条件，建塘坝，修水库，蓄积天然降水，发展灌溉，搞好水土保持，无条件的可发展旱作农业。褐土亚类各土种理化性状如表 2-12 所示。

表 2-12 褐土亚类各土种理化性状统计表

土种代号＼项目	取样深度(cm)	取样数(个)	有机质(g/kg)	全氮(g/kg)	全磷(g/kg)	碱解氮(mg/kg)	有效磷(mg/kg)	速效钾(mg/kg)	代换量(me/100g 土)	pH	容重(g/cm^3)	总孔隙度(%)	毛管孔隙度(%)	通气孔隙度(%)	田间持水量(%)
Bd1 $\frac{5△1}{1}$	0～20	3	10.9	0.64		46.2	9.4	81.1			1.23	53.58	44.0	9.58	
	20～60	3	8.0	0.49			3.5	74.5							
Bd1 $\frac{5△1}{7}$	0～18	1	7.7	0.42	1.66		8.4	89.5	10.92	7.1					
	18～50	1	5.8	0.32	2.03		4.7	61.5	13.06	7.1					
Bd3 $\frac{4}{3\#}$	0～20	2	9.2	0.48		34.6	5.8	107.5		7.1					
	20～60	2	8.2	0.44			4.3	80							
Bd3 $\frac{5}{3\#}$	0～20	6	12.7	0.54	0.90	49.6	11.5	159.4	16.3	7.2					
	20～60	6	6.7	0.44		22.6	5.5	139.7	18.5						
Bd3 $\frac{1}{5}$	0～20	10	11.6	0.63	1.08	49.3	8.3	120	14.67	7.2	1.27	52.8	40.8	11.28	21.2
	20～60	10	8.7	0.47	0.77		5.0	84.9	13.82	7.1	1.45	45.28	35.1	10.18	14.9
Bd3 $\frac{5}{5\#}$	0～20	4	10.4	0.63	0.86	73.1	9.4	110.5	15.35	7.0	1.45	45.28	38.3	6.98	23.1
	20～60	4	7.02	0.39	0.72		7.9	98.8		7.1	1.52	42.64	35.9	6.74	20.52
Bd3 $\frac{5}{3△}$	0～20	4	9.2	0.57		52.3	6.0	123							
	20～60	4	6.1	0.36			3.3	83							
Bd3 $\frac{5}{5△}$	0～21	3	10.1	0.61	1.20	43.6	4.9	102	13.7	7.0					
	21～60	3	4.2	0.26	1.10		4.4	78.6		7.1					
Bd3 $\frac{4}{7}$	0～18	1	3.4	0.19	0.34		3.1	62.0	6.77	7.1	1.40	47.17	35.1	12.07	
	18～60	1	4.0	0.21	0.27		3.9	40.0	10.57	7.3	1.54	41.89	30.8	11.09	
平均	0～20	34	10.7	0.63	1.21	48.4	8.3	120.2	13.07	7.1	1.34	49.63	37.95	11.68	22.15
	20～60	34	7.8	0.44	0.98	29.3	5.0	87.7	15.52	7.1	1.50	43.27	32.95	10.32	17.71

2. 淋溶褐土亚类(Bc)

淋溶褐土亚类面积为 3449.2hm²，占土壤总面积的 3.37%，主要发育在近山阶地和山麓平原上，集中分布在临池镇东南、好生镇西南和西董镇东部地区。成土母质为洪积冲积物。在成土过程中碳酸盐淋溶作用强烈，除表层因施肥有微弱石灰反应外，1m 土体之内无钙积层，无假菌丝体，心土以下质地较黏，Fe_2O_3、Al_2O_3 含量稍高，可出现铁锰胶膜与铁子的淀积，pH 为 6～7。全剖面土体深厚，色泽鲜艳，层理清晰。表层为中壤，疏松。土体构型主要是均质壤、浅位黏质，其次是深位黏质。黏化层深厚，分布层次为 40～150cm，土体紧实，呈棱柱状结构。常见黏粒胶膜，亦有小面积洪积砾石夹层。耕层有机质含量在 10g/kg 以上，钾含量较丰富，氮含量偏低，磷缺。质地适宜，耕性良好，除个别地块有砾石夹层对作物影响较大，其余适合一般作物正常生长，是较理想的土壤。该亚类只有洪积冲积淋溶褐土 1 个土属，据土体构型不同可分为 4 个土种。

①中壤表厚黏心洪积冲积淋溶褐土（BC3 $\frac{5}{3\#}$），俗称“黏心坡黄土”，面积为 1377.8hm²，占土壤总面积的 1.34%，主要分布在好生镇乔家—尹家—周家—李家—蓦涧、西董镇中王—于张—小陈家一带、黄山街道办事处刘家—韩家—侯家一线。

代表剖面：⊗04059，1984 年 3 月 24 日取于好生镇周家西北 450m 处的近山阶地上，土体发育明显，耕层以下为深厚的黏化层，无新生体出现，通体无石灰反应。自然植被为香草、狗尾草、马唐等。轻度片蚀，排灌条件良好，潜水埋深为 8m(见图 2-8)。

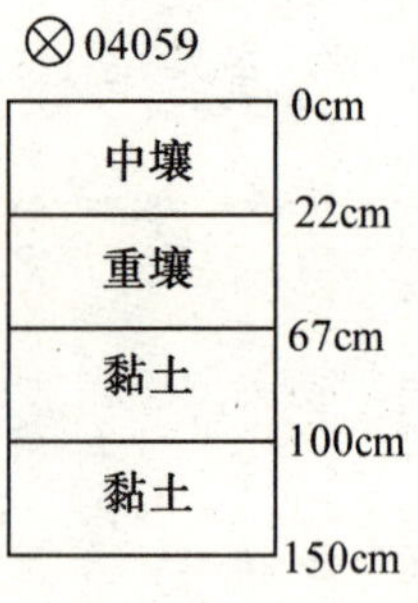

剖面特征：

0～22cm，黄棕色，质地中壤，块状结构，疏松，根系多，无石灰反应，pH为6.9；

22～67cm，深灰色，质地重壤，棱块结构，胶膜较多，较紧，根系多，无石灰反应，pH为6.8；

67～100cm，棕黄色，质地黏土，柱状结构，胶膜多，紧实，根系少，无石灰反应，pH为6.7；

100～150cm，棕黄色，质地黏土，柱状结构，胶膜多，紧实，根极少，无石灰反应，pH为6.7。

图 2-8　BC3 $\frac{5}{3\#}$ 剖面图

黏心坡黄土⊗04059 剖面理化性状如表 2-13 所示。

表 2-13　黏心坡黄土⊗04059 剖面理化性状表

土层深度(cm) \ 项目	有机质(g/kg)	全氮(g/kg)	全磷(g/kg)	碱解氮(mg/kg)	有效磷(mg/kg)	速效钾(mg/kg)	代换量(me/100g 土)	pH	容重(g/cm³)	总孔隙度(%)	毛管孔隙度(%)	通气孔隙度(%)
0～22	8.5	0.47	0.56	36.0	7.2	115	16.33	6.9	1.33	49.81	38.4	11.41
22～67	8.1	0.38	0.44		15.1	120	12.87	6.8	1.34	49.43	36.9	12.53

该土种耕层以下土质黏重，影响根系下扎。有机质、碱解氮含量低，代换量适中，透气性好。应加深耕层，增施有机肥，增氮、稳磷，促根系发育，或植树造林，充分利用土体深处的养分，并增打深井，提高抗旱能力。

②中壤表均质洪积冲积淋溶褐土(BC3 $\frac{5}{1}$)，俗称“坡黄土”，面积为 802.1hm^2，占土壤总面积的 0.78%，主要分布在西董镇南、好生镇院上一史营一带。

代表剖面：⊗03053，1984 年 3 月 20 日取于西董镇夫村正北 300m 处的山前倾斜平地上，海拔为 62m，自然植被为马唐(热草)、狗尾草等，排灌条件良好(见图 2-9)。

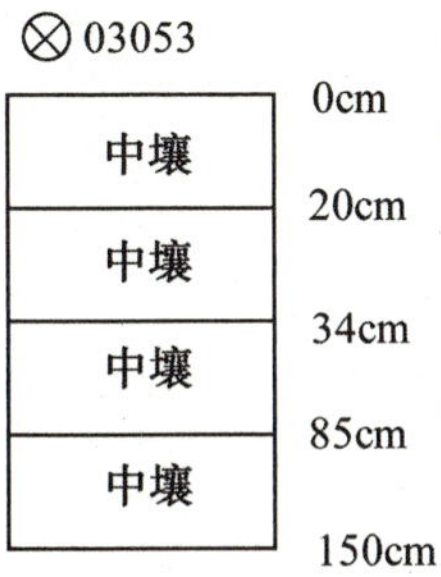

剖面特征：

0～20cm，黄褐色，质地中壤，屑粒状结构，疏松，根系多，无石灰反应；

20～34cm，黄褐色，中壤，块状结构，有胶膜，紧，根系较多，无石灰反应；

34～85cm，灰褐色，中壤，块状结构，有胶膜，紧，根系较少，无石灰反应；

85～150cm，灰褐色，中壤，块状结构，有胶膜，紧，根系少，无石灰反应。

图 2-9　BC3 $\frac{5}{1}$ 剖面图

坡黄土⊗03053 剖面化学性状如表 2-14 所示。

表 2-14　坡黄土⊗03053 剖面化学性状表

项目 土层深度(cm)	有机质(g/kg)	全氮(g/kg)	全磷(g/kg)	碱解氮(mg/kg)	有效磷(mg/kg)	速效钾(mg/kg)	代换量(me/100g 土)	pH
0～20	13.3	0.82	1.26	56.5	7.2	130	14.01	6.7
20～34	8.8	0.60			4.4	112		7.5
34～85	5.4	0.21			6.1	98		7.1
85～150	5.9	0.32			5.4	100		6.8

该土种质地良好，保肥水性能强，适宜各种作物生长，是较好的土壤类型。有机质含量较高，但碱解氮、速效磷含量偏低，应适当调整氮磷比例，继续培肥能力，充分挖掘土地生产潜力。

③中壤表厚砾石腰洪积冲积淋溶褐土(BC3 $\frac{5}{5\triangle}$)，俗称“砾石腰坡黄土”，面积为 132.0hm^2，占土壤总面积的 0.13%，主要分布在西董镇象伏南、冯家附近。

该土种有机质含量约为 10g/kg，剖面质地为中壤，60cm 以下有厚层砾石，是生产中的主要障碍因素，漏水、漏肥严重，抗旱性能特别差。应广辟水源，搞好水利设施配套，发展灌溉，增施有机肥料，提高土壤保肥蓄水能力。

④中壤表厚黏腰洪积冲积淋溶褐土（BC3 $\frac{5}{5\#}$），俗称“黏腰坡黄土”，面积为 1137.4hm^2，占土壤总面积的 1.11%，主要分布在西董镇芽庄南、于家桥西北、韦家—北禾—好生店、临池镇西南。

代表剖面：⨂03015，1984 年 3 月 13 日取于西董镇西禾村南 200m 的倾斜平地上，海拔为 80m，自然植被为马唐、白草等。排灌良好，一年两作，种植小麦、玉米（见图 2-10）。

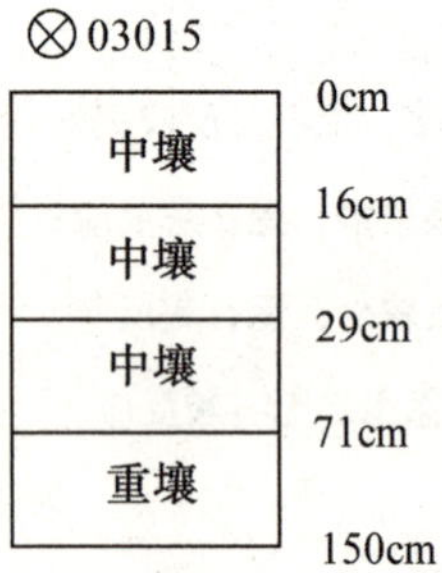

剖面特征：

0～16cm，黄褐色，中壤，碎粒结构，松散，根系多；

16～29cm，褐黄色，中壤，块状结构，松散，根系多；

29～71cm，褐黄色，中壤，块状结构，松散，根系多；

71～150cm，褐色，重壤，块状结构，紧，无植物根。

图 2-10 BC3 $\frac{5}{5\#}$ 剖面图

黏腰坡黄土⨂03015 剖面理化性状如表 2-15 所示。

表 2-15 黏腰坡黄土⨂03015 剖面理化性状表

项目 土层深度(cm)	有机质(g/kg)	全氮(g/kg)	全磷(g/kg)	有效磷(mg/kg)	速效钾(mg/kg)	代换量(me/100g 土)	容重(g/cm^3)	总孔隙度(%)	毛管孔隙度(%)	通气孔隙度(%)
0～16	12.2	0.87	1.17	6.7	104	14.66	1.36	48.78	39.2	9.46
16～29	9.2	0.74	0.94	6.5	88	15.67	1.41	46.69	38.0	8.79
29～71	6.0	0.58	0.06	2.6	76	11.48				

该土种心土以上为中壤，底土层为重壤，生产性能良好，上部利于根系下扎，通气条件较好，下部保水肥性能好，是最理想的土体结构，但速效氮、磷偏低，应予调整。

淋溶褐土亚类各土种剖面理化性状如表 2-16 所示。

表 2-16　淋溶褐土亚类各土种剖面理化性状统计表

项目 / 土种代号	取样深度(cm)	取样数(个)	有机质(g/kg)	全氮(g/kg)	全磷(g/kg)	碱解氮(mg/kg)	有效磷(mg/kg)	速效钾(mg/kg)	代换量(me/100g 土)	pH	容重(g/cm)^3	总孔隙度(%)	毛管孔隙度(%)	通气孔隙度(%)	田间持水量(%)
BC3 $\frac{1}{5}$	0～20	2	12.4	0.67	1.26	46.9	7.4	116	14.01	6.7					
	20～60	2	8.3	0.47	1.11		6.2	96	11.61	6.8					
BC3 $\frac{5}{3\#}$	0～23	3	9.8	0.53	0.59	37.8	8.2	122.5	17.4	6.8	1.33	49.81	38.4	11.41	
	23～60	3	7.1	0.49	0.44		8.4	117	12.87	6.8	1.34	49.43	36.9	12.53	
BC3 $\frac{5}{5\#}$	0～20	3	13.1	0.73	0.79	40.6	6.7	105	15.85	6.8	1.39	47.55	40.00	7.15	21.81
	20～60	3	9.1	0.49	0.51		4.1	71	13.8	6.9	1.48	44.15	38.00	6.15	20.78
BC3 $\frac{5}{5\triangle}$	0～20	3	10.5	0.59		47.1	9.9	113		6.9					
	20～60	3	8.8	0.50			7.1	102		6.9					
平均	0～20	11	11.3	0.63	0.80	44.4	8.1	113.1	15.75	6.8	1.36	48.78	39.2	9.46	21.81
	20～60	11	8.3	0.48	0.64		6.5	96.5	12.76	6.9	1.41	46.79	38.0	8.79	20.78

3.潮褐土亚类(Bf)

潮褐土亚类主要是洪积冲积潮褐土，俗称“金黄土”“黑黄土”“潮黄土”等，面积为22082.6hm²，占土壤总面积的21.6%，主要分布在黛溪街道办事处东北至焦桥镇张官村以南的山前平原上。地势较低，地下水位较高，排水条件稍差，具有一般褐土特征。成土过程中，黏化作用仍是其主要过程。心土层较黏重，结构面上常出现胶膜，但有的母质较轻，黏化不明显。因潜水位较高，土壤受其升降的影响，氧化还原作用交替发生，从而影响土壤中物质的溶解、移动和淀积，在土壤的下部生成锈斑和铁锰结核等。由于耕作历史悠久，土壤熟化程度较高，耕作层以下有较坚实的犁底层，土体构型一般为上轻下重的蒙金地。耕性良好，养分丰富，各肥力因素协调，保肥蓄水能力强，适宜各种作物生长。潜水下降到9m左右，应注意改善灌溉条件。该亚类只有洪积冲积潮褐土1个土属，据土体构型不同可分为8个土种。

①轻壤表均质洪积冲积潮褐土(Bf3 $\frac{4}{1}$)，俗称“轻潮黄土”，面积为3646.6hm²，占土壤总面积的3.56%，主要分布在黛溪街道办事处的韦家村以南沿黛溪河南岸一带；韦家北和韩店镇的肖镇、开河一带；黛溪街道办事处的北范；高新街道办事处的南范、东范及司家一带；韩店镇的崔韩；焦桥镇的纪家、董家、西杜、南段一带和赵旺、西夏一带(见图2-11)。

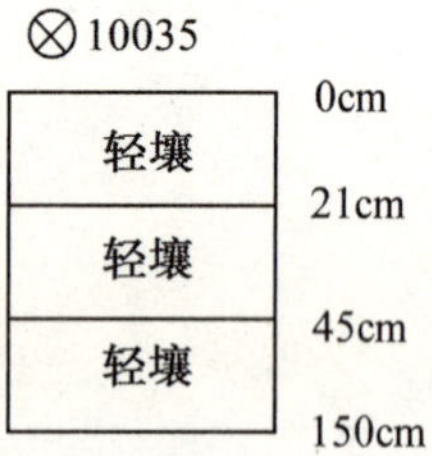

剖面特征：

0～21cm，栗色，轻壤，粒状结构，疏松，根系多，石灰反应强烈；

21～45cm，深棕色，轻壤，碎块结构，较紧，根系较多，石灰反应强烈；

45～150cm，浅黄色，轻壤，碎块结构，较紧，根系少，石灰反应强烈。

图2-11 Bf3 $\frac{4}{1}$剖面图

轻潮黄土⊗10035剖面理化性状如表2-17所示。

表2-17 轻潮黄土⊗10035剖面理化性状表

项目 土层深度(cm)	有机质(g/kg)	全氮(g/kg)	全磷(g/kg)	有效磷(mg/kg)	速效钾(mg/kg)	代换量(me/100g土)	pH	容重(g/cm³)	总孔隙度(%)	毛管孔隙度(%)	通气孔隙度(%)
0～21	7.1	0.50	1.10	6.6	65	10.48	7.3	1.38	47.92	32.7	14.47
21～45	4.3	0.34	1.04	5.4	55	10.24	7.4	1.40	47.17	39.1	8.82
45～150	3.3	0.12		5.8	46						

该土种表土质地轻，疏松，容重较大，通气性强，有机质分解快，养分含量低。应注意培肥地力，增加团粒结构。

②中壤表均质洪积冲积潮褐土(Bf3 $\frac{5}{1}$)，俗称“潮黄土”，面积为6912.9hm²，占土壤

总面积的 6.75%，主要分布在黛溪街道办事处、黄山街道办事处、青阳镇的近山平原；长山镇大部分土地；焦桥镇东南和韩店镇的黄里等。

代表剖面：⊗01049，1983 年 11 月 2 日取于黛溪街道办事处十里铺村正北 300m 处的山前缓平地上，海拔为 19m，自然植被为香草、狗尾草等，排灌条件良好，潜水埋深为 7.2m，一年两作，种植小麦、玉米（见图 2-12）。

⊗ 01049

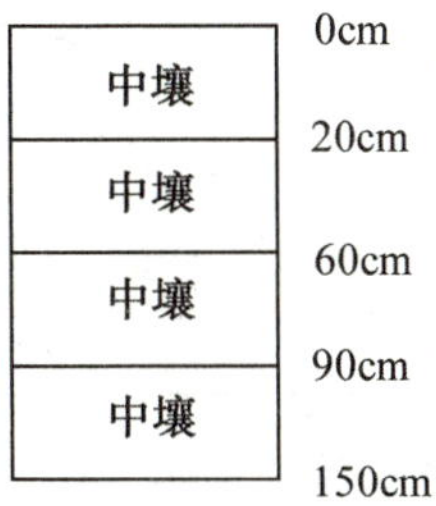

剖面特征：

0～20cm，黄褐色，质地中壤，屑粒状结构，疏松，植物根系多，石灰反应中等；

20～60cm，黄褐色，质地中壤，屑粒状结构，较紧，假菌丝体少，植物根系较多，石灰反应中等；

60～90cm，棕褐色，质地中壤，碎块结构，绣纹锈斑少，紧，植物根系较少，石灰反应中等；

90～150cm，灰褐色，质地中壤，碎块结构，绣纹锈斑少，紧，植物根系较少，石灰反应弱。

图 2-12 Bf3 $\frac{5}{1}$ 剖面图

潮黄土⊗01049 剖面理化性状如表 2-18 所示。

表 2-18 潮黄土⊗01049 剖面理化性状表

项目 土层深度(cm)	有机质(g/kg)	全氮(g/kg)	全磷(g/kg)	碱解氮(mg/kg)	有效磷(mg/kg)	速效钾(mg/kg)	pH	容重(g/cm^3)	总孔隙度(%)	毛管孔隙度(%)	通气孔隙度(%)	田间持水量(%)
0～20	13.2	0.73	1.51	53.9	6.3	87	7.0	1.32	50.17	41.58	8.59	22.7
20～60	7.6	0.55	1.16		3.9	99	7.0	1.43	46.04	37.5	8.54	16.6
60～90	4.2	0.35			5.3	69						

该土种各种养分含量较高，作物生长所需的水、肥、气、热较协调，供肥水性能好。耕层以下有黏化现象，无土壤障碍层次，适种性强，应继续培肥地力，氮、磷、钾等配合，以适应高产、稳产的需要。

③重壤表均质洪积冲积潮褐土（Bf3 $\frac{6}{1}$），俗称“老黄土”，面积为 1472.9hm^2，占土壤总面积的 1.44%，主要分布在黛溪街道办事处藤家东北、韩店镇颜桥以东、长山镇苑城附近、好生镇苗家以东和青阳镇浒山铺洼的地势低洼地带。

代表剖面：⊗08016，1984 年 3 月 12 日取于长山镇苑城附近东南村东 400m 处的缓平地上，自然植被为牛筋、马唐、灰菜等，排灌条件良好，潜水埋深为 12m，一年两作，种植小麦、玉米（见图 2-13）。

⊗ 08016

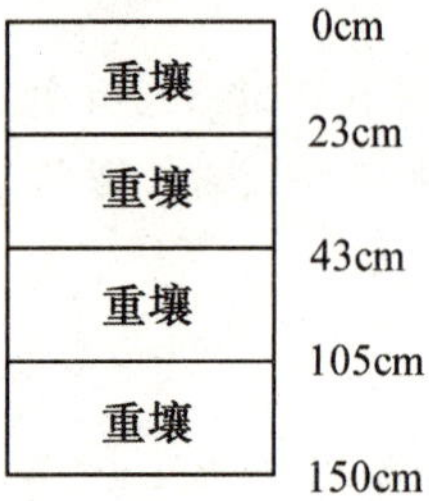

剖面特征：

0～23cm，黄褐色，重壤，块状结构，紧，根系多，石灰反应强；

23～43cm，黄棕色，重壤，块状结构，紧，根系多，石灰反应强；

43～105cm，黄棕色，重壤，块状结构，假菌丝体多，根系少，石灰反应强；

105～150cm，黄棕色，重壤，块状结构，紧，假菌丝体较多，有绣纹、锈斑，根系少，石灰反应强。

图 2-13 Bf3 $\frac{6}{1}$ 剖面图

老黄土⊗08016 剖面理化性状如表 2-19 所示。

表 2-19 老黄土⊗08016 剖面理化性状表

项目 土层深度(cm)	有机质(g/kg)	全氮(g/kg)	全磷(g/kg)	有效磷(mg/kg)	速效钾(mg/kg)	代换量(me/100g土)	pH	容重(g/cm³)	总孔隙度(%)	毛管孔隙度(%)	通气孔隙度(%)	田间持水量(%)
0～23	16.6	0.92	1.73	16.0	150	17.19	7.4	1.41	46.79	39.0	7.79	22.58
23～43	14.4	0.64	1.34	5.7	127	19.89	7.5	1.45	45.28	35.4	9.88	23.44
43～105	17.7	0.59		6.0	127		7.3					
105～150	12.0	0.65		8.4	110							

该土种养分含量高，代换量较高，土质黏重，容量大，总孔隙度小，适耕期短，犁底层厚而紧实，作物根系下扎困难，保肥水性能强，不发小苗，发老苗，生产潜力大。应逐年加深耕作层，增施有机肥，改善土壤物理性状。

④中壤表厚黏心洪积冲积潮褐土(Bf3 $\frac{5}{3\#}$)，俗称“黏心潮黄土”，面积为 4258.3hm²，占土壤总面积的 4.16%，主要分布在黛溪街道办事处的韩坊洼和黄山街道办事处的见埠西洼；韩店镇上北口、颜桥、言礼；好生镇八里河；长山镇田家西洼、东店东北；焦桥镇西直到北段西北一线。

代表剖面：⊗10195，1984 年 3 月 31 日取于韩店镇上口西南 200m 的山前缓平地上，海拔为 17.5m，自然植被为狗尾草等，排灌良好，潜水埋深为 5.5m(见图 2-14)。

⊗ 10195

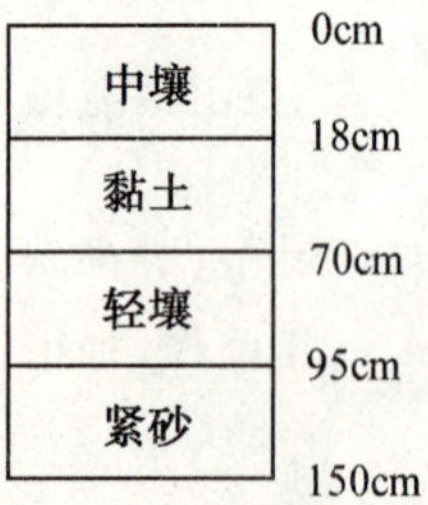

剖面特征：

0～18cm，栗色，中壤，碎块结构，疏松，根多，石灰反应强烈；

18～70cm，褐色，黏土，块状结构，假菌丝体少，紧，根较多，石灰反应强烈；

70～95cm，黄棕色，轻壤，屑粒状结构，绣纹、锈斑多，较紧，根较少，石灰反应强烈；

95～150cm，浅黄，紧砂，粒状结构，绣纹、锈斑多，较紧，根少，石灰反应强烈。

图 2-14 Bf3 $\frac{5}{3\#}$ 剖面图

黏心潮黄土⊗10195 剖面理化性状如表 2-20 所示。

表 2-20　黏心潮黄土⊗10195 剖面理化性状表

土层深度(cm) \ 项目	有机质(g/kg)	全氮(g/kg)	全磷(g/kg)	有效磷(mg/kg)	速效钾(mg/kg)	代换量(me/100g土)	pH	容重(g/cm^3)	总孔隙度(%)	毛管孔隙度(%)	通气孔隙度(%)	田间持水量(%)
0～18	13.0	0.85	1.68	8.8	127	13.77	7.5	1.22	53.96	43.6	10.36	22.71
18～70	8.2	0.53	1.40	6.3	118	19.80	7.5	1.49	43.77	41.0	2.77	21.1
70～95	2.7	0.15		6.1	38		7.5					

该土种表土疏松，养分含量较高，容重低，水、肥、气、热协调，通气性较好，适合多种作物生长，犁底层紧实，黏土层出现部位浅。应逐步打破犁底层，加厚活土层，以促进根系发育。

潮褐土亚类各土种剖面理化性状如表 2-21 所示。

4. 褐土性土亚类(Ba)

褐土性土亚类分布在低山丘陵中上部较高处，面积为 5995.0hm^2，占土壤总面积的 5.85%。该亚类土壤一般杂草丛生，间有疏林草地或裸岩石砾地，俗称"石渣土""马牙砂""石皮土""粗骨土"等。土壤直接发育在硬石底或半风化的母岩上，成土母质为残积物、坡积物。剖面发育不完全，表层含有 30%以上的母岩碎石，细粒部分为残积次生矿物，较黏重，多为中壤。表层以上含有较多的砾石，无心土层，土层厚度一般小于 60cm。由于山丘上部微地形高洼不平，环境条件有异，岩石、植被复杂多样，水土流失轻重不同，土层厚度分布不均一。一般地形相对较高，植被覆盖度小，水土流失重的地方和阳坡面土层薄；反之，地形相对低洼、植被覆盖度大的阴坡面土层厚，且生物积累旺盛，含较丰富的有机质。该亚类土薄而少，石头多，水分极缺，沟蚀重，农业利用困难。

本亚类只有基性岩褐土性土 1 个土属，按土层厚度可分为 3 个土种。

①壤质中砾石极薄层基性岩褐土性土(Ba2 $\frac{\triangle 2 \text{II} 2}{1}$)，俗称"极薄层石渣土"，面积为 2007.0$hm^2$，占土壤总面积的 1.96%，分布在邹平县山丘最上部，裸岩石砾镶嵌于其中，土层不到 15cm，中度沟蚀，砾石含量达 50%以上。土壤干燥，只生长野草、孤树，多为荒山石砾地。

代表剖面：⊗05098，1984 年 5 月 9 日取于临池镇北园村白云山玉皇顶东南坡，距顶 250m 处，海拔为 680m，母质是安山岩风化残积物。自然植被为白草、黄背草等。植被稀疏，中度沟蚀，无发育层次，土层厚度只有 10cm 左右，农业不能利用，为荒山(见图 2-15)。

表 2-21 潮褐土亚类各土种剖面理化性状统计表

土种代号 \ 项目	取样深度(cm)	取样数(个)	有机质(g/kg)	全氮(g/kg)	全磷(g/kg)	碱解氮(mg/kg)	有效磷(mg/kg)	速效钾(mg/kg)	代换量(me/100g土)	pH	容重(g/cm^3)	总孔隙度(%)	毛管孔隙度(%)	通气孔隙度(%)	田间持水量(%)
Bf3 $\frac{4}{1}$	0～20	10	9.6	0.54		54.0	7.3	101	11.1	7.2	1.38	47.92	32.7	14.47	
	20～60	10	5.9	0.33			4.9	62.7		7.3	1.40	47.17	39.1	8.82	
Bf3 $\frac{4}{3÷}$	0～23	3	9.9	0.49	1.32	53.4	10.8	99.3	8.93	7.4					
	23～60	3	7.0	0.33	0.84		6.9	44	8.20	7.3					
Bf3 $\frac{5}{1}$	0～20	11	12.0	0.69	1.90	59.3	10.4	111.5	14.09	7.2	1.40	47.17	37.3	9.87	22.7
	20～60	11	8.4	0.43	1.57		5.8	91.8	15.14	7.4	1.45	45.29	40.2	5.08	16.6
Bf3 $\frac{5}{3\#}$	0～20	9	13.3	0.76	1.47	54.3	8	114.5	14.6	7.2	1.22	53.96	43.6	10.36	22.73
	20～60	9	9.8	0.52	1.29	37.5	8.1	101	18.8	7.4	1.49	43.77	41.0	2.77	21.1
Bf3 $\frac{5}{5\#}$	0～20	9	12.9	0.70	1.09	52.7	8.3	108.6	14.19	7.0	1.32	50.19	46.1	8.59	
	20～60	9	8.5	0.39			5.9	93.8	17.57	7.1	1.43	46.04	37.5	8.54	
Bf3 $\frac{5}{5÷}$	0～22	3	15.9	0.76	1.30	57.0	5.8	94.7	13.65	7.2	1.41	46.79	32.4	14.39	
	20～60	3	12.5	0.53	1.00		4.8	72.7	13.21	7.3	1.43	46.04	37.0	9.04	
Bf3 $\frac{6}{3\#}$	0～20	3	13.9	0.72		70.4	14.9	170.6		7.3					
	20～60	3	8.8	0.41			5.3	130.6							
Bf3 $\frac{6}{1}$	0～20	5	16.0	0.81	1.59	54.0	8.3	161	20.5	7.3	1.41	46.79	59.0	7.79	22.58
	20～60	5	11.5	0.59	0.98		5.6	132		7.4	1.45	45.28	35.4	9.88	23.44
平均	0～20	53	12.5	0.68	1.42	56.1	7.5	115.3	13.74	7.2					
	20～60	53	8.7	0.43	1.11	37.5	6.0	90.5	14.66	7.3					

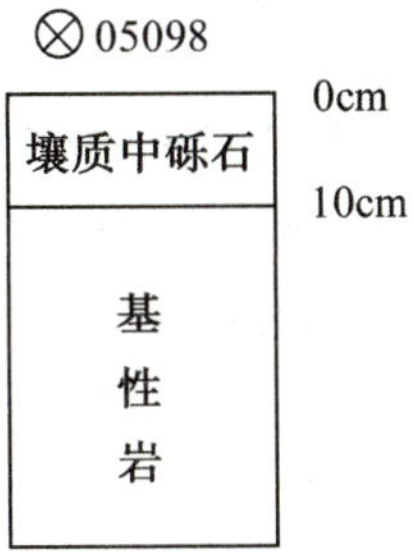

剖面特征：

0～10cm，棕褐色，砾石占53%，细粒质地中壤偏重，粒状结构，土壤干燥，松散，通气孔隙大，草根多，无石灰反应；

10cm以下为半风化母岩，白斑灰色，通气孔隙大，植物根系少。

该剖面化学性质：有机质28.8g/kg，全氮0.91g/kg，碱解氮66.5mg/kg，速效钾153.6mg/kg，pH为6.7。

图 2-15　Ba2 $\frac{\triangle 2 \mathrm{II} 2}{1}$剖面图

②壤质轻砾石薄层硬石底褐土性土（Ba2 $\frac{\triangle 2 \mathrm{II} 1}{2}$），俗称“薄层石渣土”，面积为2920.1$hm^2$，占土壤总面积的2.85%，分布于山丘中下部，间有少量裸岩石砾地。土层厚15～20cm，含砾石30%～50%，无明显发育层次，杂草依其环境条件差异，长势有别，多为疏林草地，轻度沟蚀。

代表剖面：⊗03162，1984年5月11日取于西董镇杏林村西750m处的山坡上，海拔为380m，母质多为二长岩风化残积物。自然植被为白草、黄背草、酸枣等。植被覆盖度较大，土壤较湿润，为疏林草地，杂草生长旺盛，树木生长不良（见图2-16）。

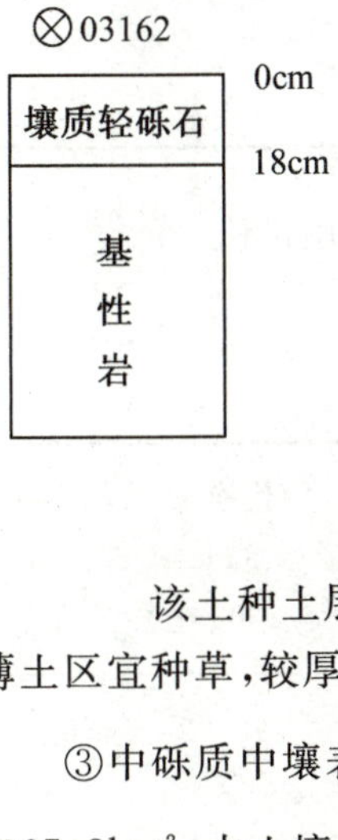

剖面特征：

0~18cm，褐色，含砾石45%，质地细粒为中壤，粒状结构，土壤较湿润，疏松，植物根系较多，无石灰反应；

18cm以下为二长岩半风化物，透气性强，植物根系少。

本剖面化学性质：有机质17.5g/kg，全氮0.94g/kg，碱解氮75.5 mg/kg，有效磷3.6 mg/kg，速效钾78.7 mg/kg。

图 2-16　Ba2 $\frac{\triangle 2 \mathrm{II} 1}{2}$剖面图

该土种土层薄，砾石多，易干旱，水土流失重，生物积累较旺盛，有机质含量较高。薄土区宜种草，较厚土区宜种树，应加强水土保持工作。

③中砾质中壤表中层基性岩褐土性土（Ba2 $\frac{5\triangle 2 \mathrm{II} 1}{3}$），俗称“中层石渣土”，面积为1067.8$hm^2$，占土壤总面积的1.04%，分布于薄层硬石底褐土性土之下的岭坡梯田上。土层厚30～60cm，含砾石5%～10%，土体开始发育，土壤中水、肥、气、热较协调，杂草繁茂，树木生长良好，是较好的宜林地。农业上多种植红薯、谷子等抗旱作物。

代表剖面：⊗01094，取于黄山街道办事处鲁家西南400m处的山坡上，海拔为200m，母质为安山岩残积物、坡积物。自然植被为酸枣、黄背草等（见图2-17）。

⊗10195

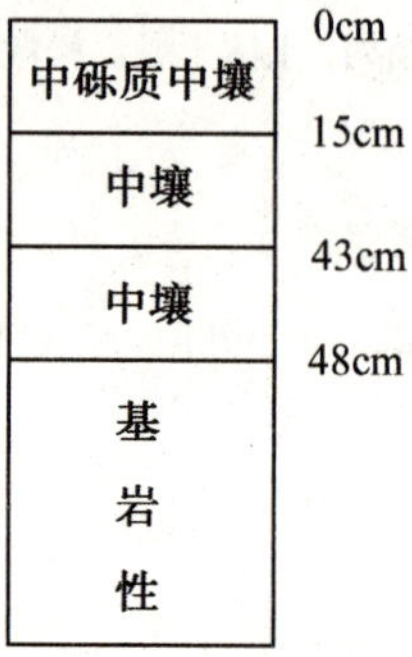

剖面特征：

0～15cm，棕黄色，质地中壤，屑粒状结构，松散，根系多，无石灰反应，pH为6.8；

15～43cm，黄褐色，质地中壤，块状结构，稍紧，根系较多，无石灰反应，pH为6.7；

43～48cm，红棕色，质地黏土，块状结构，极紧，根系少，无石灰反应，pH为6.7；

48cm以下为半风化母岩，黄绿色，枕状，透气性强，植物根系少。

图 2-17　Ba2 $\frac{5\triangle 2\text{II}1}{3}$ 剖面图

中层石渣土⊗01094 剖面理化性如表 2-22 所示。

表 2-22　　中层石渣土⊗01094 剖面理化性状

项目 / 土层深度（cm）	有机质（g/kg）	全氮（g/kg）	全磷（g/kg）	容重（g/cm³）	有效磷（mg/kg）	速效钾（mg/kg）	代换量（me/100g 土）	pH
0～15	17.6	0.91	0.90	68.6	3.4	79	15.0	6.8
43～48	6.5	0.34			3.8	77		6.7

该土种宜林，所以应退耕还林，以促进良性生物循环，提高资源利用价值。

褐土性土亚类各土种理化性状如表 2-23 所示。

表 2-23　　褐土性土亚类各土种理化性状统计表

项目 / 土种代号	取样深度(cm)	取样数（个）	有机质（g/kg）	全氮（g/kg）	全磷（g/kg）	碱解氮（mg/kg）	有效磷（mg/kg）	速效钾（mg/kg）	代换量（me/100g 土）	pH
Ba2 $\frac{\triangle 2\text{II}2}{1}$	0～12	5	26.0	1.33	0.45	98	3.9	146	10.92	6.7
Ba2 $\frac{\triangle 2\text{II}2}{2}$	0～23	7	18.2	1.00	0.88	71.98	3.8	82	13.4	6.8
Ba2 $\frac{5\triangle 2\text{II}1}{3}$	0～20	5	15.8	0.82	0.90	64.5	4.9	79.4	15.0	6.8
	20～50	5	9.1	0.45			3.7	53.5		6.8
表层平均	0～18	17	19.0	1.01	0.78	75.1	4.3	98.6	13.11	6.8

（三）褐土土类利用改良

褐土是邹平县面积较大的土壤，利用改良得当与否，对农、林、牧业的生产发展影响重大。因地形、土壤类型差异较大，其利用改良方式也有所不同。

褐土亚类和淋溶褐土亚类多种植红薯、小麦、玉米，一年两作或两年三作。山丘区坡度较大，水土流失严重，应加强水土保持工作，因地制宜地搞好退耕还林；山前平原坡度不大，肥力水平较低，应进一步搞好农田基本建设，因地制宜地发展井灌和蓄水灌溉。该两亚类地势高，怕旱、不怕涝，在耕作上要特别注意做好抗旱保墒工作，大力发展旱作农业。

潮褐土是邹平县小麦、玉米、蔬菜的重要产地，精耕细作，熟化程度较高，但因复种指数过高，连年种植禾本科作物（主要是小麦、玉米），地力消耗过大，影响作物持续高产。故需广辟肥源，增施有机肥，协调氮、磷、钾比例，适当增加养地性作物，秸秆还田要做到位，做到用养结合，培肥地力。鉴于潜水位急剧下降的状况，要引水补源，经济用水。

褐土性土多为荒山、裸岩石砾地，土层薄浅，石头多，土地流失严重，水分极缺，沟蚀重，农业利用困难。今后要重点加强保持工作，农田要退耕还林，土层厚处植树造林，土层薄处种草保土，防止裸岩地继续扩大。

由于褐土一般具有黏化紧实的心土层和犁底层，既阻碍通透性，又影响作物根系下扎，故适当深耕、深松可增加土壤渗透性。提高下层土壤含水量，充分发挥褐土土层深厚、蓄水力强的优点。

二、潮土土类

（一）发生属性、面积和分布范围

潮土系发育在河流冲积物上受潜水作用和人为耕作熟化作用形成的一类土壤。邹平县潮土是由于黄河多次泛滥淤积所形成的非地带性土壤，成土物质不仅水平面上分选较明显，而且垂直面上呈现不同质地排列。邹平县河堤溃决时，多呈掌状分布，以“紧砂慢淤，不紧不慢出两合土”的规律淤积。由于黄河决口、改道、泛滥历史悠久，决溢位置方向、水流缓急程度不同，使邹平县黄泛区土壤不断更新变化，质地砂黏套叠，错综复杂，土体构型变化多样，再加上潜水作用和人类活动影响，形成了种类繁多的土壤。各发生层的质地和色泽均一，潜水位为0.5～10m。随着地下水的升降，剖面中发生氧化还原过程，剖面中下部有明显的锈纹、锈斑和细小的铁锰结核，或砂姜。土壤呈中性至微碱性反应，剖面pH为7.0～8.0（平均7.3，1984年）、7.4～8.6（平均8.2，2006～2009年），有机质含量平均为10.2g/kg（6.5～16.3g/kg，1984年）、14.9g/kg（6.1～21.6g/kg，2006～2009年）。全剖面石灰反应强烈，自然植被为麦蒿、荠菜、小蓟、马唐、狗尾草、茅草、芦苇等。面积为54635.5hm^2，占土壤总面积的53.3%，主要分布在杏花沟西北的黄泛平原上。邹平县潮土土类有4个亚类、9个土属（见表2-24）。

表 2-24　　潮土 4 个亚类、9 个土属分布表

土类	亚类	土属	主要分布	面积 (hm^2)	占土壤(%)
潮土	褐土化潮土	壤质褐土化潮土	河滩高地上，明集、魏桥、九户附近	1530.4	1.49
	潮土	砂质潮土	码头、魏桥决口扇形地及台子、九户高坡地上	12292.4	12.0
		壤质潮土	黄泛区缓平坡地上，魏桥、明集、孙镇、九户、韩店均有分布	25154.7	24.55
		黏质潮土	黄泛平原区的浅平洼地或高接洼地上，台子、九户、孙镇、明集有分布	6178.2	6.03
	盐化潮土	砂质盐化潮土	码头、台子、沿黄一带	1478.5	1.44
		壤质盐化潮土	在码头、台子沿黄地带及魏桥、明集、孙镇、九户全境皆有分布	5833.6	5.69
		黏质盐化潮土	沿黄背河槽状洼地上，台子的院新—盛家—小牛，码头西段—孙家	555.1	0.54
	湿潮土	黏质冲积湿潮土	孙镇东部交接洼地，青阳浒山闸东	1479.6	1.44
		黏质湖积湿潮土	青阳的芽庄湖东侧，积水时间长潜水位高，沼泽化明显	133.0	0.13
合　计				54635.5	53.3

(二)亚类、土属和主要土种

根据潜水作用程度、盐化状况，邹平县潮土可分为褐土化潮土、潮土、盐化潮土和湿潮土 4 个亚类，又由于土壤母质、表层质地、盐化程度不同，分为 9 个土属。

1. 褐土化潮土亚类(Ca)

褐土化潮土亚类面积为 1530.4hm^2，占土壤总面积的 1.49%，主要分布在河滩高地上，零散分布在明集镇西部、魏桥镇里八田西南部和九户镇附近。海拔为 16～18m，潜水埋深为 4～8m，受潜水作用较弱，是一种附加褐土化过程的潮土。但在九户镇附近，海拔为 15m 左右，潜水埋深为 2～4m，受潜水作用较强，仍有盐渍化威胁，有向潮土、盐化潮土演变趋势。表土为壤质，心土为壤质或黏质，有假菌丝体和不甚明显的黏粒胶膜，底土有锈纹、锈斑。该亚类只有壤质褐土化潮土 1 个土属，根据土体构型可分为 4 个土种。

①轻壤表均质褐土化潮土($Cal_2\frac{4}{20}$)，俗称“均质两合土”，面积为 861hm^2，占土壤总面积的 0.84%，分布在九户镇东部(原九户农场，现在垃圾处理厂)附近、九户镇韩杠北—王豪南一带、魏桥镇临河—郝庄—丁家一带。表土为轻壤，土质疏松，易耕作，属温性土，耕层以下为轻壤或中壤，利于作物根系下扎。

代表剖面：⊗12181，1984 年 5 月 21 日取于九户镇韩家湾村南 100m 处的河滩高地上。自然植被为芦苇等，排灌条件良好，潜水埋深为 3m，弱矿化水（见图 2-18）。

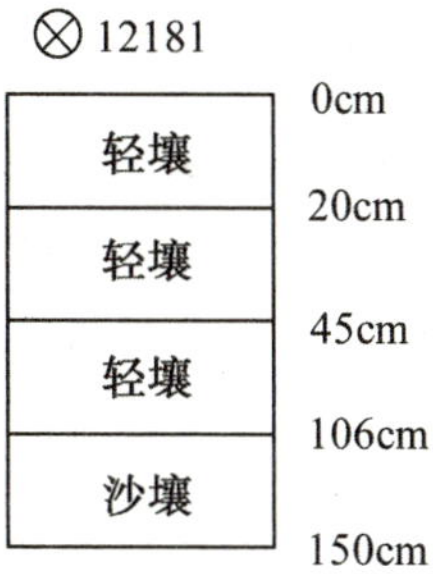

剖面特征：

0～20cm，浅黄色，轻壤，屑粒状结构，疏松，植物根系多，石灰反应中等；

20～45cm，浅黄色，轻壤，块状结构，有假菌丝体，疏松，植物根系多，石灰反应中等；

45～106cm，浅黄色，轻壤，块状结构，植物根系多，石灰反应中等；

106～150cm，浅黄色，沙壤，粒状结构，松、植物根系较少，石灰反应中等。

图 2-18　$Cal_2\frac{4}{20}$剖面图

均质两合土⊗12181 剖面理化性状如表 2-25 所示。

表 2-25　　均质两合土⊗12181 剖面理化性状表

项目 土层深度(cm)	有机质(g/kg)	全氮(g/kg)	碱解氮(mg/kg)	有效磷(mg/kg)	速效钾(mg/kg)	代换量(me/100g土)	pH	容重(g/cm³)	总孔隙度(%)	毛管孔隙度(%)	通气孔隙度(%)	田间持水量(%)
0～20	10.0	0.59	84.7	16.9	102	9.39	7.2	1.3	50.94	39.9	11.04	23.32
20～60	5.6	0.36		4.4	67	8.13	7.4	13.5	49.1	40.8	8.26	22.47

该土种有前劲、无后劲，有机质含量低，保肥水性能较差，孔隙度大，通气性好，应增施有机肥，改良土壤结构，施肥要少量多次，提高肥料的利用率。

②中壤表厚黏心厚黏腰褐土化潮土（$Cal_2\frac{5}{14.16}$），俗称“黏体小红土”，面积为 420.3hm^2，占土壤总面积的 0.14%，主要分布在明集镇于家以西、九户镇秦家附近，表土为中壤，心位、腰位为重壤或黏土，多种植粮食作物。

代表剖面：⊗12208，1984 年 3 月 20 日取于九户镇饮马南 200m 处的缓平地上，海拔为 16m，自然植被为狗尾草等，排灌良好，潜水深埋为 3.3m，矿化度为 3.23g/L。剖面通体为黄棕—浅黄色，心腰部位有假菌丝体，底部有锈纹、锈斑，石灰反应强烈（见图 2-19）。

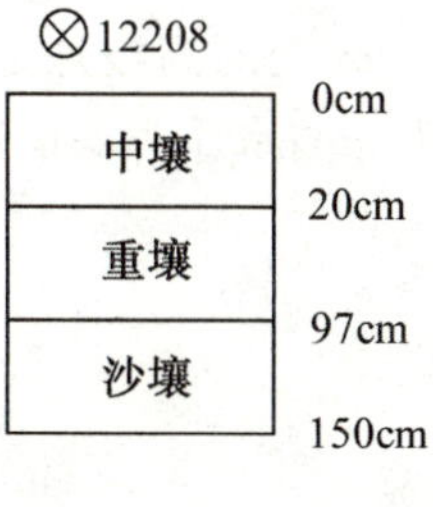

剖面特征：

0～20cm，黄棕色，重壤，屑粒状结构，疏松，植物根系多，石灰反应强烈；

20～97cm，黄棕色，重壤，块状结构，有假菌丝体，紧实，植物根系较多，石灰反应强烈；

97～150cm，浅黄色，沙壤，粒状结构，有绣纹、锈斑，植物根系较少，石灰反应强烈。

图 2-19　$Cal_2\frac{5}{14.16}$剖面图

黏体小红土⊗12208 剖面理化性状如表 2-26 所示。

表 2-26　　黏体小红土⊗12208 剖面理化性状表

项目 土层深度(cm)	有机质(g/kg)	全氮(g/kg)	全磷(g/kg)	有效磷(mg/kg)	速效钾(mg/kg)	代换量(me/100g土)	pH	容重(g/cm³)	总孔隙度(%)	毛管孔隙度(%)	通气孔隙度(%)
0～20	9.1	0.53	1.55	7.8	170	8.63	7.4	1.34	49.43	40.1	9.33
20～97	5.7	0.29	1.45	5.4	82	9.34	7.4	1.35	49.06	40.2	8.86
20～60	5.8	0.30		4.5	67						

该土种表土适宜耕作，心位保肥水性能好，无障碍层次，养分含量低，应采取增施有机肥料、作物秸秆还田等措施培肥地力。

褐土化潮土土属各土种理化性状如表 2-27 所示。

2. 潮土亚类(Cb)

潮土亚类面积为 436253.3hm²，占土壤总面积的 42.58%，在黄泛平原分布广泛，是邹平县最大的亚类，是在潜水条件大致维持土壤水盐平衡状况时形成的。海拔为 12～19m，潜水埋深为 1～8m，地貌类型多样，水质有弱、中、强矿化水，土壤受潜水作用较强。如潜水条件变化，使土壤水盐来量大于去量时，形成盐化潮土，反之则向褐土化潮土方向发展。故可根据其演变规律，改变潜水状况，进行定向改良。表层质地和土体构型复杂多样，剖面特征具有潮土类特征。

根据表层质地的类型，潮土亚类共分为 3 个土属。

(1)砂质潮土土属($Cb2_1$)，面积为 12292.4hm²，占土壤总面积的 12%，主要分布在码头镇、魏桥镇决口扇形地及台子镇、魏桥镇、码头镇、九户镇的高坡地上。海拔为 16～19m，地势相对较高，潜水埋深为 3～5m，表层质地均为沙壤，由黄河在历城河套和陈家窑决口的急流沉积而成。属热性土，土质松散，适耕期长，保水肥性能差，有机质含量低，养分分解转化快，土壤透气性好。根据土体构型分为 6 个土种。

①沙壤表均值潮土($Cb2_1\frac{3}{19}$)，俗称"均质白土"，面积为 8056.8hm²，占土壤总面积的 7.86%，主要分布在码头镇和魏桥镇以西、以北的大片土地及台子镇西南部，在九户镇的小清河沿岸也有零星分布。多种植小麦、玉米、棉花、瓜果等。

代表剖面：⊗16238，1984 年 4 月 30 日取于魏桥镇张平村东北 300m 处的高坡地上，海拔为 17.9m，自然植被为节骨草、苣苣菜等，属引黄灌区，潜水埋深为 3m，水质为弱矿化水(见图2-20)。

表 2-27　褐土化潮土土属各土种理化性状统计表

土层代号 \ 项目	取样深度(cm)	取样数(个)	有机质(g/kg)	全氮(g/kg)	全磷(g/kg)	碱解氮(mg/kg)	有效磷(mg/kg)	速效钾(mg/kg)	代换量(me/100g土)	pH	容量(g/cm³)	总孔隙度(%)	毛管孔隙度(%)	通气孔隙度(%)	田间持水量(%)
$Bal_2\frac{4}{16}$	0～20	2	10.4	0.59		44.6	8.3	133							
	20～60	2	7.2	0.44			3.8	91							
$Bal_2\frac{4}{20}$	0～20	2	9.7	0.56	1.79	84.7	13.3	108	9.39	7.2	1.3	50.94	39.9	11.04	23.32
	20～60	2	5.9	0.38	1.73		4.3	68.5	8.13	7.4	1.35	49.06	40.8	8.26	22.47
$Bal_2\frac{5}{14.16}$	0～20	2	10.5	0.64	1.59		7.1	146	8.6	7.3	1.34	49.43	40.1	9.33	
	20～60	2	7.1	0.38			4.9	89.5			1.35	49.06	40.2	8.86	
平　均	0～20	6	10.2	0.60	1.67	58.0	9.6	129.2	9.01	7.3	1.32	50.2	40.0	10.2	23.32
	20～60	6	6.7	0.40	1.59		4.3	84.7	8.74	7.4	1.35	49.06	40.5	8.56	22.47

⊗16238

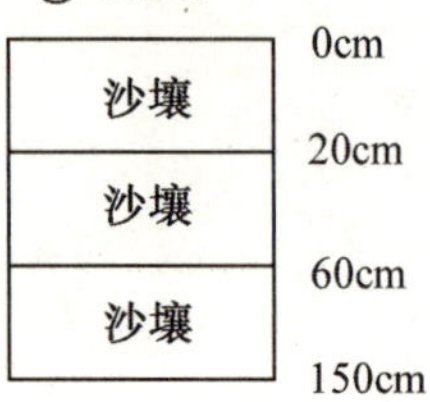

剖面特征：

0～20cm，褐黄色，沙壤，屑粒状结构，干、松，根系多，石灰反应中等；

20～60cm，黄色，沙壤，粒状结构，有锈纹、锈斑，润、较松，根系较多，石灰反应中等；

60～150cm，黄白色，沙壤，粒状结构，润，较松，根系多，石灰反应中等。

图 2-20　$Cb2_1\frac{3}{19}$剖面图

均质白土⊗16238 剖面理化性状如表 2-28 所示。

表 2-28　　均质白土⊗16238 剖面理化性状表

项目 土层深度（cm）	有机质（g/kg）	全氮（g/kg）	全磷（g/kg）	有效磷（mg/kg）	速效钾（mg/kg）	代换量（me/100g 土）	pH	容重（g/cm^3）	总孔隙度（%）	毛管孔隙度（%）	通气孔隙度（%）	田间持水量（%）
0～20	6.63	0.35	1.34	3.5	67	8.68	7.2	1.30	50.94	41.9	9.04	20.22
20～60	3.7	0.17	1.09	3.0	46	6.25	7.3	1.37	48.30	40.7	7.60	19.01
60～100	1.8	0.09		3.0	45							

该土种土质松散，肥劲全期不足，通气性强，土体保水肥性能差。有机质含量低，极度缺氮、磷，春季风蚀重。应增施肥料，提高地力，营造防护林，改良植物生态环境。地势相对较高，灌溉条件差，受旱害重，应加强灌溉设施。

②沙壤表厚黏腰潮土（$Cb2_1\frac{3}{16}$），俗称“厚黏腰白土”，面积为 2134.2hm^2，占土壤总面积的 2.08%，分布在台子镇、码头镇的黄河大堤以内的大部土地上；魏桥镇的郭辛—梁桥东—田李靳北—小坡北一线，九户镇新河村也有分布。

代表剖面：⊗16168，1984 年 4 月 13 日取于魏桥镇梁桥村东 150m 的平坡地上，海拔为 16.1m，自然植被为狗尾草、麦蒿等，排涝条件良好，潜水埋深为 8m，弱矿化水（见图 2-21）。

⊗16168

剖面特征：

0～20cm，浅黄色，沙壤，粒状结构，松散，根系多，石灰反应中等；

20～60cm，棕黄色，紧砂，粒状结构，较松，根系多，石灰反应弱；

60～85cm，红棕色，黏土，块状结构，紧，根系较少，石灰反应中等；

85～105cm，棕褐色，轻壤，块状结构，锈纹、锈斑多，较紧，根系少，石灰反应中等；

105～120cm，棕色，黏土，块状结构，锈纹、锈斑多，极紧，根系少，石灰反应中等；

120～150cm，棕色，黏土，块状结构，极紧，无根系，石灰反应中等。

图 2-21　$Cb2_1\frac{3}{16}$剖面图

厚黏腰白土⊗16168 剖面化学性状如表 2-29 所示。

表 2-29　　厚黏腰白土⊗16168 剖面化学性状

项目 土层深度(cm)	有机质(g/kg)	全氮(g/kg)	全磷(g/kg)	有效磷(mg/kg)	速效钾(mg/kg)
0～20	7.9	0.45	37.8	3.4	105
20～60	2.3			4.2	52

该土种 60cm 以上为砂质土，松散易耕作，根系易下扎，到 60cm 以下则有黏土隔水层，故是较好的土体构型。主要问题是地力薄，有机质和氮、磷含量都很低，应采取各种措施合理施肥，培肥地力，并加强水利设施建设。

砂质潮土土属各土种剖面理化性状如表 2-30 所示。

(2)壤质潮土土属($Cb2_2$)，面积为 25154.7hm^2，占土壤总面积的 24.55%，广泛分布于黄泛区缓平坡地上，由黄河泛滥漫流沉积而成，海拔为 13～17m，表层质地为轻壤或中壤。土体构型有砂体、黏体、夹砂、夹黏等，保水肥性能较好，耕性良好，水源充足，排灌设施完善，基本以河灌为主，潜水埋深为 3～8m，水质大多为弱矿化水。土地生产力提高很快，根据表层质地和土体构型可分为 15 个土种。

①中壤表厚黏心厚黏腰潮土($Cb2_2\frac{5}{14.16}$)，俗称“黏体小红土”，面积为 6895.5hm^2，占土壤总面积的 6.73%，由静水沉积物之上覆盖漫流沉积物形成，主要分布在魏桥镇东码头附近；魏桥镇官牛—张家庄—马庄—南扬；明集镇段桥南—许道口—明集、里六田—颜集、罗圈—王家；明集镇解家洼；孙镇怀家南—孙镇—大三户—辉里北；九户镇古王台；韩店镇波渣店—孙镇时家等。

代表剖面：⊗1117，1984 年 5 月 26 日取于孙镇大三户东南 1000m 处的洼坡地上，海拔为 12.69m，自然植被为马唐等，排灌条件良好，以河灌为主，潜水埋深为 1.5m，一年两作，种植小麦、玉米(见图 2-22)。

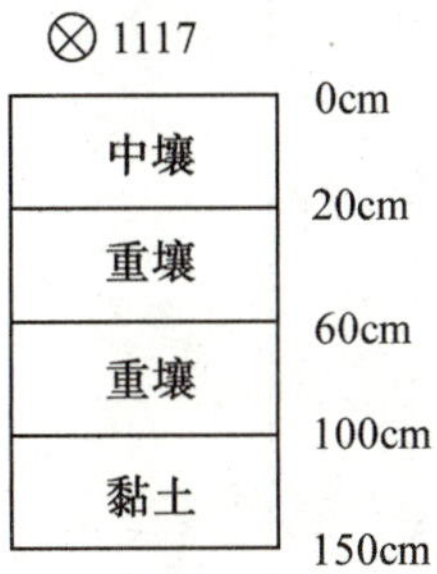

剖面特征：

0～20cm，棕色，中壤，粒状结构，松散，根系多，石灰反应强烈；

20～60cm，红棕色，重壤，块状结构，锈纹、锈斑多，紧，根系较多，石灰反应强烈；

60～100cm，红棕色，重壤，块状结构，锈纹、锈斑多，紧实，根系较多，石灰反应强烈；

100～150cm，棕色，黏土，块状结构，锈纹、锈斑多，紧，根系少，石灰反应强烈。

图 2-22　$Cb2_2\frac{5}{14.16}$剖面图

表 2-30　　砂质潮土土属各土种剖面理化性状统计表

土种代号 \ 项目	取样深度(cm)	取样数(个)	有机质(g/kg)	全氮(g/kg)	全磷(g/kg)	碱解氮(mg/kg)	有效磷(mg/kg)	速效钾(mg/kg)	代换量(me/100g土)	pH	容量(g/cm^3)	总孔隙度(%)	毛管孔隙度(%)	通气孔隙度(%)	田间持水量(%)
$Cb2_1\frac{3}{9}$	0～20	3	6.5	0.34	1.34	24.8	4.9	93	8.68	7.2	1.30	50.94	41.9	9.04	20.2
	20～60	3	3.2	0.22	1.09		4.4	47.7	6.25	7.3	1.37	48.3	40.7	7.6	19.01
$Cb2_1\frac{3}{13}$	0～20	1	3.7	0.18		15.8	3.7	42							
	20～60	1	3.5	0.21			4.3	40							
$Cb2_1\frac{3}{14}$	0～30	1	6.6	0.42		22.5	4.4	85							
	30～60	1	5.0	0.30			4.5	50							
$Cb2_1\frac{3}{15}$	0～22	2	7.7	0.36		33.8	3.8	94.5							
	22～60	2	5.1	0.25			4.4	55							
$Cb2_1\frac{3}{16}$	0～20	3	3.8	0.32		20.6	5.7	92.1		7.3					
	20～60	3	3.1	0.17			4.3	52.7	4.13	7.3					
$Cb2_1\frac{3}{14.16}$	0～20	3	7.5	0.43	0.94	36.4	3.8	96							
	20～60	3	6.0	0.35			4.1	77.7							
平均	0～20	13	6.1	0.31	1.14	21.2	4.6	86.9	6.4	7.3	1.3	50.94	41.9	9.04	20.2
	20～60	13	4.2	0.20	1.09		4.3	58.4	6.25	7.3	1.37	48.3	40.7	7.6	19.01

黏体小红土⊗1117剖面理化性状如表2-31所示。

表 2-31　　黏体小红土⊗1117剖面理化性状表

土层深度(cm) \ 项目	有机质(g/kg)	全氮(g/kg)	碱解氮(mg/kg)	有效磷(mg/kg)	速效钾(mg/kg)	pH	容重(g/cm^3)	总孔隙度(%)	毛管孔隙度(%)	通气孔隙度(%)	田间持水量(%)
0～20	13.4	0.79	45.2	16.6	130	7.4	1.27	52.08	40.8	11.28	24.16
20～60	8.3	0.3		7.7	123	7.3	1.40	49.19	41.2	5.97	21.97

该土剖面耕层为中壤，土壤较疏松，易耕作，保水肥能力较强，属蒙淤土，是较好的耕作土壤。容重较低，通气性较好，有机质含量高，供肥、保肥能力强，土壤生产潜力大，应稳磷、增氮，继续培肥地力。该土种若耕作层以下为黏土，则不利根系下扎，形成鸡爪根，易发生泥涝，应逐步加深耕作层，加以改良。

②轻壤表均质潮土($Cb2_2\frac{4}{20}$)，俗称"均质两合土"，面积为5150.6hm^2，占土壤总面积的5.03%，主要分布在台子镇姚家东南—小清河；九户镇大郑—韩杠—刘英勃；九户镇刚斧寨东南、西南呈"U"字形；孙镇蔡家西南、辉里庄以东、以南；韩店镇开河西—大王驼—西韦、小宋、东韦—小白—实户—明集镇东左、颜集；明集镇东闸、西闸；惠辛、里六田间；营家—于家—魏桥镇刘井—韩家—郑家—河沟堐一线。质地疏松，往年多种棉花，现在经过改良也是很好的粮田，个别地块易发生涝灾。

代表剖面：⊗10222，1984年5月2日取于韩店镇小白村西南300m的洼坡地上，海拔为15.5m，自然植被为荠菜、狗尾草、小蓟，排灌条件良好(见图2-23)。

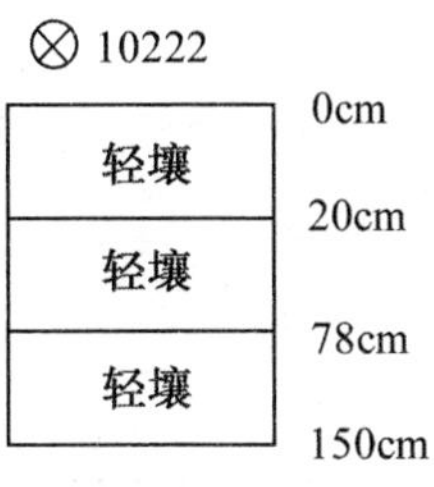

剖面特征：

0～20cm，灰白色，轻壤，团粒结构，疏松，根系多，石灰反应强烈；

20～78cm，浅棕色，轻壤，屑粒结构，较紧，根系较多，石灰反应强烈；

78～150cm，灰白色，轻壤，碎块结构，锈纹、锈斑多，较紧，根系少，石灰反应强烈。

图 2-23　$Cb2_2\frac{4}{20}$剖面图

均质两合土⊗10222剖面化学性状如表2-32所示。

表 2-32　　均质两合土⊗10222剖面化学性状表

土层深度(cm) \ 项目	有机质(g/kg)	全氮(g/kg)	碱解氮(mg/kg)	有效磷(mg/kg)	速效钾(mg/kg)	代换量(me/100g土)	pH
0～20	8.5	0.44	38.8	7.4	112	10.74	7.3
20～60	5.4	0.38		3.7	55	16.65	7.4

该土种无障碍层次，地力瘠薄，有机质少，应增施有机肥，氮、磷配合，培肥地力，施肥时注意少量多次。

③轻壤表厚砂腰潮土（$Cb2_2\frac{4}{4}$），俗称“砂腰两合土”，面积为 2865.9hm²，占土壤总面积的 2.80%，主要分布在孙镇王伍—辉里；信家以北；九户镇西赵以西；韩店镇小宋—明集镇牛家；解家北—明集—高洼地片；魏桥镇里八田以西；九户镇闫家—九户—利民一片；刘欢家—河沟间；魏桥镇麻姑唐以北、台子镇冯家庙周围。

代表剖面：⊗14037，1984 年 5 月 14 日取于明集镇解家村平坡地上，海拔为 16.7m，自然植被为芦苇、节骨草，排灌条件好，潜水埋深为 5.5m（见图 2-24）。

剖面特征：

0～20cm，黄棕色，轻壤，屑粒状结构，松散，根系多，石灰反应强烈；

20～62cm，黄棕色，轻壤，屑粒状结构，较松，根系多，石灰反应强烈；

62～100cm，棕黄色，沙壤，粒状结构，较紧，根系较少，锈纹、锈斑较多，石灰反应强烈；

100～150cm，沙壤，粒状结构，较紧，根系较少，锈纹、锈斑较多，石灰反应强烈。

图 2-24 $Cb2_2\frac{4}{4}$剖面图

砂腰两合土⊗14037 剖面理化性状如表 2-33 所示。

表 2-33 砂腰两合土⊗14037 剖面理化性状表

项目 土层深度(cm)	有机质(g/kg)	全氮(g/kg)	全磷(g/kg)	有效磷(mg/kg)	速效钾(mg/kg)	代换量(me/100g 土)	pH	容重(g/cm³)	总孔隙度(%)	毛管孔隙度(%)	通气孔隙度(%)
0～20	8.5	0.56	1.54	12.8	135	10.44	7.2	1.38	47.92	37.1	10.82
20～62	4.0	0.32	1.14	5.8	67	6.96	7.3	1.42	46.42	36.0	10.42
62～100	3.3	0.12		5.8	45		7.3				

该土种表土松散易耕作，好拿苗，漏水、漏肥，容重大，透气性强，养分含量低，有前劲，无后劲，作物易早衰，应多施有机肥，增施氮肥、磷肥，培肥地力，改良土壤理化性状，施肥要少量多次。

壤质潮土土属各土种剖面理化性状如表 2-34 所示。

表 2-34 壤质潮土土属各土种剖面理化性状统计表

土种代号 \ 项目	取样深度(cm)	取样数(个)	有机质(g/kg)	全氮(g/kg)	全磷(g/kg)	碱解氮(mg/kg)	有效磷(mg/kg)	速效钾(mg/kg)	代换量(me/100g土)	pH	容量(g/cm³)	总孔隙度(%)	毛管孔隙度(%)	通气孔隙度(%)	田间持水量(%)
$Cb2_2\frac{4}{2.4}$	0～20	7	8.9	0.53	1.33	47.1	9.4	137	7.7	7.3					
	20～60	7	3.5	0.21	1.19		4.1	53.5	7.3	7.3					
$Cb2_2\frac{4}{4}$	0～20	8	8.7	0.48	1.54	39.4	9.9	135.8	10.44	7.2	1.38	47.92	37.1	10.85	
	20～60	8	4.7	0.26	1.40		4.9	103.6	6.96	7.7	1.42	46.42	36.0	10.42	
$Cb2_2\frac{4}{20}$	0～20	9	8.8	0.45	1.60	35.6	8.8	100	10.74	7.3					
	20～60	9	5.4	0.36	1.11		4.7	83	16.65	7.4					
$Cb2_2\frac{4}{14}$	0～20	3	7.6	0.45	1.14	36.7	6.8	107	11.53	7.3					
	20～60	3	8.6	0.49	1.13		4.4	103	5.99	7.5					
$Cb2_2\frac{4}{16}$	0～20	3	8.9	0.53		44.5	6.1	115.6							
	20～60	3	6.8	0.37			3.9	119							
$Cb2_2\frac{4}{2.14}$	0～20	5	7.2	0.42		41.2	6.4	102							
	20～60	5	3.1	0.16			4.3	63							
$Cb2_2\frac{4}{14.4}$	0～20	3	9.3	0.53	1.08	57.4	4.7	100	10.55	7.3					
	20～60	3	6.4	0.32	1.04		4.5	95	16.80	7.3					
$Cb2_2\frac{4}{14.16}$	0～20	4	9.6	0.57	1.14	39.2	8.4	175	9.8	7.4					
	20～60	4	7.4	0.43	1.14		7.1	165	21.13	7.3					

续表

项目 土种代号	取样深度（cm）	取样数（个）	有机质（g/kg）	全氮（g/kg）	全磷（g/kg）	碱解氮（mg/kg）	有效磷（mg/kg）	速效钾（mg/kg）	代换量（me/100g土）	pH	容量（g/cm^3）	总孔隙度（%）	毛管孔隙度（%）	通气孔隙度（%）	田间持水量（%）
$Cb2_2\frac{5}{2.4}$	0～20	1	9.8	0.50	1.19	43.3	9.9	180	10.80	7.3					
	20～60	1	2.3	0.12	1.16		6.0	46	4.48	7.3					
$Cb2_2\frac{5}{4}$	0～20	4	10.3	0.54		46.6	7.2	148		7.1					
	20～60	4	6.2	0.30			4.8	98							
$Cb2_2\frac{5}{20}$	0～20	5	8.9	0.48	1.34	40.6	9.4	133.5	12.54	7.3					
	20～60	5	5.8	0.30			5.8	88.6		7.3					
$Cb2_2\frac{5}{14}$	0～20	6	12.4	0.69	1.54	52.6	10.4	168	10.97	7.5	1.34	49.36	37.7	11.73	
	20～60	6	8.7	0.49	1.05		4.8	148	14.91	7.5	1.45	45.28	42.0	3.28	
$Cb2_2\frac{5}{14.4}$	0～21	6	12.0	0.68	1.45	42.8	7.73	153.8	12.48	7.2					
	21～60	6	7.0	0.43	1.34		5.2	117	14.43	7.4					
$Cb2_2\frac{5}{16}$	0～20	4	10.0	0.52		38.8	6.4	136		7.3					
	20～60	4	5.8	0.36			5.3	87.5							
$Cb2_2\frac{5}{14.16}$	0～19	9	11.9	0.73	1.79	44.0	11.8	163	9.42	7.3	1.27	52.08	40.8	11.28	24.66
	19～60	9	8.6	0.46	1.58		6.0	125	10.05	7.4	1.40	47.17	41.2	5.97	21.97
平　均	0～20	76	9.8	0.55	1.37	43.4	8.9	136.9	10.56	7.3	1.33	49.78	38.5	11.28	24.66
	20～60	76	6.2	0.35	1.16		5.0	103.3	10.58	7.3	1.42	46.41	39.7	6.71	21.97

(3)黏质潮土土属($Cb2_3$),面积为 6178.2hm^2,占土壤总面积的 6.03%,由黄河决口后的静水沉积而成,主要分布在黄泛平原区的浅平洼地或交接洼地上。地势相对低洼,海拔为 12～16m,潜水为 0.5～3m,表层质地属重壤(有的原为黏土,由于长期耕作影响,质地得到了改善,现已演变为重壤),适耕期短,透水性差,易内涝,土质肥沃,发老苗,不发小苗,生产潜力大。根据土体构型共分 4 个土种。

①重壤表均质潮土($Cb2_3\frac{6}{21}$),俗称"均质红淤土",面积为 2757.7hm^2,占土壤总面积的 2.69%,主要分布在台子镇赵水村以南—孟湖—小赵家;魏桥镇丁家西北—洛庄西一线;郑家一带;孙镇时家、王伍农场、罗家至王伍间的洼地;五户东—辛集东—郑家寨—曹家庄一带;刘家、高家以北和明家集段桥以南;南成家以南的洼地等。

代表剖面:⊗11072,1984 年 5 月 14 日取于孙镇原长白沟林场的交接洼地上,海拔为 13m,自然植被为马唐等,排灌条件较好,潜水埋深为 1m,常年以种植小麦、玉米为主(见图 2-25)。

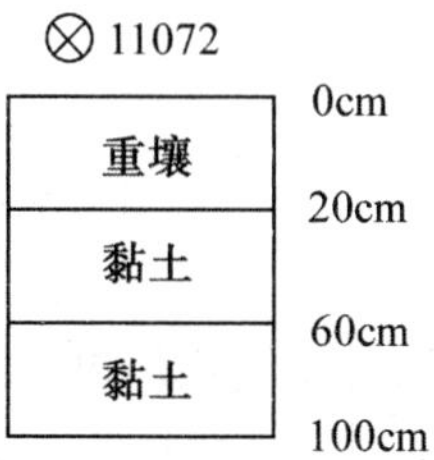

剖面特征:

0～20cm,棕红,重壤,碎块结构,紧,植物根系多,石灰反应强烈;

20～60cm,棕红,黏土,块状结构,紧,锈纹、锈斑多,植物根系多,石灰反应强烈;

60～100cm,棕红,黏土,块状结构,紧,锈纹、锈斑多,植物根系少,石灰反应强烈。

图 2-25 $Cb2_3\frac{6}{21}$剖面图

均质红淤土⊗11072 剖面化学性状如表 2-35 所示。

表 2-35 均质红淤土⊗11072 剖面化学性状表

土层深度(cm) \ 项目	有机质(g/kg)	全氮(g/kg)	碱解氮(mg/kg)	有效磷(mg/kg)	速效钾(mg/kg)
0～20	12.6	0.70	71.0	10.2	212
20～60	9.4	0.54		4.6	156

该土种肥劲足而长,保肥、供肥性能好,但通气不良,作物出苗困难,透水性差。内涝是突出的生产问题,应疏通排水系统,逐年深耕,破除深厚紧实的犁底层,促进根系发育,并精耕细作,增施有机肥,改良土壤物理性状。

②重壤表厚砂心厚砂腰潮土($Cb2_3\frac{6}{2.4}$),俗称"砂体红淤土",面积为 1314.0hm^2,占土壤总面积的 1.28%,分布在码头镇胡家、前安—边家的槽型洼地内,心土层、底土层为决口激流沉积的砂质土,表层又覆盖静水沉积的黏质土。

代表剖面:⊗18126,1984 年 6 月取于码头镇王庄西头正南 900m 的洼地上,海拔为 16.7m,自然植被为茅草等,排灌条件良好,潜水埋深为 0.5m,一年两作,种植小麦、玉米(见图 2-26)。

剖面特征：

0～25cm，红棕色，重壤，块状结构，较紧，根系多，石灰反应强烈；

25～60cm，灰褐色，紧砂，粒状结构，松，根系多，石灰反应中等；

60～100cm，灰褐色，紧砂，粒状结构，松，根系少，石灰反应弱；

100～150cm，灰褐色，紧砂，粒状结构，散，根系无，石灰反应弱。

图 2-26　$Cb2_3\frac{6}{2.4}$剖面图

砂体红淤土⊗18126 剖面化学性状如表 2-36 所示。

表 2-36　　砂体红淤土⊗18126 剖面化学性状表

项目 / 土层深度(cm)	有机质(g/kg)	全氮(g/kg)	碱解氮(mg/kg)	有效磷(mg/kg)	速效钾(mg/kg)	pH
0～20	20.8	0.83	25.5	6.0	218	7.4
20～60	9.2	0.44		4.1	76	7.2

该土种耕性差，不发小苗，而心部、腰部则严重漏水、漏肥，作物后期易早衰，是典型的倒蒙金土壤类型。生产性能差，应翻砂压淤或引黄淤砂，改变土体结构，以改良土壤理化性状，并注意挖排水沟防内涝，种植耐涝作物。

黏质潮土土属各土种剖面化学性状如表 2-37 所示。

表 2-37　　黏质潮土土属各土种剖面化学性状统计表

项目 / 土种代号	取样深度(cm)	取样数(个)	有机质(g/kg)	全氮(g/kg)	碱解氮(mg/kg)	有效磷(mg/kg)	速效钾(mg/kg)	pH
$Cb2_3\frac{6}{4}$	0～20	4	11.8	0.68	58	8.5	180	7.5
	20～60	4	6.3	0.52		4.2	88	
$Cb2_3\frac{6}{2.4}$	0～20	1	20.6	0.83	25	6.0	218	
	20～60	1	9.2	0.44		4.1	76	
$Cb2_3\frac{6}{10}$	0～20	2	17.1	0.92	57.4	11.0	278	7.4
	20～60	2	8.4	0.56		5.4	151	

续表

土种代号 \ 项目	取样深度 (cm)	取样数 (个)	有机质 (g/kg)	全氮 (g/kg)	碱解氮 (mg/kg)	有效磷 (mg/kg)	速效钾 (mg/kg)	pH
$Cb2_3\frac{6}{21}$	0～20	6	12.1	0.66	73.4	4.7	202.4	7.4
	20～60	6	9.4	0.53		4.3	150	
平　均	0～20	13	13.5	0.83	53.5	8.9	208.3	7.4
	20～60	13	8.3	0.26		4.6	125.5	

3. 盐化潮土亚类(Cc)

盐化潮土亚类面积为 7867.1hm^2，占土壤总面积的 7.67％。该亚类是在地下水位较浅、潜水作用强烈且含盐量高、土壤水盐来量大于去量的条件下形成的，邹平县主要分布在“一带一洼”。“一带”是沿黄背河槽状洼地，呈带状分布于黄河大堤以南，地势相对低洼，海拔为 16～19m，潜水埋深为 1～2m，矿化度为 2.0～5.0g/L，为矿化水，水中以氯化物为主，多属于轻度、中度盐渍化土。土质多为沙壤或轻壤，植被为碱生植物，如马绊、芦苇、芦草等，种植小麦、棉花等作物。“一洼”是九户镇驻地周围，并与潮土亚类相间并存，海拔为 13～16m，潜水埋深为 1～2.5m，多为矿化水(2.0～0.5g/L)，个别地片的潜水为强矿化水(5.0～10.0g/L)和盐水(10.0～30.0g/L)。植被为怪柳、马绊、芦苇、罗布麻等盐生植物，多种植棉花等耐盐作物。该亚类土壤表面有盐斑，春秋旱季特别明显。土壤含盐量较高，瘠薄，板结，地温低，影响种子萌发和微生物活动。盐分对根系有毒害作用，久旱遇小雨，地表盐分随水下渗到根系部位，使根系发生外渗作用而致死，此种现象春季特别明显。近几年，人们根据盐碱发生规律进行了定向改良，取得了良好的效果。有许多过去草苗不长的重碱地已变为高产、稳产的经济田。该亚类根据表层质地又可分为 3 个土属。

(1)砂质盐化潮土土属($Cc5_1$)，面积为 1478.5hm^2，占土壤总面积的 1.44％，分布在码头镇沿黄一带。根据土体构型不同，又可分为 2 个土种。

①中盐化沙壤表厚黏腰中度盐化潮土[$Cc5_1\frac{3(二)}{16}$]，俗称“中盐化黏腰白土”，面积为 805.2hm^2，占土壤总面积的 0.79％，分布在码头镇新延安—窑头—陈家寨—台子镇邵家，沿黄河呈带状，耕作盐分含量为 2～4g/kg。

代表剖面：⊗18058，1984 年 3 月 29 日取于码头镇路家东 200m 处的背河槽状洼地上，海拔为 18.3m，自然植被为莠草，缺苗二三成，耕层盐分含量为 4g/kg，灌溉条件良好，潜水埋深为 1.5m，多为矿化水，一年一作，主要种植棉花(见图 2-27)。

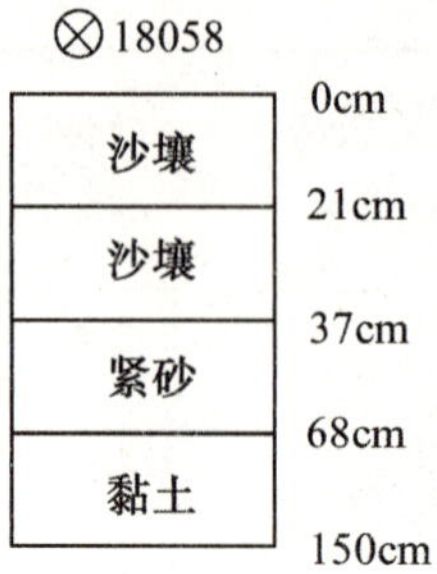

剖面特征：

0～21cm，黄棕色，沙壤，团粒结构，散，根系多，石灰反应强烈；

21～27cm，黄棕色，沙壤，团粒结构，锈纹、锈斑多，根系较多，石灰反应强烈；

37～68cm，浅黄色，紧砂，粒状结构，散，根系少，石灰反应中等；

68～150cm，红褐色，黏土，核状结构，紧，根系少，石灰反应强烈。

图 2-27　$Cc5_1\frac{3(二)}{16}$ 剖面图

中盐化黏腰白土⊗18058 剖面化学性状如表 2-38 所示。

表 2-38　　中盐化黏腰白土⊗18058 剖面化学性状表

项目 土层深度(cm)	有机质(g/kg)	全氮(g/kg)	碱解氮(mg/kg)	有效磷(mg/kg)	速效钾(mg/kg)
0～21	5.7	0.30	21.7	5.6	90
21～60	3.1	0.18		4.0	55

该土种表层质地疏松，土壤各种养分含量极低，应配合施用有机肥和氮肥、磷肥。黏土层以上盐分含量高，旱季潜水下降时黏土层有阻止盐分下行作用，故改良较难，应采取综合措施，降低地下水位，根治盐碱。同时该土种地势低洼，暴雨后易涝，应疏通渠道，大雨后及时排水。

②中盐化砂质表均质盐化潮土[$Cc5_1\frac{3(二)}{19}$]，俗称“中盐化均质白土”，面积为 673.3hm^2，占土壤总面积的 0.66%，分布在码头镇草庙东南—蔡家—王庄—潘家一带，以及南仁桥—刘家桥、赵家坊、码头寨间。

代表剖面：⊗18127，1984 年 4 月 6 日取于码头镇王庄西南 350m 处的背河槽状洼地上，海拔为 18.7m，自然植被为白茅，灌溉条件良好，潜水埋深为 1.9m，0～20cm 含盐量为 4.2g/kg，一年一作，种植棉花(见图 2-28)。

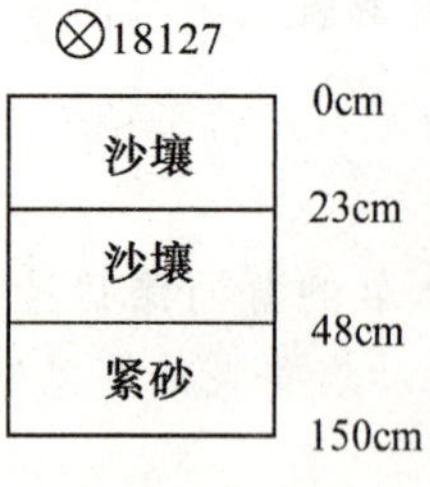

剖面特征：

0～23cm，灰褐色，沙壤，小块状结构，松散，植物根系多，石灰反应强烈；

23～48cm，黄褐色，沙壤，锈纹、锈斑少，粒状结构，较松，植物根系较多，石灰反应中等；

48～150cm，淡黄色，紧砂，锈纹、锈斑少，粒状结构，松，根系少，石灰反应中等。

图 2-28　$Cc5_1\frac{3(二)}{19}$ 剖面图

该土种碱、薄、冷、板，保肥性能差，盐分随水升降快，应多施有机肥，扩种绿肥，增施氮肥、磷肥，降低地下水位，完善排灌系统，淡水压碱，抽水排碱，植树造林。

砂质盐化潮土土属各土种剖面化学性状如表 2-39 所示。

表 2-39　　砂质盐化潮土土属各土种剖面化学性状统计表

土种代号＼项目	取样深度(cm)	取样数(个)	有机质(g/kg)	全氮(g/kg)	碱解氮(mg/kg)	有效磷(mg/kg)	速效钾(mg/kg)
$Cc5_1\frac{3(\text{二})}{16}$	0～21	3	6.8	0.33	21.4	7.3	90
	21～60	3	4.4	0.23		5.2	67.6
$Cc5_1\frac{13(\text{二})}{19}$	0～23	1	6.5	0.30	26.3	4.3	60
	23～60	1	4.2	0.18		3.5	62
平　均	0～22	4	6.7	0.32	22.6	6.6	82.5
	22～60	4	4.4	0.87		4.8	66.3

(2)壤质盐化潮土土属($Cc5_2$)，面积为 5833.6hm^2，占土壤总面积的 5.69%，分布在码头镇、台子镇沿黄地带以及魏桥镇里八田东部、明集镇北部和孙镇西部与九户镇交界处，而九户镇全境皆有分布。表层质地为轻壤或中壤，盐化程度有轻度、中度、重度，构型有均质、砂体、黏体、夹砂、夹黏等。根据表层质地类型、盐化程度和土体构型，共分为 13 个土种。

①轻盐化轻壤表均质盐化潮土[$Cc5_2\frac{4(\text{一})}{20}$]，俗称“轻盐化均质两合土”，面积为 934.1$hm^2$，占土壤总面积的 0.91%，主要分布在孙镇大三户西北—大李北—怀家到九户镇的刚斧寨南、芦家、关爷寨等处。表土疏松，缺苗或盐斑有一成左右，多为硫酸盐盐化潮土，耕层含盐量为 2～4g/kg。

代表剖面：⊗11100，1984 年 5 月 22 日取于孙镇大李村东北 750m 处的洼坡地上，海拔为 13.5m，自然植被为马唐等，轻度盐化，排灌条件差，潜水埋深为 3.2m，矿化水，0～20cm 土层含盐量为 2.7g/kg，一年一作，以种植棉花为主(见图 2-29)。

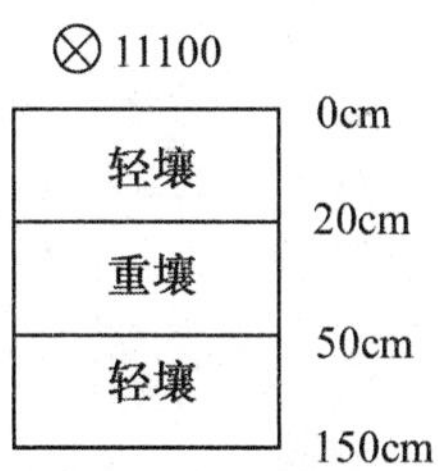

剖面特征：

0～20cm，黄褐色，轻壤，粒状结构，松散，根系多，石灰反应强烈；

20～50cm，棕褐色，中壤，块状结构，较紧，锈纹、锈斑多，石灰反应强烈；

50～50cm，黄褐色，轻壤，粒状结构，较紧，锈纹、锈斑多，石灰反应强烈。

图 2-29　$Cc5_2\frac{4(\text{一})}{20}$剖面图

轻盐化均质两合土⊗11100 剖面化学性状如表 2-40 所示。

表 2-40　　轻盐化均质两合土⊗11100 剖面化学性状表

土层深度（cm）＼项目	有机质（g/kg）	全氮（g/kg）	碱解氮（mg/kg）	有效磷（mg/kg）	速效钾（mg/kg）	pH
0～20	9.5	0.59	41.0	5.5	108	7.4
20～60	6.9	0.18		5.4	96	

该土种全剖面均为壤质，水位浅，矿化度高，无隔盐层，毛管水易上升到地表，易返盐，应采取综合改良措施，使土壤向潮土方向转化。有机质和速效磷含量低，应增施有机质和氮肥、磷肥。

②重盐化轻壤表厚砂腰盐化潮土[$Cc5_2\frac{4(三)}{4}$]，俗称“重盐化砂腰两合土”，面积为599.7hm^2，占土壤总面积的0.59%，分布在台子镇曹务—小芦家—郭家寺—魏家—长船一线和沙里西南，缺苗四五成，耕层盐分含量为6～8g/kg。

代表剖面：⊗17093，1984年5月1日取于台子镇阎家东南600m处的背河槽状洼地上，海拔为16.97m，自然植被为芦草、茅草等，缺苗四五成，潜水埋深为2m，耕层含盐量为6.6g/kg，一年一作，主要种植棉花（见图2-30）。

⊗17093

剖面特征：

0～20cm，红褐色，轻壤，碎块状结构，松散，根系较多，石灰反应强烈；

20～60cm，暗褐色，轻壤，粒状结构，较紧，根系较多，石灰反应强烈；

60～150cm，暗褐色，沙壤，屑粒状结构，锈纹、锈斑少，较紧，根系少，石灰反应强烈。

图 2-30　$Cc5_2\frac{4(三)}{4}$剖面图

重盐化砂腰两合土⊗17093 剖面理化性状如表 2-41 所示。

表 2-41　　重盐化砂腰两合土⊗17093 剖面理化性状表

土层深度（cm）＼项目	有机质（g/kg）	全氮（g/kg）	全磷（g/kg）	有效磷（mg/kg）	速效钾（mg/kg）	代换量（me/100g 土）	pH	容重（g/cm^3）	总孔隙度（%）	毛管孔隙度（%）	通气孔隙度（%）
0～20	6.9	0.44	1.19	5.8	76		7.3	1.39	47.55	41.2	6.35
20～60	3.5	0.23	1.14	4.3	55	6.25	7.4	1.41	46.79	43.0	3.79

该土种60cm以上是壤质，以下是砂质。由于黄河侧渗影响，地下水位高，易返盐碱，土壤养分含量低，容重大，通气不良。应通过增施有机肥、改良土壤理化性质、淡水压碱等综合措施，改良盐碱地。

③轻盐化中壤表厚黏心厚黏腰盐化潮土[$Cc5_2\frac{5(一)}{14.16}$]，俗称“轻盐化黏体小红土”，面

积为 $4456.7hm^2$，占土壤总面积的 0.44%，分布在魏桥镇里八田南郑—孔家、九户镇张德左—安祥、张德左西南、杨家北。表土为中壤，心腰部位为黏质土。本来黏土有阻隔盐分上升的功能，但由于在丰水年份该类土地易发生涝灾，周围洪水聚集，随之带来大量盐分，蒸发后地下盐分随水来到地表，而大雨后一般只能把盐分淋溶到耕层，造成土壤盐碱化。

代表剖面：⊗15032，1984 年 3 月 26 日取于魏桥镇里八田南郑东头正北 650m 处的洼坡地上，海拔为 15m，自然植被为茅草。轻度盐化，有灌溉设施。潜水埋深为 1.5m，0～20cm 土层含盐量为 3g/kg，一年一作，多种棉花（见图 2-31）。

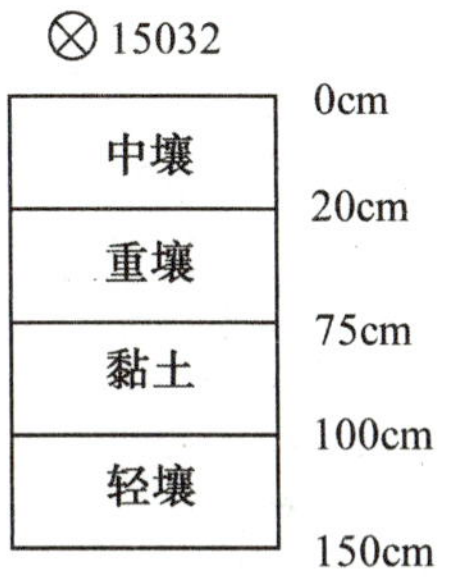

剖面特征：
0～20cm，褐黄色，中壤，屑粒状结构，松散，根系多，石灰反应中等；
20～75cm，棕褐色，重壤，碎块结构，锈纹、锈斑多，紧，根系较多，石灰反应中等；
75～100cm，黄棕色，黏土，块状结构，锈纹、锈斑较多，紧，根系较少，石灰反应中等；
100～150cm，褐黄色，轻壤，碎块结构，锈纹、锈斑多，紧，根系少，石灰反应中等。

图 2-31　$Cc5_2\frac{5(一)}{14.16}$剖面图

轻盐化黏体小红土⊗15032 剖面化学性状如表 2-42 所示。

表 2-42　　轻盐化黏体小红土⊗15032 剖面化学性状表

项目 / 土层深度（cm）	有机质（g/kg）	全氮（g/kg）	碱解氮（mg/kg）	有效磷（mg/kg）	速效钾（mg/kg）
0～20	11.5	0.52	65.6	11.4	165
20～60	7.6	0.41		4.0	112

该土种 0～20cm 含盐量为 3g/kg，通过采取农业改良措施（增施有机肥、精耕细作、秸秆还田等），很快便可整改为生产力较高的高产、稳产田。心位若是重壤，保肥性能好，是很好的土体构型；心位若是黏土，会妨碍根系下扎，但有隔盐作用，应适当加深耕作层，以促进根系发育。

壤质盐化潮土土属各土种剖面理化性状如表 2-43 所示。

表 2-43 壤质盐化潮土土属各土种剖面理化性状表

项目 土种代号	取样深度(cm)	取样数(个)	有机质(g/kg)	全氮(g/kg)	全磷(g/kg)	碱解氮(mg/kg)	有效磷(mg/kg)	速效钾(mg/kg)	代换量(me/100g 土)	pH	容量(g/cm³)	总孔隙度(%)	毛管孔隙度(%)	通气孔隙度(%)	田间持水量(%)
$Cc5_2\frac{4(一)}{4}$	0～20	2	9.7	0.61		41.2	6.7	127							
	20～60	2	6.2	0.30			4.5	68							
$Cc5_2\frac{4(二)}{4}$	0～20	4	7.8	0.43	1.33	28.5	5.5	158.3	7.65	7.2	1.29	51.32	37.4	13.92	
	20～60	4	5.4	0.29	1.20		4.1	106	7.58	7.3	1.34	49.43	42.7	6.73	
$Cc5_2\frac{4(三)}{4}$	0～20	1	6.9	0.44	1.19		5.8	76	6.25	7.3	1.39	47.55	41.2	6.35	
	20～60	1	3.5	0.23	1.19		4.3	55		7.4	1.41	46.79	43.0	3.79	
$Cc5_2\frac{4(一)}{20}$	0～20	1	9.5	0.59		41.0	5.5	108		7.4					
	20～60	1	6.9	0.18			5.4	96							
$Cc5_2\frac{4(二)}{20}$	0～20	2	6.3	0.35		34.4	7.1	134		7.4					
	20～60	2	5.3	0.29			5.0	77.5							
$Cc5_2\frac{4(一)}{16}$	0～20	2	10.1	0.55		54.6	5.3	101.5		7.1	1.37	48.30	34.3	14.00	22.12
	20～60	2	6.0	0.30			4.4	88			1.40	47.20	36.4	10.77	22.93
$Cc5_2\frac{4(三)}{13.4}$	0～20	1	8.7	0.44		38.5	22.3	138							
	20～60	1	5.7	0.35			7.4	110		7.5					
$Cc5_2\frac{5(一)}{20}$	0～20	4	9.7	0.58	1.79	68	12.0	148	9.39	7.3	1.37	48.30	36.6	11.70	23.10
	20～60	4	7.0	0.38	1.73		4.3	101	8.13	7.4	1.38	47.92	35.5	12.32	24.1
$Cc5_2\frac{5(一)}{14}$	0～20	2	12.3	0.71		51.4	7.5	135							
	20～60	2	7.3	0.39			6	123							

续表

项目 土种代号	取样深度(cm)	取样数(个)	有机质(g/kg)	全氮(g/kg)	全磷(g/kg)	碱解氮(mg/kg)	有效磷(mg/kg)	速效钾(mg/kg)	代换量(me/100g 土)	pH	容量(g/cm^3)	总孔隙度(%)	毛管孔隙度(%)	通气孔隙度(%)	田间持水量(%)
$Cc5_2\frac{5(\text{一})}{14.4}$	0～19	3	8.6	0.52	1.09	40.3	7.5	140.8	11.95	7.3	1.37	48.30	37.2	11.10	
	19～60	3	6.1	0.36	0.83		5.5	92	17.90	7.4	1.30	50.94	42.8	8.14	
$Cc5_2\frac{5(\text{一})}{14.16}$	0～20	2	10.7	0.49		55	8.6	154		7.4					
	20～60	2	8.7	0.44			4.2	130							
$Cc5_2\frac{5(\text{一})}{16}$	0～20	3	8.9	0.49	1.29	51.8	5.9	126.7	9.01	7.0					
	20～60	3	5.3	0.34	1.42		4.7	67	6.6	7.2					
$Cc5_2\frac{5(\text{三})}{16}$	0～20	1	9.1	0.51		26.3	6.3	146							
	20～60	1	4.8	0.29			5.0	55							
平均	0～20	28	9.1	0.48	1.15	44.60	7.7	127	10.12	7.4	1.36	48.68	37.34	11.34	22.61
	20～60	28	6.1	0.33	1.18		4.8	91.9	9.01	7.4	1.37	48.3	40.1	8.2	23.52

(3)黏质盐化潮土土属($Cc5_3$),面积为555.1hm^2,占土壤总面积的0.54%,分布在沿黄背河槽状洼地上。本土属只有1个土种。

中盐化重壤表厚砂心厚砂腰盐化潮土[$Cc5_3\frac{6(\text{二})}{2.4}$],俗称“中盐化砂体红淤土”,分布在台子镇院新—盛家—东菴—小牛家西和码头镇西段—孙家、潘家—韩家一带。

代表剖面:⊗18130,1984年4月7日取于码头镇韩家南偏西60°350m处的背河槽状洼地上,海拔为19m,自然植被为芦草等,潜水埋深为0.8m,矿化度为2~5g/L,0~20cm土层含盐量为4.7g/kg,一年两作,种植小麦、玉米(见图2-32)。

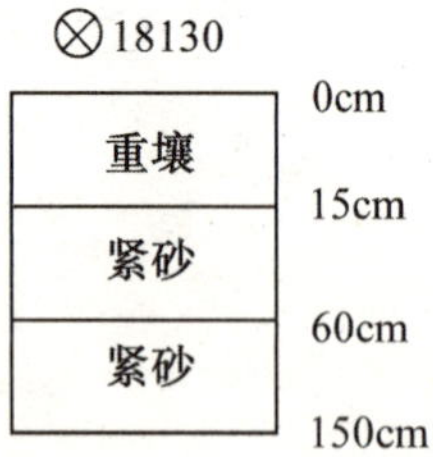

剖面特征:

0~15cm,红棕色,重壤,块状结构,较紧,石灰反应强烈;

15~60cm,暗黄色,紧砂,锈纹、锈斑较多,粒状结构,松,根系较多,石灰反应弱;

60~150cm,暗黄色,紧砂,锈纹、锈斑多,粒状结构,石灰反应弱。

图2-32 $Cc5_3\frac{6(\text{二})}{2.4}$剖面图

中盐化砂体红淤土⊗18130剖面化学性状如表2-44所示。

表2-44 中盐化砂体红淤土⊗18130剖面化学性状表

土层深度(cm) \ 项目		有机质(g/kg)	全氮(g/kg)	碱解氮(mg/kg)	有效磷(mg/kg)	速效钾(mg/kg)	pH
	0~15	16.5	0.89	47.3	13.4	186	8.2
	15~60	7.7	0.47		6.8	82	7.9
平均	0~15	13.3	0.72	40.8	10.6	184	8.1
	15~60	6.4	0.41		7.1	101	7.9

该土种表土为重壤质,耕层以下为砂质,属倒蒙金地,潜水埋深浅,矿化度高,盐化较重,应采取综合措施治理盐碱,翻砂压淤或引黄淤砂,改良质地。

4.湿潮土亚类(Ce)

湿潮土亚类面积为1612.6hm^2,占土壤总面积的1.57%,分布于孙镇东部的交接洼地中心和青阳镇芽庄湖东边缘,是在较长期或季节性积水和较高潜水条件下,附加沼泽化或脱沼泽化成土作用而形成的一种潮土。地势低洼,土壤为静水沉积物,潜水埋深为0.5~1.5m,水质为矿化水或弱矿化水。植被为马唐、芦草等。该亚类土离村落远,排水不畅,雨季易涝,常年种植小麦、玉米等。

土壤剖面上部色泽较深暗,土质黏重,底土可出现潜育层,色淡,呈灰色或蓝灰色。根据母质来源不同,分为2个土属。

(1)黏质冲积湿潮土土属($Ce10_3$),面积为1479.6hm^2,占土壤总面积的1.44%,为冲积母质,积水时间较长,潜水位高,沼泽化明显。根据构型不同,可分为2个土种。

①重壤表均质冲积湿潮土（$Ce10_3\frac{6}{21}$），俗称“均质红淤土”，面积为1334.4hm²，占土壤总面积的1.30%，分布于孙镇东部的交接洼地，海拔在12m以下，青阳镇芽庄湖东边缘也有分布。

代表剖面：⊗11259，1984年5月21日取于孙镇辛集村东南1400m的交接洼地上，海拔为11.1m，自然植被为马唐等，灌溉条件良好，排水不畅，潜水埋深为1.4m，矿化水，一年两作，种植小麦、玉米（见图2-33）。

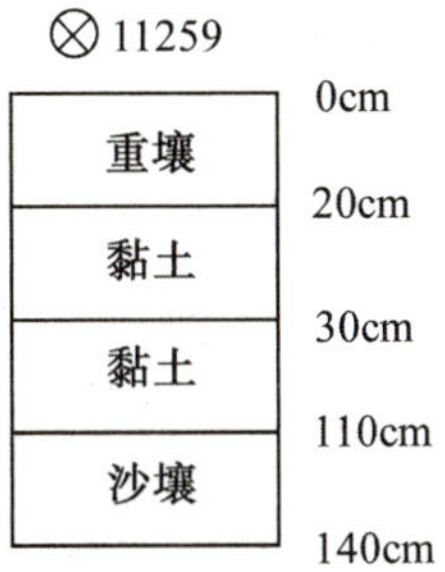

剖面特征：

0～20cm，棕红色，重壤，块状结构，较紧，根系多，石灰反应强烈；

20～30cm，棕红色，黏土，块状结构，紧，根系较多，石灰反应强烈；

30～110cm，灰兰色，黏土，块状结构，有潜育层，根系较少，石灰反应强烈；

110～140cm，黄褐色，沙壤，粒状结构，锈纹、锈斑较少，散，根系少，石灰反应强烈。

图2-33 $Ce10_3\frac{6}{21}$剖面图

均质红淤土⊗11259剖面理化性状如表2-45所示。

表2-45 均质红淤土⊗11259剖面理化性状表

项目 土层深度(cm)	有机质(g/kg)	全氮(g/kg)	全磷(g/kg)	有效磷(mg/kg)	速效钾(mg/kg)	代换量(me/100g土)	pH	容重(g/cm³)	总孔隙度(%)	毛管孔隙度(%)	通气孔隙度(%)	田间持水量(%)
0～20	11.7	0.71	1.10	5.8	278	20.21	7.3	1.22	53.96	42.2	11.76	26.5
20～30	11.6	0.56	1.09	5.5	210	13.06	7.5					
30～110	7.6	0.47		5.4	165		7.5					
20～60	8.1	0.35		6.0	158			1.39	47.55	35.9	11.65	23.9

该土种有机质含量较高，代换量大，但全磷、速效磷偏低，土质黏重，通透性差，排水不畅，缺磷、内涝是突出问题。应增施磷肥，疏通排水沟，打破犁底层，促使根系下扎，并增施有机肥，改良土壤物理性状。

②重壤表厚砂腰冲积湿潮土（$Ce10_3\frac{6}{4}$），俗称“砂腰红淤土”，面积为145.1hm²，占土壤总面积的0.14%，分布在青阳镇浒山闸东，海拔为17m。

代表剖面：⊗14113，1984年5月19日取于明集镇浒山闸东北500m处的交接洼地边缘，海拔为17m，母质为冲积物，自然植被为小蓟等，排灌不良，一年一作，种植红薯（见图2-34）。

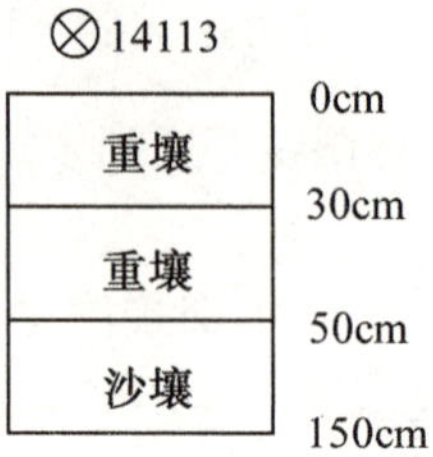

剖面特征：

0～30cm，棕褐色，重壤，碎块结构，较紧，根系多，石灰反应强烈；

30～50cm，灰褐色，重壤，块状结构，紧，根系多，石灰反应强烈；

50～150cm，灰黄色，沙壤，粒状结构，锈纹、锈斑和潜育层较多，松，根系少，石灰反应强烈。

图 2-34　$Ce10_3\frac{6}{4}$剖面图

砂腰红淤土⊗14113 剖面化学性状如表 2-46 所示。

表 2-46　　砂腰红淤土⊗14113 剖面化学性状表

项目 土层深度(cm)	有机质(g/kg)	全氮(g/kg)	碱解氮(mg/kg)	有效磷(mg/kg)	速效钾(mg/kg)
0～20	11.5	0.65	58.6	4.0	118
20～60	9.9	0.59		4.0	94

该土种有机质含量较高，表土黏重，耕性差，保肥性好，但心位以下有沙壤，漏水、漏肥，是结构较差的土壤类型。应培肥地力，改善土壤理化性状。施肥要少量多次，以提高肥料利用率，同时要疏通排水系统，以防内涝。

(2)黏质湖积湿潮土土属($Ce11_3$)，面积为 133.1hm^2，占土壤总面积的 0.13%，发育于湖积母岩之上，积水时间较长，潜水位高，沼泽化明显，分布在青阳镇芽庄湖东侧。本土属只有 1 个土种。

重壤表均质湖积湿潮土($Ce11_3\frac{6}{21}$)，俗称“均质黏红淤土”。代表剖面：⊗14119，1984 年 5 月 15 日取于明集镇浒山闸西南 850m 处的芽庄湖东侧，海拔为 16m，母质为湖积物，自然植被为芦草等。沼泽化明显，腰位以上有贝壳(见图 2-35)。

剖面特征：

0～20cm，黑褐色，重壤，碎块结构，较紧，根系少，石灰反应强烈，贝壳较多；

20～60cm，灰褐色，黏土，块状结构，潜育层明显，紧，根系多，石灰反应强烈，贝壳较多；

60～90cm，灰褐色，黏土，块状结构，潜育层多，紧，根系少，贝壳较多，石灰反应强烈；

90～150cm，棕黄色，轻壤，块状结构，紧，石灰反应强烈，锈纹、锈斑多。

图 2-35　$Ce11_3\frac{6}{21}$剖面图

均质黏红淤土⊗14119 剖面化学性状如表 2-47 所示。

表 2-47　　均质黏红淤土⊗14119 剖面化学性状表

土层深度(cm) \ 项目	有机质(g/kg)	全氮(g/kg)	全磷(g/kg)	有效磷(mg/kg)	速效钾(mg/kg)	代换量(me/100g 土)	pH
0～20	29.6	1.58	0.94	9.6	281	20.24	7.3
20～60	14.1	0.71	0.81	6.6	242	30.87	7.3

该土种养分丰富，汛期积水，透水性差，适于种植芦苇，或养鱼、养藕等。

(三)潮土土类的利用改良

潮土所处的地势平坦，水源丰富，土层深厚而疏松，具有良好的耕作条件，土壤熟化程度高，但受旱、涝、盐的威胁，地力差异大，产量不均衡，对高产、稳产影响很大。今后要根据旱、涝、盐交错出现的实际情况，全面规划，综合治理，排灌配套，合理用水，控制地下水位，疏通排水渠道，继续搞好农田基本建设，千方百计开辟肥源，适当搭配养地型作物，搞好作物秸秆还田，增施有机肥，培肥地力，因地制宜，翻砂压淤与翻淤压砂结合，改变土壤过砂或过黏的缺点，打破对生产不利的犁底层(砂土不宜打破)，西北砂区要农、林、果、牧综合治理，推行三三制种植方法(即林、粮、经济作物各三分之一)，营造防护林，以防风固沙，改变小气候。

三、砂姜黑土土类

(一)发生属性、面积和分布范围

砂姜黑土是在沼泽草甸土的基础上发育而成的。邹平县降水不均，夏季集中，在地势缓平而低洼、排水不畅、季节性短期积水的洼地上，具有形成砂姜黑土的基本条件。据调查，黄山街道办事处柳泉村到高新街道办事处新民村一线曾有一古河道，经多年淤积，河道地势较高，而两侧地势相对低洼，经历史上多次泛滥，形成浅湖沼相沉积物。另外，有些山洪冲积交接洼地在季节性短期积水的条件下，各种湿生草本植物茂密生长，为砂姜黑土腐殖质的形成提供了丰富的物质基础。沉积物中含有较多的游离碳酸钙，地下水中富集 HCO_3^- 和 Ca^{2+} 离子，为砂姜的形成提供了物质基础。在潜育化阶段中，通过生物积累和干湿交替过程，形成了 20～50cm 的黑土层和 10～40cm 的砂姜层。经过人为活动，进入以脱沼泽化为特点的旱耕熟化阶段，并有不同程度的黄土覆盖。邹平县砂姜黑土的剖面特征是:pH 为 7.1～7.3(平均 7.2，1984 年)、6.4～7.7(平均 7.1，2006～2009 年)，有机质含量平均为 11.7g/kg(9.1～18.2g/kg，1984 年)、15.8g/kg(9.8～22.8g/kg，2006～2009 年)。0～150cm 的剖面中，表层为后期覆盖的壤土，下为黑色黏重坚硬的黑土层和灰黄杂色的潜育层及砂姜层，一般通体石灰反应强烈，1m 左右有明显的碳酸钙聚积的面砂姜层(不含黄土覆盖大于 60cm 的剖面)。土壤呈柱状结构，结构面上覆有黑色胶膜。经分析，其黏土矿物以蒙脱石为主，土体胀缩性大，干缩湿胀，造成旱天跑墒快，汛期易内涝，耕作熟化后胀缩系数减小。地下水多为弱矿化水，面积为 1925.8hm²，占土壤总面积的1.88%，主要分布在黛溪街道办事处、高新街道办事处、好生镇交界处。另外，在长山镇的西江坡和陈度东北也有零星分布。本土类有 1 个亚类、2 个土属(见表 2-48)。

表 2-48　　砂姜黑土主要土属分布表

土类	亚类	土属	主要分布	面积（hm^2）	占土壤（%）
砂姜黑土	砂姜黑土	薄层覆盖砂姜黑土	高新街道办事处莲池附近和长山镇韩家西北部	132.1	0.13
		厚层覆盖砂姜黑土	好生镇大河涯西部、黛溪街道办事处和长山石官村也有分布	1794.6	1.75
		合　　计		1925.8	1.88

（二）亚类、土属和主要土种

1. 薄层覆盖砂姜黑土土属(Ga2)

薄层覆盖砂姜黑土土属面积为 131. 2hm^2，占土壤总面积的 0. 13%，黄土覆盖小于 30cm，只有 1 个土种。

中壤表厚黑土心薄层覆盖砂姜黑土（Ga2$\frac{5}{3}$），俗称“薄覆盖砂姜黑土”，分布在高新街道办事处莲池附近和长山镇韩家西北部，现潜水已降到 8m 以下，黄土覆盖小于 30cm。

代表剖面：⊗06076，1984 年 3 月 3 日取于高新街道办事处莲池北 600m 处。地形为山前倾斜平地，自然植被为香草等。排灌条件良好，潜水埋深为 11. 4m（见图 2-36）。

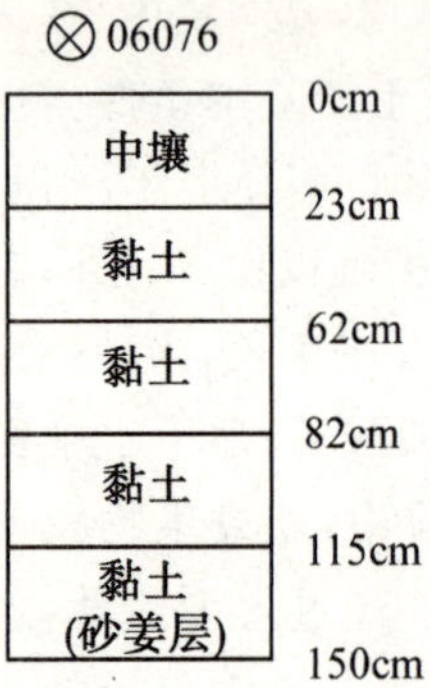

剖面特征：

0～23cm，棕黄色，中壤，碎块状结构，植物根多，石灰反应强烈；

23～62cm，黑褐色，黏土，棱柱状结构，有假菌丝体，根系较多，石灰反应强烈；

62～82cm，灰褐色，黏土，棱柱状结构，有少量砂姜，有锈纹、锈斑，根较少，石灰反应强烈；

82～115cm，灰褐色，黏土，棱柱状结构，有少量砂姜，锈纹、锈斑较多，根系少，石灰反应强烈；

115～150cm，灰黄色，黏土，棱柱状结构，面砂姜多，锈纹、锈斑较多，根系少，石灰反应强烈。

图 2-36　Ga2 $\frac{5}{3}$剖面图

薄覆盖砂姜黑土⊗06076 剖面理化性状如表 2-49 所示。

表 2-49　　　　　　薄覆盖砂姜黑土⊗06076 剖面理化性状表

土层深度(cm) \ 项目	有机质(g/kg)	全氮(g/kg)	碱解氮(mg/kg)	有效磷(mg/kg)	速效钾(mg/kg)	pH	容重(g/cm^3)	总孔隙度(%)	毛管孔隙度(%)	通气孔隙度(%)
0～23	11.4	0.62	40.6	12.6	115	7.3	1.32	50.19	40.7	9.49
23～62	7.6	0.44		7.2	123		1.36	48.68	39.1	9.58

该土种表层为黄土，耕层以下为黑土层，底层为砂姜层，养分含量高，但释放强度小，有效性低，质地黏重，不利于根系下扎，应加深耕作层，增施磷肥，合理轮作，增施有机肥，培养地力，促进根系发育，同时要改善排水条件，以防内涝。

2. 厚层覆盖砂姜黑土土属(Ga3)

厚层覆盖砂姜黑土土属面积为 1794.6hm^2，占土壤总面积的 1.75%，黄土覆盖厚度为 30～60cm。根据黑土层出现部位，分为 2 个土种。

①中壤表厚黑土心厚层覆盖砂姜黑土($Ga3\frac{5}{3}$)，俗称“厚覆盖砂姜黑土”，面积为 384.8hm^2，占土壤总面积的 0.37%，分布在好生镇(大河堐西北)；高新街道办事处鲍家东和园艺场以南(现在是魏桥创业工业园)和高新街道办事处、好生街道办事处交界处，长山镇石官村等地亦有零星分布。

代表剖面：⊗06059，1984 年 4 月 30 日取于高新街道办事处礼参村西 800m 公路北 10m 处的山前缓平地上，自然植被为茅草等。排灌条件良好，潜水埋深为 11.4m(见图 2-37)。

剖面特征：

0～20 cm，黄色，中壤，屑粒状结构，疏松，根系多，石灰反应强烈；

20～46cm，棕棕色，重壤，屑粒状结构，有胶膜，散，根系多，石灰反应强烈；

46～81cm，黑色，黏土，核状结构，紧，根系多，石灰反应强烈；

81～130cm，白黄色，黏土，核状结构，面砂姜多，锈纹、锈斑多，紧，根系少，石灰反应强烈；

130～150cm，灰黄色，重壤，块状结构，砂姜少，锈纹、锈斑多，紧，根系少，石灰反应强烈。

图 2-37　$Ga3\frac{5}{3}$剖面图

厚覆盖砂姜黑土⊗06059 剖面理化性状如表 2-50 所示。

表 2-50　　厚覆盖砂姜黑土⊗06059 剖面理化性状表

土层深度(cm)＼项目	有机质(g/kg)	全氮(g/kg)	碱解氮(mg/kg)	有效磷(mg/kg)	速效钾(mg/kg)	pH	容重(g/cm^3)	总孔隙度(%)	毛管孔隙度(%)	通气孔隙度(%)	田间持水量(%)
0～20	12.6	0.70	96.6	8.7	127	7.0	1.26	52.45	36.8	15.65	26.95
20～60	8.7	0.41		3.9	85		1.31	50.57	34.2	13.37	25.22

该土种黄土覆盖较厚，黑土和砂姜对作物影响较小，表层有机质、有效磷含量较低，容重偏高，田间持水量大，应继续培肥地力，稳氮、稳磷，提高经济效益。

②中壤表厚黑土腰厚层覆盖砂姜黑土(Ga3 $\frac{5}{5}$)，俗称"黄黑土"，面积为 1409.8hm^2，占土壤总面积的 1.38%，分布在黄山街道办事处太和、东杨堤—好生镇平原—鹿家—高新街道办事处王毛—邓家—祉房一带、园艺场(现在是魏桥创业工业园)以北；新民以西；长山镇陈度洼内、西江坡。黄土覆盖厚度为 30～60cm。

代表剖面：⊗04012，1984 年 3 月 12 日取于好生镇平原村西头正南 300m 处的山前倾斜平地上，海拔为 35m，自然植被为香草、狗尾草等。排灌条件良好，潜水埋深为 12m，一年两作，种植小麦、玉米(见图 2-38)。

剖面特征：

0～38cm，棕黄色，中壤，粒状结构，散，根系多，石灰反应强烈；

38～54cm，黄棕色，重壤，块状结构，较紧，有假菌丝体，根系较多，石灰反应强烈；

54～101cm，黑褐色，黏土，块状结构，较紧，有假菌丝体和面砂姜，根系较少，石灰反应强烈；

101～116cm，灰褐色，重壤，块状结构，紧，面砂姜少，根系少，石灰反应强烈；

116～150cm，黄褐色，重壤，块状结构，紧，面砂姜多，根系少，石灰反应强烈。

图 2-38　Ga3 $\frac{5}{5}$ 剖面图

黄黑土⊗04012 剖面理化性状如表 2-51 所示。

表 2-51 黄黑土⊗04012 剖面理化性状表

土种代号	土层深度(cm) \ 项目	有机质(g/kg)	全氮(g/kg)	全磷(g/kg)	碱解氮(mg/kg)	有效磷(mg/kg)	速效钾(mg/kg)	代换量(me/100g土)	pH	容重(g/cm^3)	总孔隙度(%)	毛管孔隙度(%)	通气孔隙度(%)
Ca3 $\frac{5}{5}$	0～38	9.1	0.59		39.9	4.5	80		7.4				
	38～60	8.1	0.59			5.2	82		7.2				
平均	0～20	11.2	0.59	1.04	51.8	5.9	111.6	22.65	7.1	1.44	45.66	36.0	9.66
	20～60	11.4	0.61			6.5	114		6.7	1.44	45.66	39.2	6.46

该土种黄土覆盖 40cm 左右，有机质含量偏低，缺磷，容重大，透气性差，应多施有机肥料，增氮、补磷，改善土壤不良性状，并搞好排灌配套，以提高抗旱、排涝能力。

（三）砂姜黑土土类的利用改良

砂姜黑土地势平坦，土层深厚，便于机械工作。地下水质较好，只要合理利用，增产潜力很大。邹平县厚层黄土覆盖面积较大，由于黄土缓冲作用，黑土层和砂姜对生产影响较小，产量水平较高；而薄层覆盖土属对作物生长影响甚大，目前多为中低产田。低产的主要因素是旱、涝、薄、僵、黏，因此应在完善排水系统的基础上，进一步平整土地，发展灌溉，增施有机肥料，实行秸秆还田，增加土壤有机质，熟化土壤，培肥地力，改善土壤不良性状。同时要增施磷肥，合理轮作，因土种植，增种养地作物。土壤深耕，打破犁底层，增加土壤有效蓄水量，提高土壤抗旱保墒能力。另外，掺砂改土、利用客土也是改良砂姜黑土的好办法。

第四节　土地利用状况

一、土地利用现状

近年来，由于邹平县经济水平发展迅速，城镇化建设加快，工业、住宅、商服等用地增加，土地利用类型已发生显著变化。2009 年，邹平县土地总面积为 1249977hm^2，其中已利用土地面积为 116815hm^2，占总面积的 93.5%；未利用土地面积为 8182hm^2，占总面积的 6.5%（见表 2-52）。

表 2-52　　邹平县土地利用现状表

农用地（hm^2）		建设用地（hm^2）		未利用地（hm^2）	
水浇地	69483.17	建制镇	5870.18	其他草地	6032.55
旱地	3958.45	村庄	10501.08	河流水面	1956.57
果园	3192.86	采矿用地	50.94	盐碱地	1.53
其他园地	113.54	风景名胜及特殊用地	176.62	裸地	191.48
有林地	6638.57	铁路用地	32.23		
其他林地	3024.97	公路用地	1583.2		
田坎	947.08	水库水面	491.11		
设施农用地	878.4	水工建筑用地	1236.7		
沟渠	3842.2				
坑塘水面	1588.27				
农村道路	3205.29				

（一）农用地

耕地面积为 73441.62hm²，其中水浇地面积为 69483.17hm²、旱地面积为3958.45hm²。

园地面积为 3306.40hm²，占总面积的 2.6%，其中果园面积为 3192.86hm²。

林地面积为 9663.54hm²，占总面积的 7.7%，其中有林地面积为6638.57hm²、其他林地面积为 3024.97hm²。

（二）建设用地

建设用地面积为 19942hm²，占总面积的 16%，其中建制镇面积为 5870hm²、村庄面积为 10501hm²、采矿用地面积为 50.94hm²。

（三）未利用地

未利用地面积为 8182.1hm²，占总面积的 6.5%，其中面积最大的地类为其他草地，为 6032.6hm²，其次为河流水面，为 1956.6hm²。

二、土地利用现状指标

人均土地＝土地总面积/人口总数＝0.172hm²

土地农业利用率＝农业用地总面积/土地总面积＝77.50%

土地非农业利用率＝非农业用地/土地总面积＝22.50%

沟林路渠占地比率＝沟林路渠用地/耕地总面积＝15.42%

复种指数＝全年作物总播种面积/耕地面积＝175.7%

抗旱灌溉面积比率＝有效灌溉面积/耕地面积＝94.61%

平均每亩耕地化肥施肥量＝化肥施用量/耕地面积＝0.63t/hm²

每亩耕地耗电度数＝农业生产用电总数/耕地面积＝2810(kW·h)/hm²

三、土地利用现状中存在的问题

从当前土地利用现状来看，土地利用中存在的主要问题是耕地面积日益减少。随着社会的发展，邹平县的经济实力不断壮大，人民生活水平逐渐提高，但是耕地面积却在大量减少，这也是不争的事实。同时，邹平县人口急剧增长，而且各项建设不可避免地仍要大量占用耕地，人地矛盾将更加突出。据有关资料显示，1983 年时邹平县耕地总面积为 86648.8hm²(1299732 亩)，总人口为 64.54 万人，其中农业人口 61.73 万人，人均耕地 0.14hm²。至 2008 年，邹平县耕地总面积减少到 73441.62hm²，人口增加到 72.5 万人，其中乡村人口 63.42 万人，人均耕地面积减少到 0.116hm²，人均减幅为 17.14%。1983～2008 年的 26 年间，年均减少耕地 507.97hm²，年均递减率为 0.59%。复种指数不断提高，2008 年达到了 175.7%。一年两季连作，小麦、玉米的种植面积达到 55333hm²。大棚蔬菜一年 3～4 茬，蔬菜种植面积发展到 4800hm²。化肥施用量加大，有机肥投入不足。耕地以旋耕为主，耕层变浅。人们注重经济、轻视农业的思想越来越重。人人出门打工挣钱，关键季节才回家种田，使农业的发展落后于经济的发展。经济的发达、工矿企业的增多、面源污染程度的加重，都不同程度地影响着农业的发展。

合理利用土地的主要措施：一是疏松土壤，增加土壤有机质含量，改善土壤结构，增进通透性，培肥地力，提高作物产量。二是平衡施肥，协调土壤养分。平衡施肥是提高肥料经济效益的重要方法，同时可缓冲盐碱，提高肥料利用率。在施用化肥时应注意施用酸性或中性肥料，少施碱性肥料。钾肥应多施硫酸钾肥。三是合理布局，改变种植制度。在逐步改良土壤的基础上，要因地制宜地搞好作物的合理布局，搞好轮作换茬。四是搞好农田基本建设，沟、路、渠合理配套，增强抗旱抗涝及不良自然灾害能力。五是借助各种农业项目，采用综合技术措施，推动农业发展。

第五节 耕地利用与管理

一、耕地利用现状

2008年，邹平县耕地总面积为73441.62hm²，其中水浇地面积为69483.17hm²、山区旱地面积为3958.45hm²。以小麦、玉米一年两作的粮食作物为主，种植面积达到55333hm²，棉花种植面积为7600hm²，蔬菜种植面积为4800hm²。

在耕地保养方面，由于近几年农业项目增多，土壤条件进一步改善。结合国家生态环境建设、农业综合开发、测土配方施肥、标准粮田建设、农村沼气建设等重大项目，邹平实施了土地改良利用综合治理活动，大面积推广了秸秆还田、增施有机肥及商品有机肥、深耕改土等土壤培肥措施，增加了机电井输电线路改造、输水管道埋设、林田路渠治理等一系列农田水利设施建设，有效提高了土壤地力和抗旱能力，促进了全县农业生产的稳产、高产、增效。为提高耕地资源利用率，着重合理调整优化耕地利用结构，以提高经济效益为中心，邹平县大力开展了高产创建活动，以促进三高（高产、优质、高效）农业的发展，对土壤改良起到了较大的助推作用。

邹平耕地主要存在以下几方面的障碍因素：一是多年的旋耕使得土地耕层变浅，这是一个普遍现象，仅靠近几年的万亩深松深耕项目，还不能从根本上全面解决土层变浅的问题。二是山区的耕地缺水源，山区靠天吃饭，有雨就增产，无雨就减产，虽然在山上修了不少水库、池塘、拦水坝，但不能解决山区缺水影响产量的问题。三是邹平县码头镇、台子镇、魏桥镇、九户镇、孙镇、焦桥镇、明集镇等沿黄（黄河）、沿清（小清河）、靠湖（芽庄湖）的镇，在雨季由于排水问题尚有低洼田易受内涝。四是耕地受到工厂污水等的污染、农用地膜不拣出田间的污染和大量不合理使用农药的污染，以及施肥不科学、不合理、不采用配方施肥，尤其是过多使用氮肥的污染等。所有这些都是关系到农业耕地可持续增产、稳产，甚至威胁到粮食安全的现实障碍。

二、耕地施肥状况分析

肥料是植物的粮食，合理施用有机肥料和化学肥料，对不断培肥地力和提高作物产量有着重要的作用。因为肥料不仅能营养作物，而且能调节土壤中水、肥、气、热的条件，提高土壤肥力、增加农作物产量和改善农产品品质。

邹平县农业生产的提高与增施肥料、扩大施肥面积密切相关，肥料在农业生产中的投入比例占40%左右，但是施入土壤的肥料大部分不能被作物直接吸收利用。一般情况下，氮肥的当季利用率为25%～35%，磷肥为15%～25%，钾肥为50%左右。未被作物吸收的肥料，在土壤中发生挥发、淋溶和固定。肥料的损失在很大程度上与不合理施肥有关。

施肥不仅要根据农作物营养特点，还要考虑外界环境条件，包括生物、土壤、肥料、灌溉、沉降及栽培技术等因素。要把它们当作一个整体，运用现代科技来研究合理施肥的理论和技术，以发挥肥料增产的最大效益。

化肥的施用对农业生产起到了较大的增产作用，其综合贡献率在25%以上。邹平化肥常年施用量折纯为42000～45000t，比如42400t(1999年)、45100t(2008年)，其中氮肥20700t、磷肥4400t、钾肥2200t、各类复合肥17800t(2008年)。化肥氮、磷、钾的销售比例约为9.4∶2∶1。由此可以看出，氮肥超量问题十分严重，钾肥用量明显不足。农药施用量常年为800～1500t，比如836t(1999年)、1488t(2008年)。农用薄膜施用量常年为700～1200t。2006年为特殊年份，因为保护地大棚发展迅速，农用薄膜当年用量猛增至3173t。邹平县历年化肥(折纯)、农药、农用薄膜投入总量如表2-53所示。

表2-53　邹平县历年化肥(折纯)、农药、农用薄膜投入总量

年份	氮肥(N,t)	磷肥(P_2O_5,t)	钾肥(K_2O,t)	复合肥(t)	农药(t)	农用塑料薄膜(t)
1999	21564	5116	2460	13251	836	717
2000	22668	4586	1765	13880	741	688
2001	20976	5635	2809	11090	818	729
2002	19733	5588	2294	11692	771	1247
2003	22025	8504	3824	15958	1096	1051
2004	20416	7866	3955	14878	1358	1246
2005	19256	7326	3971	16237	1123	1148
2006	19174	7339	3988	16542	1202	3173
2007	18968	7423	4025	16348	1580	1094
2008	20703	4360	2289	17807	1488	1076

农田施用化肥的面积达到100%，使用方法村村、户户之间有所不同。在小麦种植上，有机肥用量极少。据调查，农户有机肥亩用量不足750kg。一般每亩用40～50kg复合肥，或者50kg磷酸二铵作为基肥，撒施后进行旋耕。极少数在小麦田浇冬水时撒施尿素7.5～10kg/667m^2。近年来，随着小麦氮肥后移技术的推广，在小麦拔节期前后，普遍撒施尿素15～20kg/667m^2，个别农户施到30kg/667m^2，随即浇水。邹平县随着小麦“一喷三防”技术的推广，绝大多数的农户在防治麦蚜时用1～2次叶面肥，之后对小麦不再追肥。种植玉米时，很少施用有机肥和中微量元素肥料，以氮肥和复合肥为主。种肥施用户占30%以上，一般每亩用磷酸二铵3～5kg。近几年，机播面积逐渐增加。新型农机具可使种肥分离，避免了烧种，有的农户用氮(15)—磷(15)—钾(15)的复合肥或磷酸二铵，每亩用到15～20kg。未用种肥的农户，麦收后出现一段时期的干旱，多数需浇一水。此时，

每亩用尿素10kg左右，到玉米大喇叭期，也就是播种后50天左右串施或撒施尿素20～$30kg/667m^2$，有的配上磷酸二铵或玉米专用肥，作为玉米全生育期最主要的一次追肥，少数农户施用锌肥0.5～1kg。种植棉花农户多数注重底肥，且以氮、磷、钾复合肥为主。重施棉花花铃肥，是邹平县棉农的主要施肥方法。一般是每亩施用磷酸二铵10kg，加尿素10kg或氮(15)—磷(15)—钾(15)的复合肥15～20kg。见花开始到盛花结束之后一般不再追肥，高产田盛花后治虫时加施叶面肥，一般用3～4次。随着测土配方施肥技术在邹平县的开展和推广，农民施肥习惯有了很大改变，开始注意科学施肥、配方施肥。通过对配方肥用户调查，配方肥推广满意度在95%以上。

通过上述的施肥方法可以看出，施肥中还存在着一些问题，具体如下：

一是重氮磷肥、轻钾肥，重用地、轻养地。有机肥与化肥同等重要，也是不可替代的。有机肥料、无机肥料和生物肥料配合施用，对作物稳产高产、培肥地力、增强农业后劲、改善农田生态环境、缓解化肥比例失调等具有重要意义。在农业生产中，有机肥的投入严重不足。除去保护地蔬菜栽培、露地蔬菜种植和棉田有小比例的面积施用少量有机肥，绝大部分的小麦、玉米、棉花等大田不施用任何有机肥。群众在施肥习惯上，大多只重视氮肥和磷肥的施用，特别是尿素和磷酸二铵，而严重忽视钾肥的施用，缺乏施用钾肥的习惯，特别是大田作物施用钾肥的量和比例都很小。对耕地的管理，往往只看重产出，而忽视了对土壤地力的培肥和养护。

二是土杂肥施用越来越少，有80%以上的农户基本不施用有机肥，即使施用有机肥，用量也严重不足，平均每亩农家肥施用量不足750kg。

三是施用方法不当。在作基肥时，将化肥撒施后即旋耕，存在深度不够的问题。部分农户在小麦、玉米追肥时，采取撒施的方法，浪费非常严重，造成利用率低。小麦生长前期肥料用量偏大，尤其是氮肥，造成冬前旺长、田间群体大、越冬安全系数低、后期脱肥等。

四是肥料品种结构不合理、土壤养分不平衡。肥料品种结构不合理主要表现为有机肥与化肥施用数量及比例不相适应。农业生产的现实情况表明，有机肥投入仍在继续下降。还表现为化肥中氮、磷、钾、锌、硼等营养元素的施用极不合理，单纯施用化肥造成土壤板结，破坏土壤结构，养分间不平衡，普遍重视氮肥、磷肥，轻忽视钾肥，忽视中、微量元素。邹平县耕地的实际情况是:耕层土壤有效磷、速效氮增加幅度较大，部分高产田和蔬菜地磷素存在富积现象，一般大田土壤速效钾呈现不足。

五是耕作措施不当，导致耕层变浅、犁底层上移、土壤板结严重。

针对以上问题，解决的方法与建议如下：

一是用地与养地相结合、投入与产出相平衡。要使作物、土壤、肥料形成物质和能量的良性循环，必须坚持用地与养地相结合、投入产出相平衡。破坏或消耗土壤肥力，意味着降低农业再生产能力。

二是有机、无机相结合。土壤有机质是土壤肥沃程度的重要指标。增施有机肥可以增加土壤有机质含量，改善土壤理化性状，提高土壤保水、保肥能力，增强土壤微生物的活性，促进化肥利用率的提高。因此，必须坚持多种形式的有机肥投入，才能够培肥地力，实现农业的可持续发展。

三是大量元素和中、微量元素配合施用。各种营养元素的配合是科学施肥的重要内容。随着产量的不断提高，在耕地高度集约利用的情况下，必须进一步强调氮、磷、钾相互配合，并补充中、微量元素，才能获得高产、稳产。

四是搞好秸秆还田、禁止焚烧。这是增加或稳定土壤有机质含量、提高土壤肥力的重要有效方法。

五是积极推广测土配方施肥技术，把测土配方施肥作为施肥上的一项改革措施。根据土壤化验结果，制定推广适合各种作物不同区域、不同地力、不同产量水平的施肥配方。

邹平县玉米种植的肥料配方建议如下：

(1)氮(26)—磷(6)—钾(8)，养分量40%，适合邹平县土壤肥力水平较高的玉米田作追肥施用，建议亩用量为40kg(可采用一次性追肥法，于玉米小喇叭口后10～15天一次性施入；或二次法，分别在玉米定苗期10kg/667m^2、小喇叭口后10～15天30kg/667m^2)。注意：该玉米配方肥在玉米播种前必须每亩施用10kg尿素作底肥施入，作为玉米苗肥施用。

(2)氮(15)—磷(10)—钾(15)，养分量40%，适合作种肥，建议每亩种肥用量不超过10kg，追肥25～30kg尿素，要根据地力养分情况酌情追施5kg钾肥。该配方适合邹平县东部及中南部区域，比如韩店、黛溪、长山、焦桥等的玉米田中施用。

邹平县小麦种植的肥料配方建议如下：

(1)氮(14)—磷(18)—钾(10)，养分量42%，适合邹平县东部和中南部养分较为均衡的地块。亩产量为400～450kg的地块，每亩底肥用量为40kg；亩产量为450～500kg的地块，每亩底肥用量为45kg；亩产量为500～550kg的地块，每亩底肥用量为50kg。小麦追肥于小麦拔节期每亩追施15～20kg尿素。

(2)氮(16)—磷(20)—钾(6)，养分量42%，适合邹平县西北部和北部地块，主要适用于黄河和小清河南岸潮土区域。亩产量为400～450kg的地块，每亩底肥用量为40kg；亩产量为450～500kg的地块，每亩底肥用量为45kg；亩产量为500～550kg的地块，每亩底肥用量为50kg。小麦追肥于小麦拔节期每亩追施15～20kg尿素。

(3)氮(15)—磷(22)—钾(5)，养分量42%，适合邹平县西北部和北部地块，主要适用于黄河和小清河南岸潮土区域，以及南部山区。亩产量为400～450kg的地块，每亩底肥用量为40kg；亩产量为450～500kg的地块，每亩底肥用量为45kg；亩产量为500～550kg的地块，每亩底肥用量为50kg。小麦追肥于小麦拔节期每亩追施15～20kg尿素。

邹平县棉花种植的肥料配方建议：氮(18)—磷(17)—钾(8)，养分量43%。邹平县棉花种植主要集中在黄河南岸码头、台子及小清河南岸的九户、孙镇等个别地块土壤盐泽化程度较高的耕地，此配方是一种通用型配方。亩皮棉产量为75～90kg的地块，每亩底肥用量为40～45kg；亩皮棉产量为90～110kg的地块，每亩底肥用量为50～60kg。以上配方中的磷、钾肥已可满足棉花生长需要，氮肥投入占到全年总量的30%～40%。农户还可结合棉花长势，选择在棉花花蕾期和花铃期每亩分别追施尿素8～10kg、15～20kg。

六是大力推广商品有机肥。施用商品有机肥是不断培肥地力的一项重要措施，也是提高和稳定土壤有机质含量的重要手段。

七是搞好氮肥的深施，杜绝地面撒施。氮肥深施不仅可以提高肥料利用率，还能减少挥发等带来的肥料浪费、污染等问题，对保护农业生态环境、促进农业可持续发展具有重要的作用。

八是创新科学施肥技术推广服务模式。多措并举，充分发挥农技推广网络优势，广泛推广配方肥和测土配方施肥技术。通过构建县、镇（街道办事处）、村三级农业技术推广网络，设立示范田、示范方，利用电视、广播、报刊、集中培训、科技大集、田间地头课堂等各种宣传渠道，以多种方式引导农民科学施肥，这也是把农业部 2015 年制定的《到 2020 年化肥使用量零增长行动方案》和《到 2020 年农药使用量零增长行动方案》落到实处的具体措施。

第三章　样品的采集与分析

第一节　土壤样品的布点与采集

一、采样点的布设

（一）布点原则

土壤样品的采集是土壤分析化验工作的首要环节，土壤测试是制定肥料配方的重要依据，按照项目平原区每 6.67～20hm^2为一个采样单元的要求，充分考虑地形地貌、土壤类型与分布、肥力高低、作物种类等，保证采样点具有典型性和代表性，同时兼顾空间分布的均衡性。采样以秋季为主、春季为辅。

（二）布点方法

将土地利用现状图与土壤图相结合，叠加形成耕地地力评价单元图、应用评价单元图，综合分析邹平县的作物种植类型和面积，在采样总数的控制下，分配具体采样数量，并确定采样点位置。样点布设具体分为室内和实地两个步骤。首先以县土地利用现状图为底图，按要求把调查点位布设在图上，然后根据图上的点位在野外确定实际的调查点位置，并对原点位进行修正。在邹平县范围内布点采样时，样点布设均匀分布，点位采用 4 位编号，不足 4 位的前面补“0”。

二、土样采集

（一）采样单元

采样前详细了解采样地区的土壤类型、土地利用、种植制度、产量水平、肥力等级和地形因素，将测土配方施肥区域划分为若干个采样单元，每个采样单元的土壤均匀一致。

平均每个采样单元为 10hm^2左右。为了便于田间示范追踪和施肥分区的需要，采样集中在位于每个采样单元相对中心位置的典型地块，面积为 0.01～0.1hm^2。当地形和作物田间变异很大时，可适当缩小采样单元。

（二）采样时间

在前茬作物成熟收获后（或大田作物收获前几天）、下茬作物尚未施用底肥前采样，以保证所采土样能真实地反映地块的地力和质量状况。根据邹平县的生产情况，一般大田作物在秋种前采样。同时，小麦、玉米一年两作的耕地在秋季采样，小麦、玉米施肥根据秋季采样分析化验结果进行统筹安排。种植棉花的春田及部分露天菜地在春季采样，果园在果实采摘后、秋季施肥前采样。

（三）采样点定位

采样点参考了县级土壤图，采用 GPS 定位，记录经纬度，精确到 0.1"。

（四）采样深度

大田土样采集深度为 0～20cm，蔬菜地为 0～25cm，果园为 0～40cm。

进行硝态氮或无机氮含量测定时，采样深度根据不同作物、不同生育期的主要根系分布深度具体确定。

（五）采样点数量

保证足够的采样点，使之能代表采样单元的土壤特性。平均每个土壤样品在田间取 15～20 个样点。

（六）采样路线

采样时沿着一定的路线，按照"随机""等量"和"多点混合"的原则进行采样。"随机"，即每一个采样点都是任意决定的，使采样单元内的所有点都有同等机会被采到；"等量"，即要求每一点采取的土样深度要一致、采样量要一致；"多点混合"，即把一个采样单元内各点所采的土样均匀混合组成一个混合样品，以提高样品的代表性。为此，根据农户经营的模式、农户的责任田或窄长或宽短等特点，多采用"S"形布点采样，这样能够较好地避免农户间因耕作、施肥等因素所造成的误差。在地形变化小、地力较均匀、采样单元面积较小的情况下，采用梅花形布点采样，避开路边、田埂、沟边、肥堆等特殊部位。

（七）采样方法

每个采样点的取土深度及采样量确保均匀一致，土样上层与下层的比例相同。将取样器垂直于地面入土，深度相同。用取土铲取样时，先铲出一个耕层断面，再平行于断面下铲取土。所有样品均用不锈钢取土器采样。

（八）样品量

一个混合土样取土量约 1kg。如果一个混合样品的数量太大，用四分法将多余的土壤弃去。方法是将采集的土壤样品放在盘子里或塑料布上，用木棍或塑料棒弄碎、混匀，铺成四边形，画对角线将土样分成四份，再把对角的两份分别合并成一份，保留一份，弃去一份，反复操作，直至所需数量为止。

（九）样品标记

采集的样品放入统一的样品袋中，用铅笔写好标签，内、外各放置或粘贴一张，注明采样地点、日期、采样深度、土壤名称、编号及采样人等，同时做好田间采样记录。

根据以上操作规程，邹平县在 2006 年大田取土壤样品 4000 个、2007 年大田取土壤样品 2000 个、2008 年大田取土壤样品 1100 个，3 年共完成土壤取样 7100 个，圆满完成了土壤田间取样任务。

第二节 土壤样品的制备

一、新鲜土壤样品

某些土壤的成分如二价铁、硝态氮、氨态氮等在风干过程中会发生显著变化，必须用新鲜土壤样品进行分析。为了能真实地反映土壤在田间自然状态下的某些理化性状，新鲜土壤样品应及时送回室内进行处理分析，用粗玻璃棒或塑料棒将样品混匀后迅速进行测定。

新鲜土壤样品不宜储存。暂时储存时，将新鲜样品装入塑料袋，扎紧袋口，放在冰箱冷藏室或进行速冻保存。

二、风干土壤样品

从野外采回的土壤样品及时放在样品盘上，摊成薄薄的一层，置于干净整洁的室内通风处自然风干，严禁暴晒，并注意防酸、碱等有害物质及气体、灰尘的污染。风干过程中经常翻动土样，并将大土块捏碎以加速干燥，同时剔除土壤以外的侵入体。

风干后的土样按照不同的分析化验要求研磨过筛，充分混匀后，装入样品瓶中备用。瓶内、外各放标签一张，分别写明编号、采样地点、土壤名称、采样深度、样品粒径、采样日期、采样人及制样时间、制样人等项目。制备好的样品妥善储存，避免日晒、高温、潮湿和酸、碱等有害气体等造成的污染。全部分析化验工作结束，分析数据核实无误后，一般试样用磨口塞的广口瓶或塑料瓶保存3～12个月，以备必要时查核。

(一)一般化学分析样品

将风干后的样品平铺在制样板上，用木棍或塑料棍碾压，并将植物残体、石块等侵入体和新生体剔除干净，细小已断的植物须根采用静电吸附的方法清除。压碎的土样要全部通过2mm孔径筛。未过筛的土粒重新碾压过筛，直至全部样品通过2mm孔径筛为止。通过2mm孔径筛的土样，可供pH、盐分、交换性能及有效养分项目的测定。

将通过2mm孔径筛的土样用四分法取出一部分继续碾磨，使之全部通过0.25mm孔径筛，供有机质、全氮、碳酸钙等项目的测定。

(二)微量元素分析样品

用于微量元素分析的土样，其处理方法同一般化学分析样品，但在采样、风干、研磨、过筛、运输、储存等诸环节不能接触金属器具，以避免污染，故采样、制样时使用塑料工具，过筛时使用尼龙网筛等。通过2mm孔径尼龙筛的样品可用于测定土壤有效态微量元素。

(三)颗粒分析样品

将风干土样反复碾碎，使之全部通过2mm孔径筛。留在筛上的碎石称量后保存，同时将过筛的土壤称量，以计算石砾质量百分数，然后将土样混匀后盛于广口瓶内，用于颗粒分析及其他物理性状的测定。

第三节　植株样品的采集与制备

一、植株样品的采集

（一）采集要求

植株样品分析的可靠性受样品数量、采集方法及分析部位影响，因此，采样应具有：代表性，采集样品能符合植物群体生长情况，采样量一般为1kg；典型性，采样的部位能反映所要了解的情况；适时性，根据研究目的，在不同生长发育阶段，定期或不定期采样。粮食作物一般在成熟后、收获前采集籽实部分及秸秆；发生偶然污染事故时，在田间完整地采集整株植株样品；其他植株样品根据研究目的确定采样要求。

（二）样品采集

植物组织样品多用于诊断分析，所以采集植物组织样品首先要选定植株。样株必须有充分的代表性，通常也像采集土样一样按照一定路线多点采集，组成平均样品。选择植物样株要注意群体密度、植株长相、植株长势、生育期的一致性，过大或过小、遭受病虫害或机械损伤以及由于边际效应长势过强的植株都不应采用。如果为了某一特定目的，例如缺素诊断而采样时，则应注意植株的典型性，并要同时在附近地块另行选取有对比意义的正常典型植株，使分析的结果能在相互比较的情况下进行对比，以说明问题。

采得的植株样品如需要分不同器官（例如叶片、叶鞘或叶柄、茎、果实等部分）测定，须立即将其剪开，以免养分运转。

1. 粮食作物植株样品

由于粮食作物生长的不均一性，采用多点取样，避开田边2m，按"S"形采样法采样。在采样区内采取15个分样点的样品，组成1个混合样。籽实样品1kg左右，装入纸袋。采集完整植株样品2kg左右，用塑料纸袋扎好。

2. 棉花植株样品

棉花样品包括茎秆、空桃壳、叶片、棉籽等部分。样株选择和采样方法同粮食作物。按样区采集棉籽，第一次采摘后将籽棉放在通透性较好的网袋中晾干（晒干），以后每次收获时装入网袋中，各次采摘结束后，将同一取样袋中的籽棉作为该采样区籽棉混合样。

二、植株样品的制备

粮食籽实样品及时晒干脱粒，充分混匀后用四分法缩分至所需量。需要洗涤的，时间上不宜过长并及时风干。要定期进行风干处理，以防止样品变质、虫咬及鼠害。用不污染样品的工具将籽实粉碎，用0.5mm筛子过筛制成待测样品。

完整的植株样品先洗干净，根据作物生物学特性差异，采用能反映特征的植株部位，用不污染待测元素的工具剪碎样品，充分混匀后用四分法缩分至所需量，制成鲜样或置于60℃烘箱中烘干后粉碎备用。

第四节 样品分析与质量控制

一、样品分析

土壤样品的化验测试是测土配方施肥项目的重中之重，也是耕地地力评价工作的关键环节。在项目初期，为切实做好室内化验工作，邹平县农业局整合全局技术力量，成立了邹平县农产品质量和农田环境监督检验测试中心，固定资产 400 余万元，有专职化验员 9 名，其中研究员 1 名、高级农艺师 2 名、中级农艺师 3 名，并于 2005 年一次性顺利通过了山东省质量技术监督局的计量认证，为滨州市农业系统首家取得计量认证资格的化验室。

土壤及植株样品分析测定严格按照农业部《测土配方施肥技术规范》和山东省《测土配方施肥项目工作规范》进行。

土壤样品测定项目及测定方法如表 3-1 所示。

表 3-1 土壤样品测定项目及测定方法

分析项目	依据	测定方法
pH	土壤分析技术规范	玻璃电极法
有机质	土壤分析技术规范	重铬酸钾—硫酸溶液—油浴法
全磷	土壤分析技术规范	氢氧化钠熔融—钼锑抗比色法
有效磷	土壤分析技术规范	碳酸氢钠浸提—钼锑抗比色法
速效钾	土壤分析技术规范	乙酸铵浸提—火焰光度法
全氮	土壤分析技术规范	半微量凯氏蒸馏法
碱解氮	土壤分析技术规范	碱解扩散法
全钾	土壤分析技术规范	碱熔—火焰光度法
缓效钾	土壤分析技术规范	硝酸浸提—火焰光度法
有效铜	土壤分析技术规范	DTPA 浸提—原子吸收分光光度法
有效锌	土壤分析技术规范	DTPA 浸提—原子吸收分光光度法
有效铁	土壤分析技术规范	DTPA 浸提—原子吸收分光光度法
有效锰	土壤分析技术规范	DTPA 浸提—原子吸收分光光度法
有效硼	土壤分析技术规范	沸水浸提—甲亚胺—H—比色法
交换性钙	土壤分析技术规范	乙酸铵交换—原子吸收分光光度法
交换性镁	土壤分析技术规范	乙酸铵交换—原子吸收分光光度法
有效硫	土壤分析技术规范	磷酸盐—乙酸提取、硫酸钡比浊法
有效钼	土壤分析技术规范	草酸—草酸铵—浸提—极谱法
容重	土壤分析技术规范	环刀法

2006～2009年，共化验测试土壤样品7100个，化验5万余项次。全测定项目：有效磷、速效钾、有机质、碱解氮、pH；减量分析项目：缓效钾、全氮、盐分等化验分析样品总量的50%；少量分析项目：有效硼、有效锌、有效铁、有效锰、有效铜、有效钼等微量元素，钙、镁、硫中量元素化验分析样品总量的50%；土壤质地全部样品均需采用手摸测定，室内分析样品100个；土壤容重、水分、氨态氮、硝态氮、水溶性盐分分析样品100个；全钾、全磷、阳离子交换量分析样品100个。

为验证样品化验结果的准确性和科学性，对每批样品全部做了平行控制，对每天的化验样品都插测了参比样，每30～50个加测参比样1个。

二、质量控制

化验分析质量受样品、方法、试剂、仪器、环境及分析人员素质等多方面因素制约，容易造成测量误差，影响结果的准确度和精密度。为保证化验结果的可靠性及不同化验室之间的可比性，采取严格的质量控制措施。

在化验室内部，普遍采用参比样品、平行测定等进行质量控制。在每批样品测试中，都会加入1个参比样品，通过标准样进行质量控制。参比样品测试结果超出标准差范围的，要重新分析测定。

(一)化验室

邹平县农产品质量和农田环境监督检验测试中心由邹平县政府投资，自2003年开始筹建，2004年依据邹编办[2004]8号文件设立，隶属于邹平县农业局。2005年12月一次性通过省级计量认证，是滨州市首家通过省级计量认证的农产品质量和农田环境检测机构。2011年1月27日通过了复审换证。2014年1月一次性通过山东省质监局的复审换证以及扩项。

该中心拥有固定办公、检测场所一处，面积为700m^2，按检测项目要求间隔检测室21间。办公、通信、联络、检测环境控制设施齐全，2010年承担农业部农产品县级质检站建设项目，国家和地方增加投资300万元用于化验室改造和扩建，新进进口精密仪器气质联用仪、气相色谱仪、液相色谱仪、定氮仪、原子吸收分光光度计等7台大型设备，用于满足高标准的检测要求。现具备检测所需仪器设备60余台套，固定资产400余万元，主要承担蔬菜农药残留、土壤有机质、大量元素、pH、全盐、中微量元素等常规分析。

农业部县级质检站项目建成后，使检测的精密度提高10%～30%，检测的灵敏度提高5～10倍，检测范围扩大2倍，检测样品的数量提高2～3倍，年检测样品量可达蔬菜、土壤、肥料等样品4000个，检测规模达到3万项次/年，极大地增强了监测分析和快速反应能力，为拓展检测范围、提高监测精度和快速处理重大事故提供了技术保证。

2006年4月、2007年5月两次通过了山东省农业厅组织的蔬菜农药残留盲样考核。2007年6月通过了山东省质监局组织的监督评审，2007年8月通过了滨州市质监局组织的水样铅、铜、汞、砷能力验证。2007年10月通过了国家食品安全专项整治检查组的检查。2008年10月通过了山东省质监局组织的食品及相关产品中重金属镉能力验证。2009年通过了山东省质监局组织的食用油能力验证。2010年3月通过了山东省农业厅组织的蔬菜能力验证。2011年1月通过了山东省质监局的复审。2012年通过了山东省质监局组织的蔬菜能力验证以及复混肥料能力验证，同时通过了全国农技中心组织的土壤检测能力验证，荣获农业部颁发的“全国测土配方施肥标准化实验室”证书。2014 年通过了山东省质监局组织的蔬菜能力验证。2015 年 4 月通过了山东省农业厅组织的蔬菜能力验证。

（二）人员

中心现有固定工作人员 9 名，其中农业技术推广研究员 1 名、高级农艺师 2 名、农艺师 2 名、检测技术人员 4 名，全部经过检测技能专业培训，持证上岗率 100%。

（三）质量控制

根据化验室的检验工作程序，针对影响检测质量的因素，加强化验室、计量和样品管理，对可能影响质量的环节制定相关程序文件，确保样品和计量的真实和准确；改善检测环境，对检验质量有影响的环境条件进行监控并做好记录；加强人员培训，严格执行标准和规程，规范操作；加强内外部质量考核和监督，确保测试工作质量。

1. 平行双样

在测定成批样品室，随机选取 5%～10%的样品进行平行双样测定。

2. 重复比对

随机抽取已经化验样品的 10%～20%进行重复比对测试，由质量负责人把盲样加入到正常化验样品中，化验结果只有质量负责人知道，化验结束后，由质量负责人对化验员的化验工作进行总结分析，发现问题及时纠正。同时，和兄弟化验室搞好不同项次的比对实验。

第四章　土壤理化性状及评价

邹平县由于土壤类型、地形地貌、种植制度及农民施肥习惯的不同，各镇（街道办事处）土壤养分状况存在差异，综合土壤样品化验分析结果，以土壤 pH、有机质、碱解氮、有效磷和速效钾的化验结果来进行衡量，褐土养分含量最高，其次是潮土，再次是砂姜黑土。另外，由于受种植制度和农民施肥习惯的影响，中南部及东部的土壤养分高于西北部。邹平县土壤养分总体状况是氮、磷养分较高，钾养分偏低。养分低的地块主要存在轻壤、沙壤土质中。部分地块的中微量元素不足。邹平县于 2006～2009 年对全县土壤养分进行了全面调查及化验测试。本次地力分析和地力评价充分参考和利用了 1983 年进行的全国第二次土壤普查资料。

1983 年第二次土壤普查时，邹平县土壤有机质含量为 7.3～14.9g/kg，碱解氮含量为 40.7～80.1mg/kg，速效磷含量为 4.0～12.9mg/kg，速效钾含量为 97.8～179.7mg/kg，全氮含量为 0.41～0.74g/kg；表层质地的土壤有机质含量为 11.4g/kg，碱解氮含量为 62.2mg/kg，有效磷含量为 8.0mg/kg，速效钾含量为 134.9mg/kg。2006～2008 年，邹平县土壤有机质含量为 11.10～26.10g/kg，碱解氮含量为 68.80～107.40mg/kg，速效磷含量为 19.20～39.70mg/kg，速效钾含量为 82.30～149.0mg/kg，全氮含量为 0.99～1.31g/kg；表层质地的土壤有机质含量为 16.1g/kg，碱解氮含量为 84mg/kg，有效磷含量为 24.3mg/kg，速效钾含量为 119mg/kg。

邹平县各镇（街道办事处）土壤耕层养分状况如表 4-1 和表 4-2 所示，邹平县表层质地理化性状统计如表 4-3 和表 4-4 所示，邹平县各土属土壤养分统计如表 4-5 所示，邹平县土壤养分垂直变化情况如表 4-6 所示。

表 4-1　　2006～2008 年邹平县各镇（街道办事处）土壤耕层养分状况表

镇（街道办事处）	有机质 (g/kg)	水解性氮 (mg/kg)	有效磷 (mg/kg)	速效钾 (mg/kg)	缓效钾 (mg/kg)	有效锌 (mg/kg)	有效铜 (mg/kg)	有效铁 (mg/kg)	全氮 (g/kg)	pH	有效硼 (mg/kg)	有效锰 (mg/kg)
黛溪街道办事处	15.44	90.74	25.40	91.60	707.700	1.688	1.348	3.532	1.063	7.9	0.72	25.93
韩店镇	20.50	73.70	30.70	137.67	878.800	0.908	1.655	3.504	0.995	7.79	0.54	11.82
九户镇	14.15	101.70	31.40	120.60	841.000	1.258	1.428	7.429	1.013	7.48	1.16	12.94

续表

镇(街道办事处)	有机质(g/kg)	水解性氮(mg/kg)	有效磷(mg/kg)	速效钾(mg/kg)	缓效钾(mg/kg)	有效锌(mg/kg)	有效铜(mg/kg)	有效铁(mg/kg)	全氮(g/kg)	pH	有效硼(mg/kg)	有效锰(mg/kg)
焦桥镇	14.90	98.70	27.60	132.80	730.900	1.070	1.361	2.294	1.150	7.79	0.82	13.09
黄山街道办事处	18.70	107.40	39.70	121.80	776.700	1.867	1.957	7.032	1.085	7.34	0.53	26.37
魏桥镇	18.20	87.30	26.10	82.30	766.400	1.092	1.317	6.455	0.945	7.91	0.99	9.68
高新街道办事处	20.70	105.00	44.10	148.40	712.900	2.032	2.306	5.482	1.167	7.54	0.40	20.39
临池镇	13.70	75.20	33.80	97.00	763.910	1.330	1.756	7.757	0.999	7.63	0.45	21.38
台子镇	20.64	91.50	28.20	90.60	696.200	0.610	1.347	5.255	0.963	7.78	0.86	4.18
孙镇镇	17.30	86.20	29.90	130.10	879.498	0.588	1.458	3.106	1.420	8.01	0.76	15.61
西董镇	15.70	75.40	38.00	120.00	812.700	1.020	1.226	6.562	1.070	7.38	0.31	30.83
码头镇	11.10	68.80	23.30	93.00	675.950	0.713	1.247	6.512	0.787	7.67	0.98	10.41
好生镇	17.90	103.30	37.00	99.50	707.800	1.951	2.351	6.918	1.149	7.27	0.64	29.02
青阳镇	17.00	76.40	28.80	94.20	706.200	2.777	1.626	6.124	1.094	7.66	0.72	32.36
长山镇	26.10	92.70	31.50	149.00	725.630	1.580	1.687	3.035	1.158	8.01	0.82	13.18
明集镇	11.70	75.00	19.20	136.10	826.300	1.234	1.603	4.380	1.090	7.88	0.77	14.60
标准差	3.59	12.77	6.43	22.46	66.360	0.590	0.350	1.778	0.135	0.24	0.23	8.52
平均	17.30	88.07	30.92	115.29	763.037	1.357	1.605	5.336	1.072	7.69	0.72	18.24

表 4-2　　1983 年邹平县各乡镇土壤耕层养分状况表

单位	样品个数	有机质 (g/kg)	全氮 (g/kg)	全磷 (g/kg)	碱解氮 (mg/kg)	有效磷 (mg/kg)	速效钾 (mg/kg)	氮：磷：钾	碳氮比	供氮强度 (%)	备注 (2002 年行政区划)
邹平镇	101	12.1	0.73	1.34	69.08	12.5	124	2.16：1：5.21	9.61	9.47	黛溪街道办事处、黄山街道办事处
西董	91	11.2	0.67	1.19	63.5	10.0	155.5	2.80：1：8.11	9.70	9.48	西董镇
好生	43	13.2	0.72	1.03	68.3	9.9	110.8	3.00：1：5.86	10.63	9.49	好生镇
临池	68	11.3	0.60	1.00	61.1	7.8	126.1	3.45：1：8.54	10.92	10.18	临池镇
礼参	33	12.4	0.70	1.26	53.7	12.9	111.6	1.82：1：4.54	10.27	7.67	高新街道办事处
长山	72	14.1	0.77	1.36	66.0	12.1	114.2	2.38：1：4.94	10.62	8.57	长山镇
苑城	47	14.9	0.74	1.42	80.1	9.6	118.2	3.64：1：6.44	11.68	10.82	
焦桥	87	13.0	0.73	1.23	76.6	9.6	144.8	3.53：1：7.90	10.57	10.49	焦桥镇
韩店	80	12.1	0.69	1.50	57.9	6.6	147.8	3.83：1：11.75	10.17	8.39	韩店镇
孙镇	71	11.9	0.70	1.44	57.8	6.3	179.7	4.01：1：14.98	9.86	8.26	孙镇镇
九户	65	11.2	0.68	1.57	57.1	7.1	165.6	3.50：1：12.19	9.55	8.40	九户镇
青阳	45	11.7	0.73	1.09	62.4	6.3	137.6	4.33：1：11.47	9.30	8.55	青阳镇
明集	53	11.0	0.65	1.29	66.9	6.4	148.5	4.55：1：12.12	9.82	10.29	明集镇
里八田	47	10.0	0.60	1.46	65.8	5.9	159.12	4.87：1：12.12	9.67	10.97	魏桥镇
魏桥	68	8.7	0.54	1.40	70.4	4.5	100.0	6.83：1：11.62	9.34	13.04	
台子	59	9.3	0.52	1.29	41.6	4.5	151.7	4.04：1：17.68	10.37	8.00	台子镇
码头	80	7.3	0.36	1.08	40.7	4.0	97.8	4.42：1：12.76	11.76	11.31	码头镇
平均	1110	11.4	0.65	1.29	62.2	8.0	134.9	3.40：1：8.84	10.17	9.57	

表 4-3　　2006～2008 年表层质地理化性状统计表

项目 / 质地类型	有机质 (g/kg)	pH	全氮 (g/kg)	碱解氮 (mg/kg)	有效磷 (mg/kg)	速效钾 (mg/kg)	容重 (g/cm^3)	总孔隙度 (%)
褐土	17.6	7.5	1.31	86	26.6	125	1.32	50.06
潮土	14.9	8.2	0.99	81	22.6	114	1.31	51.25
砂姜黑土	15.8	7.1	1.16	85	23.7	118	1.34	48.99
平均	16.1	7.6	1.12	84	24.3	119	1.32	50.1

表 4-4　　　　1983 年表层质地理化性状统计表

项目 质地类型	取样数（个）	有机质（g/kg）	全氮（g/kg）	碱解氮（mg/kg）	有效磷（mg/kg）	速效钾（mg/kg）	代换量（me/100g 土）	C/N	N/P	供氮强度（%）	容重（g/cm^3）	总孔隙度（%）	通气孔隙度（%）	田间持水量（%）
砂石土	12	12.9	0.74	61.5	6.5	89.9		9.6	4.1	8.3				
砂壤	115	7.1	0.41	38.3	4.1	96.5	6.4	10.0	4.1	9.3	1.35	49.06	12.14	20.22
轻壤	179	10.1	0.58	54.6	6.1	127.9	8.89	10.1	3.9	9.4	1.36	48.68	11.74	23.32
中壤	672	11.7	0.70	60.3	8.2	148.8	11.68	9.7	3.2	8.6	1.33	49.81	11.14	23.28
重壤	128	12.4	0.72	66.6	6.0	133.6	20.25	9.9	4.8	9.2	1.32	50.19	9.56	26.50
平均	1110	11.4	0.65	62.2	8.0	134.9	12.32	10.17	3.4	9.57	1.34	49.53	10.87	23.56

表 4-5　　**1983 年各土类土属养分状况统计表**

土属	土类	有机质 (g/kg)	全氮 (g/kg)	碱解氮 (mg/kg)	有效磷 (mg/kg)	速效钾 (mg/kg)	C/N	N/P	代换量 (Me/100g 土)	供氮强度 (%)	代号
褐土 (B)	Ba2	13.7	0.74	61.5	5.5	86.3	10.7	4.9	15.0	8.3	5
	Bd1	11.1	0.63	53.2	8.2	118.5	10.2	2.8	11.76	8.4	1
	Bd3	11.6	0.68	60.8	9.4	134.7	9.9	2.8	11.54	8.9	2
	Bc3	11.9	0.67	66.6	9.2	130.3	10.3	3.2	14.66	9.9	3
	Bf3	12.4	0.74	69.4	10.0	125.9	9.7	3.0	13.85	9.4	4
	平均	12.1	0.69	62.3	8.5	119.1	10.2	3.2	13.36	9.0	
潮土 (C)	$Ca1_{2}$	10.5	0.69	68.1	7.4	135.8	8.8	4.0	9.01	9.8	9
	$Cb2_{1}$	7.2	0.42	49.3	4.1	89.2	9.9	5.3	8.68	11.7	6
	$Cb2_{2}$	10.6	0.62	51.2	6.0	152.1	9.9	3.7	10.44	8.3	7
	$Cb2_{3}$	12.3	0.72	55.1	5.9	192.9	10.2	4.1		7.8	8
	$Cc5_{1}$	6.8	0.36	34.9	4.4	120.7	10.9	3.4		9.7	10
	$Cc5_{2}$	9.8	0.59	51.1	6.1	155.9	9.6	3.7	8.12	8.6	11
	$Cc5_{3}$	7.7	0.52	53.5	3.7	162.0	8.5	6.3		10.2	12
	$Ce10_{3}$	13.3	0.82	65.3	7.1	222.7	9.4	4.0	20.21	7.9	13
	$Ce11_{3}$								20.24		14
	平均	0.98	0.59	53.6	5.6	135.7	9.6	4.2	12.78	9.1	
砂姜黑土 (G)	Ga2	11.8			8.4		9.8		17.44	9.1	15
	Ga3	12.6	0.74	67.2	12.5	126.6	9.9	2.3	24.39	9.0	16
	平均	1.22	0.74	67.2	10.5	126.6	9.9	2.3	20.91	9.1	
平均		1.44	0.67	61.0	8.2	127.1	9.8	3.2	15.44	9.1	

表 4-6 1983 年土壤养分垂直变化情况表

土类	样品数	深度(cm)	有机质(g/kg)	全氮(g/kg)	有效磷(mg/kg)	速效钾(mg/kg)
褐土	14	0～21	12.1	0.70	8.1	108.3
	14	21～45	8.1	0.45	5.1	100.2
	14	45～90	7.6	0.41	5.7	91.6
	10	90～145	6.8	0.37	5.2	94.4
潮土	17	0～20	9.7	0.56	8.8	138.4
	17	20～60	6.5	0.38	5.0	107.5
	17	60～98	5.2	0.33	4.7	96.7
	8	98～128	4.0	0.24	5.1	69.4
砂姜黑土	2	0～19	14.7	0.79	13.2	161.0
	2	19～33	12.7	0.71	8.6	143.0
	2	33～96	11.6	0.65	7.6	159.0
	1	96～100	7.2	0.44	4.5	
平均	33	0～20	1.10	0.63	8.8	127.0
	33	20～52	0.76	0.43	5.3	106.5
	33	52～92	0.66	0.38	5.3	98.3
	19	92～135	0.56	0.32	5.1	83.2

第一节 土壤 pH 和有机质

一、土壤 pH

土壤酸碱度是土壤形成过程中综合因子作用的结果，是土壤的基本性状之一，也是影响土壤肥力的重要因素之一，直接影响着土壤中各营养元素的存在形态、转化、有效性和可利用性。

土壤酸碱性通过影响矿质盐分的溶解度而影响养分的有效性，土壤中大量、中量、微量元素的有效性均随土壤溶液的酸碱度的不同而发生着明显的变化。同时，土壤酸碱性还制约着土壤微生物的活动，对有机质的矿化过程也有一定的影响。有机质在酸性条件下分解较慢，但以中性和微碱性最适宜。固氮根瘤菌在 pH 降至 6.0 以下时，固氮能力明显下降。土壤酸碱性对磷酸盐的形态和有效性影响较大。土壤 pH 低于 5.5 时，磷酸根与铁、铝结合形成闭蓄态磷酸铁、铝而失去有效性。当土壤 pH 为 5.6～7.0 时，磷酸盐的有效性最大。土壤酸碱性也影响着钾元素的吸附量，酸性土壤和盐基饱和度低的土壤其交换性钾含量低于中性土壤和盐基饱和度高的土壤。土壤酸碱性对土壤微量元素的有效性影响非常明显，钼的有效性随土壤 pH 的降低而降低，硼的有效性在 pH 的一定范围内随 pH 的升高而升高，铁、锰、锌的有效性随 pH 的降低而升高。

(一)土壤 pH 及分级

化验测试结果显示,邹平县土壤 pH 变化范围为 6.2～8.2,平均含量为 7.6。耕层耕层土壤 pH 状况如表 4-7 所示。

表 4-7 耕层土壤 pH 状况

土壤类型	2006～2009 年化验结果			第二次土壤普查结果(1984 年)		
	平均值	最大值	最小值	平均值	最大值	最小值
褐土	7.5	7.8	6.2	7.0	7.2	6.8
潮土	8.2	8.6	7.4	7.3	7.5	7.1
砂姜黑土	7.1	7.7	6.4	7.2	7.3	7.1
平均	7.6	8.0	6.7	7.17	7.3	7.0

可以看出,土壤 pH 平均值由 1984 年的 7.17 变化到现在的 7.6,提高了 0.43,说明土壤碱性略增,可能是施肥、种植、气候等因素所致,但对于邹平县种植的农作物没有大的影响。土壤 pH 分级情况如表 4-8 所示。

表 4-8 土壤 pH 分级情况

级别	1	2	3	4	5	6
标准	＞8	7.5～8	7～7.5	6.5～7	6～6.5	＜6
耕地总面积(hm^2)	11119.12	47428.20	10746.57	1726.62	623.29	0
土地总面积(hm^2)	19427.16	82865.85	18776.25	3016.72	1089.02	0
占总面积比例(%)	15.52	66.20	15.00	2.41	0.87	0

注:耕地总面积指邹平县 2008 年耕地总面积,共 71643.8hm^2,下同;土地总面积指邹平县版图面积,即 125175hm^2,下同。

邹平县土壤 pH 高于 8 的耕地面积为 11119.12hm^2,占耕地总面积的15.52%;pH 为 7.5～8 的面积为 47428.20hm^2,占耕地总面积的 66.20%;pH 为 7～7.5 的面积为 10746.57hm^2,占耕地总面积的 15.00%;pH 为 6.5～7 的面积为 1726.62hm^2,占耕地总面积的 2.41%;pH 为 6～6.5 的面积为 623.29hm^2,占耕地总面积的 0.87%。

邹平县土壤 pH 高于 8 的土地面积为 19427.16hm^2,占土地总面积的 15.52%;pH 为 7.5～8 的面积为 82865.85hm^2,占土地总面积的 66.20%;pH 为 7～7.5 的面积为 18776.25hm^2,占土地总面积的 15.00%;pH 为 6.5～7 的面积为 1726.62hm^2,占土地总面积的 2.41%;pH 为 6～6.5 的面积为 1089.02hm^2,占土地总面积的 0.87%。

(二)主要作物适宜的土壤 pH 范围

不同作物对土壤酸碱性的适应性有很大差异,但大部分作物适宜在中性至微酸性土壤条件下生长，即 pH 为 5.5～7.5。表 4-9 列出了在邹平县境内主要农作物、蔬菜和林果作物适宜的 pH 范围。

表 4-9　　主要农作物、蔬菜和林果作物适宜的 pH 范围

作物	pH	作物	pH	作物	pH
水稻	6～7.5	甘蓝	6～7	洋槐	6～8
小麦	6.3～7.6	山药	6.5～7.5	白杨	6～8
玉米	6～7.5	西瓜	6～7.5	桑	6～8
高粱	6～8.5	白菜	6～7	银杏	6.5～7.5
棉花	6～8	油菜	6～8	苹果	6～8
大豆	6～7	胡萝卜	5.7～7	桃	6～8
花生	5～7	菠菜	6～8	梨	6～8
红薯	5～6	辣椒	5.5～6.5	枣	5.5～6.5
番茄	6～7	南瓜	5.5～6.5	槐	6～7
黄瓜	5.5～6.8	萝卜	5.5～6.5	石榴	4.5～8.2

邹平县土壤 pH 总体情况是从南部向西北部碱性逐渐增强，显微碱性。这主要与地理位置和成土母质有关，也与多年的耕作、施肥、种植制度等因素有关。土壤的酸碱度明显地影响着植物的生长和土壤的供肥能力。不同种类的作物适应不同的酸碱范围。有些作物对酸碱度反应敏感，过酸或过碱均对作物生长不利。土壤酸碱度能影响土壤结构的形成、微生物的活动和有机质的分解，并深刻影响土壤养分的有效性，特别是磷的有效性明显地受到土壤酸碱度的影响，以中性土壤中磷的有效性最大。在施肥时，也要考虑土壤的酸碱性，做到科学指导农业生产。酸性土壤宜施偏碱性肥料，碱性土壤宜施酸性肥料。邹平县的土壤 pH 变化范围不大，适于各种作物的正常生长发育。

（三）影响土壤酸碱度的因素与调节

影响土壤 pH 的因素很多，掺入土壤中的介质类型、不同种类有机物的类型和特性、肥料和雨水等都会对 pH 产生一定的影响。此外，土壤中的微量元素和微生物种群的种类也会对 pH 产生一定影响，但相对作用较小。

在农业生产上，土壤中 pH 的调节视所种植作物属于喜酸性还是喜碱性的需要而定。事实上，大部分作物适合在中性土壤中生长，即 pH 为 6～7。但也确实有一些作物例外，它们更适合在偏酸性或偏碱性的土壤中生长。只有使土壤保持在适合的 pH 范围内时，作物的丰产性才可以正常呈现其优势，在农业生产上一定要注意这个特点。

当土壤中的 pH 偏离较大时，一般以农业用石灰来提高土壤的 pH，以适量施用硫酸或其复配剂来降低土壤的 pH。生产上小幅度调节 pH 时，可以通过浇水和定向施肥来直接调节土壤溶液的 pH。

二、土壤有机质

土壤有机质是土壤的重要组成部分，与土壤的发生演变及肥力水平等有密切的关系。土壤有机质含有作物生长所需的各种养分，可直接或间接地为作物生长提供氮、磷、钾、

钙、镁、硫等各种元素，是植物生长的营养源泉，特别是氮、磷的重要来源。同时，它还是微生物生命活动必不可缺少的碳源和能源，还含有刺激植物生长的胡敏酸类物质。有机质能改善土壤理化性状，影响和制约土壤结构形成及通气性、渗透性、缓冲性、交换性能和保水、保肥性能。同时，土壤有机质含量也是估测土壤有机氮矿化量的重要方法之一，亦是土壤属性好坏的一个重要指标，更是评价耕地地力的重要指标。对耕作土壤来说，培肥的中心环节就是增施各种有机肥料，实行秸秆还田，保持和提高土壤有机质含量。

（一）土壤有机质含量及分级

土壤有机质的积累与矿化是土壤与生态环境之间物质和能量循环的一个重要环节。近3年的农田施肥状况调查表明，90%的粮田不施或很少施有机肥，但因为秸秆还田推广面积大（小麦秸秆还田面积占100%，玉米秸秆还田面积占70%以上），土壤有机质含量有所提升，但仍不足。85%以上的棉田不施或很少施有机肥，这是造成部分农田有机质偏低的主要原因。邹平县耕层土壤有机质状况如表4-10所示，具体分级面积情况如表4-11所示，粮田土壤有机质分级标准如表4-12所示。

表4-10　邹平县耕层土壤有机质状况

土壤类型	2006～2009年化验结果				第二次土壤普查结果（1984年）			
	平均值(g/kg)	最大值(g/kg)	最小值(g/kg)	点数(个)	平均值(g/kg)	最大值(g/kg)	最小值(g/kg)	点数(个)
褐土	17.6	24.8	8.6	2980	12.1	15.1	10.6	460
潮土	14.9	21.6	6.1	3660	10.2	16.3	6.5	638
砂姜黑土	15.8	22.8	9.8	460	11.7	18.2	9.1	12
平均	16.1	23.1	8.2	7100	11.3	16.5	8.7	1110

表4-11　土壤有机质分级情况

级别	1	2	3	4	5	6
标准(g/kg)	＞20	15～20	10～15	8～10	6～8	＜6
耕地总面积(hm^2)	12788.42	32762.71	24666.96	1318.25	107.46	0
土地总面积(hm^2)	22343.74	57242.53	43097.75	2303.22	187.76	0
占总面积比例(%)	17.85	45.73	34.43	1.84	0.15	0

表4-12　粮田有机质分级标准

等级	1	2	3	4	5	6
有机质(g/kg)	＞20	15～20	10～15	8～10	6～8	＜6
水平	高	较高	一般	稍低	低	极低

测试结果显示，邹平县土壤有机质的变化范围为6.1～24.8g/kg，平均含量为16.1g/kg。

耕层土壤有机质高于20g/kg的耕地面积为12788.42hm^2，占耕地总面积的17.85%；15～20g/kg的面积为32672.71hm^2，占45.73%；10～15g/kg的面积为24666.96hm^2，占34.43%；8～10g/kg的面积为1318.25hm^2，占1.84%；6～8g/kg的面积为107.46hm^2，占0.15%。

邹平县土壤有机质高于20g/kg的土地面积为22343.74hm^2，占土地总面积的17.85%；15～20g/kg的面积为57242.53hm^2，占45.73%；10～15g/kg的面积为43097.75hm^2，占34.43%；8～10g/kg的面积为2303.22hm^2，占1.84%；6～8g/kg的面积为187.76hm^2，占0.15%。

土壤有机质含量的多少是土壤肥力高低的重要指标。它是肥料以外土壤中氮素的唯一来源，也是磷、硫等养分的重要来源，直接影响到土壤容重、结构等一系列物理性状，所以对土壤的肥沃度、生产效率影响极大。由于邹平县处在季风气候区，土壤干湿交替明显，在生物活动及人为因素的作用下，土壤有机质易于分解而不易于积累。1984年土壤普查时，邹平县有机质平均值只有11.3g/kg，属一般水平，总体含量属较低水平。2006～2009年化验检测时，有机质含量为16.1g/kg，属较高水平，总体含量属一般水平。与1984年土壤普查时相比，耕地有机质含量提高4.9g/kg，仍属于中等水平。据近3年农田施肥状况调查，半数以上麦田不施有机肥，但小麦秸秆还田率达到100%，玉米秸秆还田率2009年达到70%以上，这是提高土壤有机质的一个重要途径。

（二）有机质含量分布情况

邹平县土壤有机质总体情况是从南部到西北部含量递减。土壤有机质含量较高的地区主要分布在褐土区的洼地上，以中壤和轻黏壤土为主，如长山至焦桥、好生北部、高新街道办事处和黛溪街道办事处的马庄洼附近，以及码头焦桥、孙镇、九户、魏桥等的大棚中。在潮土区的中壤、重壤区，也有较大面积分布。中南部地区的含量较高，魏桥、码头、台子含量偏低。

（三）增加土壤有机质含量的途径

有机质在土体中的积累是生物因素在土壤中发展的结果。近年来，人们比较重视土壤肥力，通过实行秸秆还田、增施商品有机肥和土杂肥，使土壤有机质呈上升趋势。对耕作土壤来说，培肥的中心环节是增施各种有机肥料，实行秸秆还田，施用有机、无机复混肥。保持和提高土壤有机质含量，是作物高产的基础。

土壤有机质的含量大小取决于年合成量和年矿化量的相对大小。当合成量大于矿化量时，有机质含量会逐步增加，反之将会逐步降低。土壤有机质的矿化量主要受土壤温度、湿度、通气状况、有机质含量等因素影响。一般来说，土壤温度低、通气性差、湿度大时，土壤有机质矿化量较低；相反，土壤温度高、通气性好、湿度适中时，土壤有机质矿化量较高。在保护地栽培条件下，土壤长期处于高温多湿条件，有机质易矿化，含量提高缓慢，这是保护地有机质含量偏低的一个主要原因。所以，适时通风降温、减少盖膜时间，将有利于土壤有机质的积累。增加有机物质施入量是人为增加土壤有机质含量的主要途径，其他办法还有秸秆还田、增施有机肥和施用有机、无机复混肥等综合措施。

第二节　土壤大量元素

土壤大量营养元素是指氮、磷、钾三大元素，包括全氮、速效氮、全磷、有效磷、全钾、速效钾和缓效钾等，粮田大量元素分级标准如表 4-13 所示。

表 4-13　粮田大量元素分级

等级	1	2	3	4	5	6
全氮(g/kg)	>1.5	1.2～1.5	0.75～1.0	0.5～0.75	0.3～0.5	<0.3
碱解氮(mg/kg)	>120	90～120	60～90	45～60	30～45	<30
有效磷(mg/kg)	>40	20～40	10～20	5～10	3～5	<3
速效钾(mg/kg)	>200	150～200	100～150	70～100	50～70	<50
水平	高	较高	一般	稍低	低	极低

一、土壤全氮

氮素是植物需要较多的一种必需营养元素。植物吸收的氮素主要来源于土壤。土壤氮素含量的高低决定了作物生长的好坏和产量的高低。土壤氮素包括有机氮和无机氮两种形态，其含量高低常用碱解氮和全氮来衡量。土壤全氮是土壤中氮素的总量，反映氮素供应状况的潜力。全氮与土壤有机质的含量呈正相关。

检测结果显示，邹平县土壤全氮平均含量为 1.15g/kg，变幅为 0.46～1.67g/kg，比 1984 年第二次土壤普查时(0.65g/kg)提高了 0.47g/kg。耕层土壤全氮统计情况如表 4-14所示，全氮分级情况如表 4-15 所示。

表 4-14　邹平县耕层土壤全氮状况

土壤类型	平均值(g/kg)	最大值(g/kg)	最小值(g/kg)
褐土	1.31	1.67	0.59
砂姜黑土	1.16	1.63	0.56
潮土	0.99	1.64	0.46
平均	1.15	1.65	0.54

表 4-15　土壤全氮分级情况

级别	1	2	3	4	5	6
标准(g/kg)	>1.5	1.2～1.5	1.0～1.2	0.75～1.0	0.5～0.75	<0.5
耕地总面积(hm^2)	351.05	12365.72	31616.41	23592.30	3668.16	50.16
土地总面积(hm^2)	613.36	20605.21	55239.73	41220.13	6408.96	87.62
占总面积比例(%)	0.49	17.26	44.13	32.93	5.12	0.07

邹平县东部及中南部地区全氮含量较高，在褐土、潮土的中壤、重壤和部分轻壤区含量高，在魏桥、码头、台子、九户等的轻壤和沙壤区含量相对低。另外，砂姜黑土中含量较高，但面积不大。

邹平县耕层土壤全氮含量高于1.5g/kg的耕地面积为351.05hm²，占耕地总面积的0.49%；1.2～1.5g/kg的面积为12365.72hm²，占17.26%；1.0～1.2g/kg的面积为31616.41hm²，占44.13%；0.75～1.0g/kg的面积为23592.30hm²，占32.93%；0.5～0.75g/kg的面积为3668.16hm²，占5.12%；低于0.5g/kg的面积为87.62hm²，占0.07%。

邹平县土壤全氮含量高于1.5g/kg的土地面积为613.36hm²，占土地总面积的0.49%；1.2～1.5g/kg的面积为20605.21hm²，占17.26%；1.0～1.2g/kg的面积为55239.73hm²，占44.13%；0.75～1.0g/kg的面积为41220.13hm²，占32.93%；0.5～0.75g/kg的面积为6408.96hm²，占5.12%；低于0.5g/kg的面积为87.62hm²，占0.07%。

二、土壤碱解氮

在土壤中，铵态氮和硝态氮是能被作物直接吸收的无机态氮，称为“速效氮”，通常用碱解法测定其含量，故又称“碱解氮”，它的含量水平常作为衡量供氮强度的指标。耕地土壤碱解氮含量与全氮量有一定的相关性，与土壤保肥、供肥能力密切相关，但受人为施肥的影响较大。

土壤碱解氮的含量水平常作为衡量土壤供氮水平的重要指标。碱解氮含量与全氮含量呈明显的正相关。检测结果显示，邹平县土壤碱解氮平均含量为84mg/kg，比1984年第二次土壤普查时(62.2mg/kg)上升了21.8mg/kg，变幅为27～262mg/kg。土壤碱解氮状况如表4-16所示，土壤碱解氮分级如表4-17所示。

表4-16　邹平县土壤碱解氮状况

土壤类型	平均值(mg/kg)	最大值(mg/kg)	最小值(mg/kg)
褐土	86	262	36
砂姜黑土	85	239	34
潮土	81	228	27
平均	84	243	32.3

表4-17　土壤碱解氮分级面积情况

级别	1	2	3	4	5	6
范围(mg/kg)	>120	90～120	60～90	45～60	30～45	<30
耕地总面积(hm²)	10524.47	10180.58	46554.14	4363.11	21.50	0
土地总面积(hm²)	18388.21	17787.37	81338.72	7623.06	37.64	0
占总面积比例(%)	14.69	14.21	64.98	6.09	0.03	0

土壤中的氮素主要以有机态存在，约占土壤全氮量的 90%，而这些含量的土壤氮素主要以大分子化合物的形势存在于土壤有机质中，作物很难吸收利用，属迟效性氮。其余部分则以小分子有机态，或铵态、亚硝态等的无机态存在，一般占土壤全氮的 10%以下，可以被作物直接吸收利用。

邹平农田土壤氮素含量较高，与当地氮肥施用是直接相关的。为获得高产，农民不惜加大化肥投入量，化肥品种以尿素、磷酸二铵、过磷酸钙和复合肥(15—15—15)为主。其中磷酸二铵、过磷酸钙和复合肥主要以基肥施入为主，尿素以追肥为主，有机肥以鸡粪、猪粪和土壤杂肥为主，主要以基肥撒施方式施入。邹平县农田氮肥的连续高量投入，对当地农业生产的可持续发展造成了一定影响。由于氮肥过量施用，造成其他微肥缺少和农业面源污染问题日益严重。

邹平县耕层土壤碱解氮含量较高，其中高于 120mg/kg 的耕地面积为 18388.21hm^2，占耕地总面积的 14.69%；90～120mg/kg 的面积为 10180.58hm^2，占 14.21%；60～90mg/kg的面积为 46554.14hm^2，占 64.98%；45～60mg/kg 的面积为 4363.11hm^2，占 6.09%；30～45mg/kg 的面积为 21.50hm^2，占 0.03%。

邹平县土壤碱解氮高于 120mg/kg 的土地面积为 20353.45hm^2，占土地总面积的 14.69%；60～90mg/kg 的面积为 17787.37hm^2，占 14.21%；60～90mg/kg 的面积为 81338.72hm^2，占 64.98%；45～60mg/kg 的面积为 7623.06hm^2，占 6.09%；30～45mg/kg 的面积为 37.64hm^2，占 0.03%。

邹平县中南部、焦桥一部分以及魏桥镇、码头镇、台子镇的一小部分，土壤碱解氮含量较高，主要分布在中壤、重壤及轻黏的土壤中。黄泛平原的沙壤和均质沙含量较低。总体趋势是从东南部向西北部，碱解氮含量递减。土壤碱解氮含量及其分布主要受土壤有机质和氮素水平的影响。

氮素不足时，植株生长矮小，分枝、分蘖少，叶色变淡，呈浅绿色，色泽不一，尤其是基部叶片。因氮素易从较老组织运输到幼嫩组织中再利用，所以缺氮时首先从下部叶片开始黄化，逐渐扩展到上部叶片，使黄叶脱落提早。株型也发生改变，瘦小、直立，茎秆细瘦。根量少，且细长而色白。侧芽呈休眠状态或枯萎，花和果实少。成熟提早，产量、品质下降。若出现缺氮症状，要及时进行调控，使土壤有机氮转化为有效氮，进行氮素转化。在土壤氮素的转化过程中，需通过科学合理施肥、耕作、灌溉等人为措施进行调控，发挥土壤氮素的潜在作物营养功能，以满足作物高产、优质、高效的需要，具体措施如下：

(1)种植豆科作物，增加土壤氮素的积累。

(2)增施有机肥和实行秸秆还田，调节土壤碳氮比，加速土壤有机氮的转化。

(3)氮肥与磷肥、钾肥配合施用。

(4)施用方法要合理：一是氮肥应深施覆土，以减少氮肥的挥发损失及反硝化作用；二是确定合理的施肥时期，30%～50%用作追肥。

三、土壤全磷和有效磷

耕层土壤中的磷一般以无机磷和有机磷两种形态存在，有机磷通常占全磷的 20%～50%，无机磷占全磷的 50%～80%。无机形态的磷中，易溶性磷酸盐、土壤胶体吸附的磷酸根离子和有机态磷中易矿化的部分被称为“土壤有效磷”，占土壤总磷量的10%左右。土壤有效磷含量是衡量土壤养分容量和强度水平的重要指标。由于磷在土壤中移动性很小、固定性强，各镇（街道办事处）施肥水平差异较大，测定数值高低悬殊。

统计结果显示，邹平县土壤全磷平均含量为0.91g/kg，变幅为0.26～1.79g/kg。有效磷平均含量为24.3mg/kg，变幅为3.3～113.2mg/kg。与1984年第二次土壤普查时(8mg/kg)相比提高了16.3mg/kg，提高了3倍，这是提倡施用磷肥、大量施用磷酸二铵的结果。磷素得以积累，极大地提高了土壤有效磷的含量。土壤有效磷状况如表4-18所示，土壤有效磷分级如表4-19所示。

表4-18　耕层土壤有效磷状况

土壤类型	平均值(mg/kg)	最大值(mg/kg)	最小值(mg/kg)
褐土	26.6	113.2	3.8
砂姜黑土	23.7	103.9	4.5
潮土	22.6	89.7	3.3
平均	24.3	102.3	3.9

表4-19　土壤有效磷含量分级面积情况

级别	1	2	3	4	5	6
范围(mg/kg)	>80	40～80	20～40	10～20	5～10	<5
耕地总面积(hm^2)	171.95	2643.66	31430.14	37190.30	164.78	42.97
土地总面积(hm^2)	300.42	4618.96	54914.27	64978.34	287.90	75.11
占总面积比例(%)	0.24	3.69	43.87	51.91	0.23	0.06

邹平县土壤有效磷含量较高的地区主要在中南部，北部孙镇、焦桥、魏桥、码头、台子也有分布，总体趋势是有效磷含量由东南向西北递减。磷的含量高低主要受施肥影响，微生物对磷的矿化或活化也有所影响。

邹平县耕层土壤有效磷含量呈现比较丰富状态，含量高于80mg/kg的耕地面积为171.95hm^2，占耕地总面积的0.24%；40～80mg/kg的面积为2643.66hm^2，占3.69%；20～40mg/kg的面积为31430.14hm^2，占43.87%；10～20mg/kg的面积为37190.30hm^2，占51.91%；5～10mg/kg的面积为164.78hm^2，占0.23%；低于5mg/kg的面积为42.97hm^2，占0.06%。

邹平县土壤有效磷含量高于80mg/kg的土地面积为300.42hm^2，占邹平县土地总面积的0.24%；40～80mg/kg的面积为4618.96hm^2，占3.69%；20～40mg/kg的面积为54914.27hm^2，占43.87%；10～20mg/kg的面积为64978.34hm^2，占51.91%；5～10mg/kg的面积为287.90hm^2，占0.23%；低于5mg/kg的面积为75.11hm^2，占0.06%。

作物缺磷时，植株生长缓慢、矮小、苍老，茎细直立，分枝或分蘖较少，叶小，呈暗绿或灰绿色且失去光泽，茎叶常因积累花青素而带紫红色。根系发育差，易老化。由于磷易从较老组织运输到幼嫩组织中再利用，故症状从较老叶片开始向上扩展。缺磷植物的果实和种子少而小。成熟延迟，产量和品质降低，不同作物缺磷症状有所不同。作物出现缺磷症状要及时进行调控。根据土壤条件合理分配和施用肥料，优先施用在最缺磷的地块，其次施用在中度缺磷地块，速效磷含量丰富的地块可以暂时不施或少施磷肥。为了减少磷在土壤中的固定，提高土壤磷的有效性，可采用以下方法进行调控：

(1)调节土壤酸碱度。在碱性大的土壤，应增施有机肥或绿肥，可降低土壤 pH。

(2)增施有机肥料，提高土壤有机质含量。

(3)磷肥宜作基肥施用。作基肥时，开沟或穴施，将磷肥集中施在根系密集层，或将磷肥与有机物一起堆沤，或混合施用。

四、土壤全钾、缓效钾和速效钾

由于黄泛平原冲积母质是由黄土高原带来的富钾物质(黑云母)，因此，邹平县土壤含钾量较适中。

测试结果显示，邹平县全钾平均含量为 8.84g/kg，变幅为 4.58～13.33g/kg；缓效钾平均含量为 774mg/kg，变幅为 332～1173mg/kg；速效钾平均含量为 119mg/kg，变幅为 21～280mg/kg，与 1984 年第二次土壤普查时(134.9mg/kg)相比降低了 15.9mg/kg，这与群众多年来看重视氮肥和磷肥的施用而忽略钾肥的施用有很大的关系。土壤速效钾状况如表 4-20 所示，土壤速效钾分级如表 4-21 所示，土壤缓效钾分级如表 4-22 所示。

表 4-20　土壤速效钾状况

土壤类型	平均值(mg/kg)	最大值(mg/kg)	最小值(mg/kg)
褐土	125	280	27
砂姜黑土	118	276	31
潮土	114	269	21
平均	119	275	26.3

表 4-21　土壤速效钾含量分级情况

级别	1	2	3	4	5	6
范围(mg/kg)	>200	150～200	100～150	70～100	50～70	<50
耕地总面积(hm^2)	11649.28	13984.87	27769.14	15045.20	3166.66	28.65
土地总面积(hm^2)	20353.45	24434.16	48517.83	26286.75	5532.74	50.07
占总面积比例(%)	16.26	19.52	38.76	21.00	4.42	0.04

表 4-22 土壤缓效钾含量分级情况

级别	1	2	3	4	5	6
范围(mg/kg)	>1200	900～1200	750～900	500～750	300～500	<300
耕地总面积(hm^2)	229.26	20045.94	21156.41	30147.71	64.48	0
土地总面积(hm^2)	400.56	35023.96	36964.18	52673.64	112.66	0
占总面积比例(%)	0.32	27.98	29.53	42.08	0.09	0

邹平县耕地速效钾含量高于 200mg/kg 的耕地面积为 11649.28hm^2，占耕地总面积的 16.26%；150～200mg/kg 的面积为 13984.87hm^2，占 19.52%；100～150mg/kg 的面积为 27769.14hm^2，占 38.76%；70～100mg/kg 的面积为 15045.20hm^2，占 21.0%；50～70mg/kg 的面积为 3166.66hm^2，占 4.42%；低于 50mg/kg 的面积为 28.65hm^2，占 0.04%。

邹平县土壤速效钾含量高于 200mg/kg 的土地面积为 20353.45hm^2，占土地总面积的 16.26%；150～200mg/kg 的面积为 24434.16hm^2，占 19.52%；100～150mg/kg 的面积为 48517.83hm^2，占 38.76%；70～100mg/kg 的面积为 26286.75hm^2，占 21.0%；50～70mg/kg 的面积为 5532.74hm^2，占 4.42%；低于 50mg/kg 的面积为 50.07hm^2，占 0.04%。

土壤速效钾含量是衡量土壤供钾水平的重要指标。土壤速效钾含量受人为耕作的影响较大，不同土壤类型间差异比较明显。地势平坦、耕层质地适宜、有良好水浇条件的土壤，由于大量施用化肥，加之作物秸秆还田，速效钾含量相对较高。无水浇条件、肥料施用少的土壤，含量较低。

邹平县土壤速效钾含量较高的地块，各镇(街道办事处)都有分布，但中南部和小清河南部低洼地含量较高，魏桥镇、码头镇、台子镇、九户镇、孙镇、焦桥镇的低洼中壤及重壤的地块含量也较高。总的趋势是褐土、砂姜黑土的含量相对高，潮土区的中壤、重壤及轻黏土的含量相对高，轻壤、沙壤土的含量低。随着邹平县作物产量的提高，和钾肥施用量的相对减少，钾供应不足的趋势已显现出来。增施钾肥是今后的施肥方向。

邹平县耕地缓效钾含量高于 1200mg/kg 的耕地面积为 229.26hm^2，占耕地总面积的 0.32%；900～1200mg/kg 的面积为 20045.94hm^2，占 27.98%；750～900mg/kg 的面积为 21156.41hm^2，占 29.53%；500～750mg/kg 的面积为 30147.71hm^2，占42.08%；300～500mg/kg 的面积为 64.48hm^2，占 0.09%。

邹平县土壤缓效钾含量高于 1200mg/kg 的土地面积为 400.56hm^2，占土地总面积的 0.32%；900～1200mg/kg 的面积为 35023.96hm^2，占 27.98%；750～900mg/kg 的面积为 36964.18hm^2，占 29.53%；500～750mg/kg 的面积为 52673.64hm^2，占42.08%；300～500mg/kg 的面积为 112.66hm^2，占 0.09%。

作物缺钾时，通常是老叶和叶缘发黄，进而叶面变褐，焦枯似灼烧状。叶片上出现褐色斑点或斑块，但叶中部、叶脉和近叶脉处仍为绿色。随着缺钾程度的加剧，整个叶片变为红棕色或干枯状，坏死脱落。根系发育不良，根细弱，常呈褐色。在氮素充足时，缺钾的双子叶植物的叶子常卷曲而皱缩，禾本科作物则茎秆柔软，易倒伏，分蘖少，抽穗不整齐。作物缺钾要及时进行调控，以保证作物生长期间从土壤中得到充足的速效钾。在土壤管理及施肥措施上，应尽量注意钾的淋失，并千方百计地促进缓效钾的释放。应注意：

（1）对化学钾肥的施用宜分次、适量，避免一次施用过量，以减少钾被固定和淋失。

（2）宜条施或穴施，使钾适当集中，减少与土壤的接触面，以提高土壤胶体上交换性钾的饱和度，增加钾的有效性。

（3）实行秸秆还田，增施有机肥料，提高土壤有机质含量水平。

第三节　土壤中微量元素

土壤微量元素包括铜、锌、铁、锰、硼、钼等营养元素。植物生长过程中对微量元素的需求量少，但其作用却非常重要。植物所需的微量元素主要来源于土壤，土壤微量元素中的含量和土壤类型密切相关。有些种植模式相对单一的地区，微量元素的缺乏已经相当严重。邹平县土壤微量元素含量对照表如表 4-23 所示，粮田部分微量元素分级标准如表 4-24 所示。

表 4-23　　邹平县土壤微量元素含量对照表

微量元素	2006～2009 年化验结果				1984 年化验结果		
	平均 (mg/kg)	最大 (mg/kg)	最小值 (mg/kg)	临界值 (mg/kg)	平均值 (mg/kg)	最大值 (mg/kg)	最小值 (mg/kg)
有效锌	1.43	4.61	0.12	0.5	0.412	1.096	0.187
有效铜	1.66	4.11	0.21	0.2	1.04	2.06	0.378
有效硼	0.71	2.83	0.17	0.5	0.58	1.50	0.31
有效铁	6.23	34.60	0.07	4.5	6.957	18.24	2.51
有效锰	14.79	46.13	1.52	7.0	148.3	286	51
有效钼	0.12	0.26	0.04				

表 4-24　　粮田部分微量元素分级标准

级别	1	2	3	4	5
硼(mg/kg)	＞2.00	1.00～2.00	0.50～1.00	0.20～0.50	＜0.20
铝(mg/kg)	＞0.30	0.20～0.30	0.15～2.00	0.10～0.15	＜0.10
锰(mg/kg)	＞30.0	15.0～30.0	5.0～15.0	1.0～5.0	＜1.0
锌(mg/kg)	＞3.00	1.00～3.00	0.50～1.00	0.30～0.50	＜0.30
铜(mg/kg)	＞1.80	1.00～1.80	0.20～1.00	0.10～0.20	0.10
铁(mg/kg)	＞20	10.0～20.0	4.5～10.0	2.5～4.5	＜2.5
水平	高	较高	一般	低	极低

一、土壤有效锌、有效铜、有效硼、有效铁、有效锰

测试结果显示，土壤有效锌含量平均为 1.43mg/kg，变幅为 0.12～4.61mg/kg，处于较高和一般水平，但是高产田要考虑施用锌肥。

土壤有效铜含量平均为 1.66mg/kg，变幅为 0.21～4.11mg/kg。邹平南部山区有铜矿，已开采多年，也可能是这个缘故，中南部铜含量相对较高，总体适中。

土壤有效硼含量平均为 0.71mg/kg，变幅为 0.17～2.83mg/kg。邹平县台子的马家、高王、郭家丰富，魏桥、九户、焦桥、韩店等适中，黛溪的东景、西董、临池则偏低，故高产地块应注重施用硼肥。

土壤有效铁含量平均为 6.23mg/kg，变幅为 0.07～34.60mg/kg。邹平县中南部以及小清河沿岸含量较高，魏桥、码头、台子的沙壤土中含量偏低。总体来说，铁含量适中。

土壤有效锰含量平均为 14.79mg/kg，变幅为 1.52～46.13mg/kg。邹平县 80%以上的地片含量适中，20%的地片偏低。

土壤有效钼含量平均为 0.12mg/kg，变幅为 0.04～0.26mg/kg。

二、土壤中锌、铜、硼、铁、锰的分级

(一)土壤有效锌测试结果

邹平县耕地有效锌含量高于 3mg/kg 的面积为 1053.16hm^2，占耕地总面积的 1.47%；1～3mg/kg 的面积为 35.19.49hm^2，占 48.88%；0.5～1mg/kg 的面积为 30319.66hm^2，占 42.32%；0.3～0.5mg/kg 的面积为 4692.67hm^2，占 6.55%；低于 0.3mg/kg 的面积为 558.82hm^2，占 0.78%。

邹平县土壤有效锌含量高于 3mg/kg 的面积为 1840.07hm^2，占土地总面积的1.47%；1～3mg/kg的面积为 61185.54hm^2，占 48.88%；0.5～1mg/kg 的面积为 52974.06hm^2，占 42.32%；0.3～0.5mg/kg 的面积为 8198.96hm^2，占 6.55%；低于 0.3mg/kg 的面积为 976.37hm^2，占 0.78%。

具体分级如表 4-25 所示。

表 4-25 土壤有效锌含量分级情况

级别	1	2	3	4	5
范围(mg/kg)	>3	1～3	0.5～1	0.3～0.5	<0.3
耕地总面积(hm^2)	1053.16	35019.49	30319.66	4692.67	558.82
土地总面积(hm^2)	1840.07	61185.54	52974.06	8198.96	976.37
占总面积比例(%)	1.47	48.88	42.32	6.55	0.78

(二)土壤有效铜测试结果

邹平县耕地有效铜含量高于 1.8mg/kg 的面积为 9815.20hm^2，占耕地总面积的 13.70%；1～1.8mg/kg 的面积为 59887.05hm^2，占 83.59%；0.2～1mg/kg 的面积为 1941.55hm^2，占 2.71%。

邹平县土壤有效铜含量高于 1.8mg/kg 的面积为 17148.98hm²，占土地总面积的 13.70%；1～1.8mg/kg 的面积为 104633.78hm²，占 83.59%；0.2～1mg/kg 的面积为 3392.24hm²，占 2.71%。

具体分级如表 4-26 所示。

表 4-26 土壤有效铜含量分级情况

级别	1	2	3	4	5
范围(mg/kg)	>1.8	1～1.8	0.2～1	0.1～0.2	<0.1
耕地总面积(hm²)	9815.20	59887.05	1941.55	0	0
土地总面积(hm²)	17148.98	104633.78	3392.24	0	0
占总面积比例(%)	13.70	83.59	2.71	0	0

（三）土壤有效硼测试结果

邹平县耕地有效硼含量高于 2mg/kg 的面积为 43.05hm²，占耕地总面积的 0.06%；1～2mg/kg的面积为 15338.94hm²，占 21.41%；0.5～1mg/kg 的面积为 46296.22hm²，占 64.62%；0.2～0.5mg/kg 的面积为 9922.54hm²，占 13.85%；低于 0.2mg/kg 的面积为 43.05hm²，占 0.06%。

邹平县土壤有效硼含量高于 2mg/kg 的面积为 75.11hm²，占土地总面积的 0.06%；1～2mg/kg的面积为 26799.96hm²，占 21.41%；0.5～1mg/kg 的面积为 80888.08hm²，占 64.62%；0.2～0.5mg/kg 的面积为 17336.74hm²，占 13.85%；低于 0.2mg/kg 的面积为 75.11hm²，占 0.06%。

具体分级如表 4-27 所示。

表 4-27 土壤有效硼含量分级情况

级别	1	2	3	4	5
范围(mg/kg)	>2	1～2	0.5～1	0.2～0.5	<0.2
耕地总面积(hm²)	43.05	15338.94	46296.22	9922.54	43.05
土地总面积(hm²)	75.11	26799.96	80888.08	17336.74	75.11
占总面积比例(%)	0.06	21.41	64.62	13.85	0.06

（四）土壤有效铁测试结果

邹平县耕地有效铁含量高于 20mg/kg 的面积为 121.79hm²，占耕地总面积的 0.17%；10～20mg/kg 的面积为 9277.87hm²，占 12.95%；4.5～10mg/kg 的面积为 27969.74hm²，占 39.04%；2.5～4.5mg/kg 的面积为 24566.66hm²，占 34.29%；低于 2.5mg/kg的面积为 9707.74hm²，占 13.55%。

邹平县土壤有效铁含量高于 20mg/kg 的面积为 212.80hm²，占土地总面积的 0.17%；10～20mg/kg 的面积为 16210.16hm²，占 12.95%；4.5～10mg/kg 的面积为 48868.32hm²，占 39.04%；2.5～4.5mg/kg 的面积为 42922.51hm²，占 34.29%；低于 2.5mg/kg的面积为 16961.21hm²，占 13.55%。

具体分级如表 4-28 所示。

表 4-28　　土壤有效铁含量分级情况

级别	1	2	3	4	5
范围(mg/kg)	＞20	10～20	4.5～10	2.5～4.5	＜2.5
耕地总面积(hm^2)	121.79	9277.87	27969.74	24566.66	9707.74
土地总面积(hm^2)	212.80	16210.16	48868.32	42922.51	16961.21
占总面积比例(%)	0.17	12.95	39.04	34.29	13.55

(五)土壤有效锰测试结果

邹平县耕地有效锰含量高于 30mg/kg 的面积为 6089.72hm^2，占耕地总面积的 8.50%；15～30mg/kg 的面积为 20798.20hm^2，占 29.03%；5～15mg/kg 的面积为 40951.6hm^2，占 57.16%；1～5mg/kg 的面积为 3804.28hm^2，占 5.31%。

邹平县土壤有效锰含量高于 30mg/kg 面积为 10639.88hm^2，占土地总面积的 8.50%；15～30mg/kg 的面积为 36338.3hm^2，占 29.03%；5～15mg/kg 的面积为 71550.03hm^2，占 57.16%；1～5mg/kg 的面积为 6646.79hm^2，占 5.31%。

具体分级如表 4-29 所示。

表 4-29　　土壤有效锰含量分级情况

级别	1	2	3	4	5
范围(mg/kg)	＞30	15～30	5～15	1～5	＜1
耕地总面积(hm^2)	6089.72	20798.20	40951.60	3804.28	0
土地总面积(hm^2)	10639.88	36338.30	71550.03	6646.79	0
占总面积比例(%)	8.50	29.03	57.16	5.31	0

三、土壤交换性钙、交换性镁和有效硫

我国植物营养学界对植物营养的必需元素有大量(常量)、中量和微量元素的界分，指标是按植物所需的平均含量百分比(以干物重)计，大于 0.5%的称为“大量元素”，0.1%～0.5%的称为“中量元素”，小于 0.1%的称为“微量元素”。中量元素一般指钙、镁、硫等。

(一)土壤交换性钙

钙是构成植物细胞壁的重要元素，所以植物体中绝大部分钙存在于细胞壁中。作物缺钙时细胞壁不能形成，细胞不能正常分裂，生长点就会坏死，所以缺钙症状首先表现在顶端叶片上。缺钙常会由一些温度、水分条件剧烈变化引起，而非单纯的养分供应问题，所以应注意栽培过程中环境条件的控制，同时配合施用钙肥。

土壤中的钙以多种形式存在，主要以碳酸盐形式为主，与土壤的酸碱性、盐基饱和度、土壤结构、土壤交换性能、各种养分的有效性有密切关系，是划分土壤类型的主要指标之一，在生产实际中有重要作用。通常用交换性钙含量作为土壤钙有效性的划分标准。

测试结果显示，邹平县土壤交换性钙含量平均为 927.6mg/kg，变幅为 276.4～1275.7mg/kg。

（二）土壤交换性镁

镁是作物体内叶绿素的组成成分。土壤含镁量受母体、气候、风化程度、淋溶和耕作栽培措施等因素的影响变化很大。土壤中的镁分为水溶性镁、交换性镁、非交换性镁、矿物态镁和有机镁。水溶性镁是存在于土壤溶液中的镁离子；交换性镁是指被土壤胶体吸附的镁，是植物可以利用的镁；非交换性镁，或称“酸溶性镁”“缓效性镁”，可作为植物利用的潜在有效态镁；矿物态镁是存在于原生矿物和次生黏土矿物中的镁，是土壤中镁的主要来源；有机镁主要以非交换状态存在。土壤中各种形态镁之间可以相互转化。交换性镁含量是衡量土壤中镁有效性的划分标准。

测试结果显示，邹平县土壤中交换性镁含量平均为 1520mg/kg，变幅为 740～2080mg/kg。

（三）土壤有效硫

硫是蛋白质和核酸的组成物质，还是许多辅酶的结构成分。作物缺硫时，蛋白质等的合成受阻，植株矮小，叶绿素降低，分蘖、分枝少。缺硫症状首先表现在顶端新叶上，随着缺硫症状的严重发展，叶片渐趋皱缩。植株虽然在幼苗阶段可能死亡，但叶片只在极度缺硫情况下才会死亡。土壤硫主要通过降雨携带的来自大气的二氧化硫来补充，也可通过施用含硫肥、杀虫剂和杀菌剂补充。

测试结果显示，邹平县土壤有效硫含量平均为 43.9mg/kg，变幅为 12.6～123.7mg/kg。

四、土壤中微量元素评价

从耕地土壤微量元素养分含量看，土壤有效硼、有效铜含量均略高于适宜值上限，土壤有效锰含量接近适宜值上限，土壤有效铁、有效锌、有效硼含量则处于适宜值下限，因此，铁、锌和硼成为作物的限制因子，在施肥上应注意铁肥、锌肥和硼肥的施用，以提高作物的产量和品质（见表 4-30）。

表 4-30　　邹平县土壤中微量元素养分指标与作物需要限值（2006～2008 年数据）

项目	有效铁 (mg/kg)	有效锰 (mg/kg)	有效铜 (mg/kg)	有效硼 (mg/kg)	有效锌 (mg/kg)	有效钼 (mg/kg)	有效硫 (mg/kg)	交换性钙 (mg/kg)	交换性镁 (mg/kg)
邹平县平均	6.23	14.79	1.66	0.71	1.43	0.12	43.9	9300	1520
适宜值下限	10	10	0.2	0.5	1.6	0.1			
适宜值上限	15	15	1	1	3	0.2			
临界值	4.5	7	0.2	0.5	0.5		50.0	2500	200

第四节　土壤主要物理性状

土壤物理性状是作物生长的重要环境因素之一，也是土壤水、肥、气、热诸因素协调状况的集中体现，在评价土壤肥力时，也需要着重进行讨论。

一、土壤容重、孔隙度

土壤容重是指在没有破坏自然结构的情况下单位容积中的重量，通常以 g/cm^3 为单位。土壤容重的大小与土壤质地、结构、有机质含量、土壤紧实度、耕作措施等有关。一般情况下，土壤耕层容重为 1.15～1.30g/cm^3。1984 年第二次土壤普查时，邹平县耕层容重平均为 1.34g/cm^3，此次 48 个点位的容重平均为 1.32 g/cm^3，变幅为 1.15～1.38 g/cm^3。轻壤、沙壤的容重大于重壤土的容重。

土壤是一个疏松多孔体，土壤颗粒的胶结、垒结在土粒间形成大小不等的土壤孔隙。单位容积土体内，孔隙所占的百分数称为"土壤总孔隙度"。它直接关系到土壤的水气状况，是土壤的主要物理特性之一。土壤孔隙分为毛管孔隙和非毛管孔隙，前者用以保持水分，后者用以通气。1984 年第二次土壤普查时，邹平县表土层总孔隙度平均为 49.43%，通气孔隙度为 11.09%，此次测得总孔隙度为 50.1%、通气孔隙度为 13.1%。沙壤、轻壤、中壤、重壤的孔隙度依次降低。土壤物理性状如表 4-31 所示。

表 4-31　　土壤物理性状统计表

土名		层次(cm)	容重(g/cm^3)	总孔隙度(%)	毛管孔隙度(%)	通气孔隙度(%)	田间持水量(%)	样本数
表土	沙壤	0～20	1.35	49.06	36.92	12.14	20.22	2
		20～60	1.42	46.42	36.70	9.72	19.01	1
	轻壤	0～20	1.36	48.68	36.94	11.74	23.32	8
		20～60	1.41	46.79	36.59	10.20	22.47	7
	中壤	0～20	1.33	49.81	38.67	11.14	23.28	16
		20～60	1.40	47.20	38.09	9.11	20.65	14
	重壤	0～20	1.32	50.19	40.60	9.59	26.50	2
		20～60	1.42	46.42	37.70	8.72	23.90	2
土属	褐土	0～20	1.34	49.43	37.95	11.48	22.15	2
		20～60	1.50	43.40	32.95	10.45	17.71	2
	淋溶褐土	0～20	1.36	48.68	39.2	9.48	21.81	2
		20～60	1.41	46.79	38.0	8.79	20.78	1
	潮褐土	0～20	1.34	49.43	39.05	10.38	22.96	6
		20～60	1.42	46.42	37.73	8.69	20.09	4
	砂质潮土	0～20	1.35	49.06	36.92	12.14	20.22	1
		20～60	1.42	46.42	36.70	9.72	19.01	1
	壤质潮土	0～20	1.35	49.06	37.95	11.11	24.66	4
		20～60	1.40	47.20	37.95	9.25	21.97	4
	壤质褐土化潮土	0～20	1.32	50.19	40.0	10.19	23.32	2
		20～60	1.35	49.06	40.0	9.06	22.47	2
	壤质盐化潮土	0～20	1.34	49.43	37.50	11.93	23.51	5
		20～60	1.38	47.92	36.83	11.09	22.61	5
	冲积湿潮土	0～20	1.22	53.96	42.2	11.77	26.50	1
		20～60	1.39	47.55	35.9	11.65	23.9	1
	薄层覆盖砂姜黑土	0～20	1.32	50.19	40.7	9.49		1
		20～60	1.36	48.68	39.1	9.58		1
	厚层覆盖砂姜黑土	0～20	1.35	49.06	36.40	12.66	26.95	2
		20～60	1.38	47.92	36.70	11.22	25.22	2
平均		0～20	1.34	49.43	38.34	11.09	23.56	54
		20～60	1.40	47.17	37.37	9.80	21.53	47

二、耕层土壤性状及评述

耕层土壤，是指地表以下、常年作物耕作范围内的土层，一般为0～20cm。这是作物根系的主要分布层，也是耕作施肥的主要作用场所。土壤质地即土壤机械组成，是粗细不同的土粒在土壤中的比例组合。耕层质地是土壤理化性状的集中体现。根据全国第二次土壤普查，邹平县13个镇、3个街道办事处的土壤表层质地大体分为五类，分别是：沙壤占土壤总面积的13.44%，轻壤占土壤总面积的20.89%，中壤占土壤总面积的50.02%，重壤占土壤总面积的10.84%，砾石土占土壤总面积的4.81%。土壤质地分类标准如表4-32所示，表层质地理化性状如表4-3和表4-4所示，1984年邹平县各镇（街道办事处）表层质地面积如表4-33所示。

表4-32　　土壤质地分类标准

质地名称		物理性砂粒含量（>0.01mm，%）	物理性黏粒含量（<0.01mm，%）	砾石含量（>1mm，%）
砂土	紧砂土	95～90	5～10	
	沙壤土	90～80	10～20	
壤土	轻壤	80～70	20～30	
	中壤	70～55	30～45	
黏土	重壤	55～40	45～60	
	黏土	40以下	60以上	
砾质土	少砾质中壤	69～51	30～44	1～5
砾石土	壤质少砾石	60～18	10～32	30～50
	壤质中砾石	44～17	6～13	50～70

（一）轻壤

轻壤面积为21410.8hm^2，占土壤总面积的20.89%。除西董、好生，其余均有分布，以九户西部、明集—韩店最为集中。土质松散，宜耕期较长，作物易扎根出苗，土壤干爽温暖，通气性良好，养分偏少，有前劲、少后劲，肥效短促，保水、保肥能力较沙壤强。但毛管作用强烈，在无障碍层次的构型中，毛管水上升高度可达2.8m以上。在潜水位浅、矿化度高的洼坡地，极易盐化。应增施有机肥，氮、磷配合，培肥地力，合理灌溉，严防盐化。

（二）中壤

中壤面积为51264.8hm^2，占土壤总面积的50.02%，遍布邹平县。山前平原85%以上的为中壤，黄泛区主要分布在缓平坡地上。中壤是邹平县最好的表层质地，土壤疏松软绵，耕性好，养分含量较高，物理性状适宜，肥力平缓，潮湿，温暖，透气好，抗旱耐涝，既发小苗，又发老苗。需进一步培肥，完善排灌设施，适当提高复种指数，提高土地生产力。

（三）沙壤

沙壤面积为13770.9hm^2，占土壤总面积的13.44%，主要分布在黄泛平原的高坡地上。土质疏松，易耕作，利于作物出苗扎根，干燥，土温高，属热性土，通透性强，有机质分解快，土壤瘠薄，各种养分缺乏，保肥能力差，养分流失快，肥劲全期不足，发小苗，不发老苗，春季风蚀重。通过改良利用，加强作物生长期管理，也能实现中高产。

表 4-33 1984 年邹平县各镇(街道办事处)表层质地面积表

质地 镇(街道办事处)	沙壤		轻壤		中壤		重壤		砾石土		合计		占全县土壤总面积(%)	备注2002年行政区划
	面积(667m²)	占本乡镇面积(%)	面积(667m²)	占本乡镇面积(%)	面积(667m²)	占本乡镇面积(%)	面积(667m²)	占本乡镇面积(%)	面积(667m²)	占本乡镇面积(%)	面积(667m²)	耕地占本乡镇土壤面积(%)		
邹平镇			9528	7.98	98816	82.78	4871	4.08	6156	5.16	119371	77.45	7.77	黛溪 黄山
西董					84732.7	63.94			47793.3	36.06	132526	43.31	8.62	西董
好生					34607	86.06	2650	6.59	2956	7.35	40213	88.68	2.62	好生
临池			3405	5.32	53875	84.15			6744	10.53	64024	66.52	4.16	临池
礼参			5313	12.84	36058	87.16					41371	96.51	2.69	高新
长山			2895.5	3.69	75536.5	96.31					78432	98.90	5.10	长山
苑城			1346	2.57	44181	84.37	6836	13.06			52363	98.72	3.41	
焦桥			30387	32.27	37368	39.68	26416	28.05			94171	96.9	6.13	焦桥
韩店			36675	35.54	54088	52.41	12430	12.05			103193	92.79	6.71	韩店
孙镇			34868.4	29.67	47880.7	40.74	34765.5	29.59			117514	93.82	7.64	孙镇
九户	9586.4	8.6	58086.4	52.09	38978.6	34.94	4870.6	4.37			111522	90.15	7.26	九户

续表

质地 镇(街道办事处)	沙壤		轻壤		中壤		重壤		砾石土		合计		占全县土壤总面积(%)	备注2002年行政区划
	面积(667m²)	占本乡镇面积(%)	面积(667m²)	占本乡镇面积(%)	面积(667m²)	占本乡镇面积(%)	面积(667m²)	占本乡镇面积(%)	面积(667m²)	占本乡镇面积(%)	面积(667m²)	耕地占本乡镇土壤面积(%)		
青阳			304	0.48	47753	74.79	5532	8.66	10258	16.07	63847	55.99	4.15	青阳
明集			30115	34.78	42269	48.86	14212	16.41			86596	95.15	5.63	明集
里八田			35823.7	48.59	33121.8	44.93	4778.5	6.48			73724	92.98	4.80	
魏桥	61323	64.86	21586	22.83	10510	11.11	1135	1.20			94554	89.73	6.15	魏桥
台子	28877	26.29	40328	36.71	25519	23.23	15137	13.77			109861	90.76	7.15	台子
码头	106777.2	69.37	10499.9	6.83	3680.4	2.39	32959.1	21.41			153916	86.67	10.01	码头
合计	206563.6 (13770.9hm²)	13.44	321161.7 (21410.8hm²)	20.89	768972.7 (51264.8hm²)	50.02	166592.7 (11106.2hm²)	10.84	73907.3 (4927.1hm²)	4.81	1537198 (102479.9hm²)	84.55	100	

（四）重壤

重壤面积为 11106.2hm²，占土壤总面积的 10.84%，主要分布在孙镇东部与焦桥镇西北的交接洼地、青阳镇芽庄湖边缘、长山镇苑城村周围、明集镇邢家至孙镇时家村一带的洼地上，其他零散分布在浅平洼地上。该土具有“湿黏、干硬、难耕作”的特性，早春升温慢，难拿苗，有机质分解慢，透气性差，属冷性土。但养分含量高，肥劲足而长，保水肥能力强，生产潜力大，胀缩剧烈，遇水堵塞孔隙，雨季易涝，通气不良，干时收缩龟裂，水分损失快，易干旱。只要合理耕种，该土壤易实现高产。

（五）砾石土

砾石土面积为 4927.1hm²，占土壤总面积的 4.81%，主要分布在山区低山丘陵中上部，砾石占 30%以上，细粒部分为壤质土，侵蚀严重，土层不足 30cm。与裸岩石砾地相间存在，多未利用，水源极缺，可养草种树，做好水土保持工作。

三、土体构型

土壤在自然和人为因素的共同影响下，形成特有的形态和层次，不同性状的土壤层次的垂直分布状况称为“土体构型”。在冲积平原，主要指不同质地的沉积层，其特点是层间界限清晰而整齐。实际上，它是属于母质的层次，不是真正的土壤发育层次。

土体构型是很稳定的土壤性状，是评价土壤优劣的重要条件，制约着土壤水肥运行和水盐动态，影响着土壤的形成和演变，是土壤的重要物理性状。根据土壤普查土体构型命名原则，主要反映 1m 土体内耕层以下出现的、与表土质地不同的夹层及对作物生长影响大的障碍层次。如在同一剖面中出现多种不同质地的层次，则选 1～2 个有重要影响的层次命名，并按部位高低排列。

邹平县低山丘陵和山前冲积平原的土体构型较简单，且有一定的规律性，由山上到冲积扇缘基本以“极薄层硬石底——薄层硬石底——中层硬石底——厚砾石心、厚砾石腰——均质壤——均质黏”的规律分布。但由于地形、成土过程的差异，其间也镶嵌着厚黏心、厚黏腰、均质黏等构型。黄泛平原由高到洼地基本呈砂体——复合体——黏体规律分布。由于在成土过程中，黄河多次泛滥，纵横冲积，造成构型多样、分布零散。经分类，邹平县共有 21 种构型，可归纳为 6 个类型（见表 4-34）。

表 4-34　　1984 年邹平县土体构型统计表

类名	面积（667m²）	占土壤总面积（%）	土体构型 代号	名称	面积（667m²）	占土壤总面积（%）	主要分布
侵蚀薄体型	96943.8（6462.9hm²）	6.31	$B\frac{\ }{1}$	极薄层硬石底	30105.4	1.96	低山丘陵最上部
			$B\frac{\ }{2}$	薄层硬石底	43802	2.85	低山丘陵上中部
			$B\frac{\ }{3}$	中层硬石底	16017.4	1.04	低山丘陵中上部
			$B\frac{\ }{7}$	中层	7019	0.46	低山丘陵中部及中上部

续表

类名	面积($667m^2$)	占土壤总面积(%)	土体构型 代号	名称	面积($667m^2$)	占土壤总面积(%)	主要分布
夹砾型	9008 (600.5hm^2)	0.59	$B\frac{}{3\triangle}$	厚砾石心	2473	0.16	黛溪、黄山、临池、青阳山前阶地
			$B\frac{}{5\triangle}$	厚砾石腰	6535	0.43	黛溪、黄山、临池、青阳、西董山前阶地
均质型	692770.9 (46184.7hm^2)	45.06	$C\frac{}{19}$	均质砂	130951	8.51	九户、魏桥、台子、码头
			$B\frac{}{1\#}C\frac{}{20}$	均质壤	476348	30.99	遍及邹平县各地
			$B\frac{}{1\#}C\frac{}{21}$	均质黏	85471.9	5.56	黛溪、黄山、好生、长山、韩店、明集、青阳、焦桥、孙镇、九户、魏桥、台子
夹砂型	176563 (11768.2hm^2)	11.22	$C\frac{}{2.4}$	砂体	63815	4.15	韩店、九户、魏桥、台子、码头
			$B\frac{}{3\div}$	厚砂心	2645	0.17	长山苑城、焦桥
			$B\frac{}{5\div}C\frac{}{4}$	厚砂腰	106103	6.90	高新、长山、韩店
夹黏型	507945.3 (33863.0hm^2)	33.04	$C\frac{}{14.16}$	黏体	129105.3	8.40	九户、明集、魏桥、焦桥、韩店、孙镇、台子
			$C\frac{}{14}G\frac{}{3}$ $B\frac{}{3\#}$	厚黏心	165440	10.76	除魏桥外遍及邹平县
			$C\frac{}{13}$	薄黏心	1757	0.11	码头
			$C\frac{}{15}$	薄黏腰	20316	1.32	魏桥、码头
			$B\frac{}{5\#}$ $C\frac{}{16}G\frac{}{5}$	厚黏腰	191327	12.45	除焦桥外遍及邹平县
混合型	57967 (3864.5hm^2)	3.78	$C\frac{}{10}$	厚壤腰	12315	0.80	魏桥、台子
			$C\frac{}{2.16}$	砂心黏腰	14989	0.98	魏桥、码头、台子、九户、
			$C\frac{}{13.4}$	薄黏心砂腰	1026	0.07	台子
			$C\frac{}{14.4}$	黏心砂腰	29637	1.93	孙镇、九户、魏桥、台子、码头
合计	1537198 (102479.9hm^2)	100			1537198 (102479.9hm^2)	100	

（一）侵蚀薄体型

侵蚀薄体型面积为6462.9hm^2，占土壤总面积的6.31%，分布在山丘中上部的荒山岭坡和岭坡梯田上，其地形部位高，坡度大，植被较少，水土流失重，土层一般在50cm以下，砾石多，旱情严重，农业利用困难，可种草植树。

（二）夹砾型

夹砾型面积为600.5hm^2，占土壤总面积的0.59%，分布在山坡或山脚下。表层以下心位或腰位分布有不同厚度的砾石层。该层次系山洪冲积物，土少、石头多，影响作物根系下扎，漏肥、漏水严重，抗旱能力差。

（三）均质型

均质型面积为46184.7hm^2，占土壤总面积的45.06%，邹平县各镇（街道办事处）均有分布。该类型心位和腰位的质地与表层相同。其中，均质壤质地适中，保水、保肥，作物根系下扎深，抗灾能力强，多为高产土壤，但其毛管作用强烈，如利用不当，黄泛区的缓平坡地易导致盐渍化；均质砂通透性好，漏水、漏肥，潜水位高，易返碱；均质黏通透性差，保肥蓄水能力强，土壤养分含量高，但抗旱涝能力差。

（四）夹砂型

夹砂型面积为11768.2hm^2，占土壤总面积的11.22%，表层为壤质或黏质，耕层以下心位或腰位或心腰全为砂质土，即上黏下砂。砂体和砂心土壤，生产性能很差，为倒蒙金型，表层耕性差，对幼苗生长不良。当作物根系伸到砂土层时，供水、供肥不足，使作物发育不良，后期早衰。

（五）夹黏型

夹黏型面积为33863.0hm^2，占土壤总面积的33.04%，表层为砂质或壤质，耕层以下在心位或腰位有不同厚度的黏土层。50cm以下有黏土层的为蒙金地，表层土质疏松，易耕作，通气性好，出苗易，下层保水、保肥，耐旱，潜在能力高，有后劲，利于作物生长。黏体和厚黏心等黏土层若出现部位高，会妨碍根系发育，易形成鸡爪根和细茎，汛期易涝，天旱出苗不好。该类型的黏土层有阻止水盐运行功能，在洼坡地上，对防止盐渍化有一定作用。

（六）混合型

混合型面积为3864.5hm^2，占土壤总面积的3.78%，砂层、黏层性能同上述相应夹层。

总之，邹平县土体构型较好，最好的为均质型、夹黏型、混合型，占土壤总面积的67.81%；均质砂、夹砾型、夹砂型较差，占20.32%；侵蚀薄体型最差，占6.31%。

四、田间持水量

田间持水量，即在自然状态下土壤所有孔隙充满水分，经过一定时间，重力水排走以后，此时土壤所能实际保持的最大含水量，其数值能反映土壤保水能力的大小。一般来说，田间持水量越高，土壤有效水分含量则越高。沙壤、轻壤、中壤、重壤的田间持水量范围分别是：18%（16%～20%）、22%（20%～24%）、25%（22%～26%）、27.6%（24%～28%），邹平县的测定结果分别为20.22%（偏高）、23.32%（偏高）、23.28%（偏低）、

26.5%(偏低)。

可以看出,邹平县土壤容重偏高,因而土壤通气不好,田间持水量稍低,应增加土壤有机质,改变土壤物理性状,使其容重变轻,通气性变好,田间持水量增大,有效水分增多,提高土壤保水、保肥性和抗旱涝能力,以利于作物高产、稳产。

第五节 土壤养分变化原因及分析

一、土壤养分变化趋势

由于土壤类型、地形地貌、种植制度及农民施肥习惯不同,邹平县各镇(街道办事处)土壤养分状况存在差异。综合土壤样品化验测试结果,以土壤有机质、全氮、水解氮、有效磷和速效钾衡量,褐土养分最高,其次是潮土,再次是砂姜黑土。另外,由于受种植制度和施肥等管理措施的影响,中南部及东部土壤养分高于西北部,北部地区土壤 pH 总体低于南部和东部。受作物秸秆还田的影响,粮田地块的有机质含量高于棉田地块的有机质含量。邹平县土壤养分总体趋势是氮、磷养分较高,钾养分偏低,土壤有机质稳中有升。1983～1985 年和 2006～2008 年两次土壤普查时,主要养分土壤有机质、全氮、碱解氮、有效磷、速效钾统计结果如表 4-35 至表 4-39 所示。

表 4-35 邹平县土壤有机质含量分级面积统计表

分级	数量 \ 年份	1983～1985 年			2006～2008 年		
		分级标准(g/kg)	面积(hm^2)	占土壤总面积(%)	分级标准(g/kg)	面积(hm^2)	占土壤总面积(%)
1	高	20～30	363.7	0.35	＞20	18292.66	17.85
2	较高	15～20	7066.7	6.90	15～20	46864.06	45.73
3	一般	10～15	59533.9	58.09	10～15	35283.83	34.43
4	稍低	8～10	21554.1	21.03	8～10	1885.63	1.84
5	低	6～8	9178.1	8.96	6～8	153.72	0.15
6	极低	＜6	4783.3	4.67	＜6	0	0
合计			102479.9	100		102479.9	100
平均值		11.3			16.1		
最高		22.3			24.8		
最低		2.1			6.1		
化验方法		重铬酸钾油浴法					

表 4-36　　邹平县土壤全氮含量分级面积统计表

分级	数量	1983～1985 年			2006～2008 年		
		分级标准(g/kg)	面积(hm²)	占土壤总面积(%)	分级标准(g/kg)	面积(hm²)	占土壤总面积(%)
1	高				＞1.5	502.15	0.49
2	较高	1.0～1.5	1277.9	1.25	1.0～1.5	62912.41	61.39
3	一般	0.75～1.0	28907.5	28.21	0.75～1.0	33746.63	32.93
4	稍低	0.60～0.75	38790.2	37.85	0.5～0.75	5246.97	5.12
5	低	0.50～0.60	14959.8	14.59	0.3～0.5	71.74	0.07
6	极低	＜0.50	18544.5	18.10	＜0.30	0	0
合计			102479.9	100		102479.9	100
平均值		0.65			1.12		
最高值		1.34			1.67		
最低值		0.11			0.46		
化验方法		凯氏蒸馏定氮法					

表 4-37　　邹平县土壤碱解氮含量分级面积统计表

分级	数量	1983～1985 年			2006～2008 年		
		分级标准(g/kg)	面积(hm²)	占土壤总面积(%)	分级标准(g/kg)	面积(hm²)	占土壤总面积(%)
1	高				＞120	15054.30	14.69
2	较高	90～120	5015.2	4.89	90～120	14562.39	14.21
3	一般	60～90	48601.1	47.43	60～90	66591.44	64.98
4	较低	45～60	33547.2	32.74	45～60	6241.03	6.09
5	低	30～45	11419.3	11.14	30～45	30.74	0.03
6	极低	＜30	3897.1	3.80	＜30	0	0
合计			102479.9	100		102479.9	100
平均值		62.2			84		
最高值		117			262		
最低值		14			27		
化验方法		碱解扩散法					

表 4-38　　邹平县土壤速效磷含量分级面积统计表

分级＼数量＼年份		1983～1985 年			2006～2008 年		
		分级标准 (mg/kg)	面积 (hm^2)	占土壤总面积 (%)	分级标准 (mg/kg)	面积 (hm^2)	占土壤总面积 (%)
1	高				>40	4027.46	3.93
2	较高	20～40	128.3	0.13	20～40	44957.93	43.87
3	一般	10～20	19035.7	18.58	10～20	53197.32	51.91
4	稍低	5～10	54749.8	53.42	5～10	235.70	0.23
5	低	3～5	24925.7	24.32	3～5	61.49	0.06
6	极低	<3	3640.4	3.55	<3	0	0
合计			102479.9	100		102479.9	100
平均值		8.0			24.3		
最高值		28.3			113.2		
最低值		1.0			3.3		
化验方法		钼锑抗比色法					

表 4-39　　邹平县土壤速效钾含量分级面积统计表

分级＼数量＼年份		1983～1985 年			2006～2008 年		
		分级标准 (mg/kg)	面积 (hm^2)	占土壤总面积 (%)	分级标准 (mg/kg)	面积 (hm^2)	占土壤总面积 (%)
1	高	>200	9580.1	9.35	>200	16663.23	16.26
2	较高	150～200	24558.0	23.96	150～200	20004.07	19.52
3	一般	100～150	46996.6	45.86	100～150	39721.21	38.76
4	稍低	70～100	17762.5	17.33	70～100	21520.78	21.00
5	低	50～70	3183.1	3.11	50～70	4529.62	4.42
6	极低	30～50	399.6	0.39	<50	40.99	0.04
合计			102479.9	100		102479.9	100
平均值		134.9			119		
最高值		410			280		
最低值		49			21		
化验方法		火焰分光光度计法					

土壤有机质的含量变化：从表4-35看出，2006～2008年和1983～1985年相比有明显提高，前者高含量和较高含量分别占土壤总面积的17.85％、45.73％，后者高含量和较高含量分别占土壤总面积的0.35％、6.9％；低含量和极低含量前者分别占土壤总面积的1.84％，0.15％，后者则为8.96％、4.67％。

土壤全氮的含量变化：从表4-36看出，2006～2008年和1983～1985年相比有明显提高，前者高含量和较高含量分别占土壤总面积的0.49％、61.39％，后者没有高含量土壤，仅有较高含量且只占土壤总面积的1.25％；低含量和极低含量前者分别占土壤总面积的0.07％、0％，后者则为14.59％、18.10％。

土壤碱解氮的含量变化：从表4-37看出，2006～2008年和1983～1985年相比有明显提高，前者高含量和较高含量分别占土壤总面积的14.69％、14.21％，后者没有高含量土壤，仅有较高含量且只占土壤总面积的4.89％；低含量和极低含量前者分别占土壤总面积的0.03％、0％，后者则为11.14％、3.80％。

土壤速效磷的含量变化：从表4-38看出，2006～2008年和1983～1985年相比有明显提高，前者高含量和较高含量分别占土壤总面积的3.93％、43.87％，后者没有高含量土壤，仅有较高含量且只占土壤总面积的0.13％；低含量和极低含量前者分别占土壤总面积的0.06％、0％，后者则为24.32％、3.55％。

土壤速效钾的含量变化：从表4-39看出，2006～2008年和1983～1985年相比有所降低，前者高含量和较高含量分别占土壤总面积的16.26％、19.52％，后者高含量和较高含量分别占土壤9.35％、23.96％；低含量和极低含量前者分别占土壤总面积的4.42％、0.04％，后者则为3.11％、0.39％。

二、土壤有机质变化原因

土壤有机质是指土壤中来源生命的物质，包括动植物、微生物残体及其分解和合成的有机物质。土壤中除土壤矿物质以外的物质都可以称为“土壤有机质”。动植物、微生物残体和施入的有机肥料是土壤有机质的主要来源。土壤中的有机质含量随着人为耕作管理措施及采样时间的不同，都会发生较大的变化。

（一）人为耕作管理措施

人为耕作管理措施是影响土壤有机质含量变化的一个主要因素。全国第二次土壤普查时，有机质的肥力水平是自然与人工复合作用的结果。自20世纪80年代以来，中国推行家庭联产承包责任制后，农民的种田积极性得到了极大的提高，有机肥的施用量逐年增长，而且秸秆还田技术也开始大面积的推广应用。此时段，有机肥的施入量超过有机质矿化分解的量，所以有机质含量普遍呈上升趋势，有机质含量上升的幅度也最大。如果有机肥投入不足，随着作物产量的不断增加，部分地区的有机质入不敷出，会呈下降的趋势，应注意土壤的培肥管理。

据研究资料（2013年郑州肥料双交会上发布的信息），由沈阳农业大学牵头，全国多所农业院校和科学研究机构共同参与，对全国不同土壤有机质变化规律进行了多年研究。

研究结果表明，土壤有机质每提升一个千分点，每公顷土壤就有增产 1000kg 粮食的潜力。维持或者提升土壤有机质含量水平，最重要的一条就是合理施肥、科学施肥、全面施肥，施肥不合理是造成土壤有机质不稳定的重要因素。农作物秸秆还田是提升土壤有机质含量的又一个关键途径。经过多年的宣传引导，邹平县小麦、玉米秸秆还田率逐年提高，这是邹平县土壤有机质稳步提升的重要措施。

（二）采样时间

采样时间不同，导致土壤有机质含量差异很大。土壤中的动植物、微生物残体和施入的有机肥因为采样时间不同，矿化度也不同。自然土壤中的有机质的年矿化率约为 1%，耕作土壤为 2%～5%。

春季采样时，土壤中的有机物经过一个冬季的矿化，虽然温度很低，矿化作用小，但也有一定的矿化作用。而秋季采样时，由于作物刚刚收获完毕，动植物残体都还未经矿化，以至于土壤中的有机质含量稍高于春季采样。

三、土壤耕层无机养分变化原因

土壤是在一定气候环境条件下形成的活生物体，受形成条件、成土母质、气候、植被、耕作方式等多种因素的影响。耕层土壤养分有明显的差异，在一定程度上其变化受人为因素的影响较大。根据合理施肥的理论，依据养分归还学说、最小养分律、报酬递减率、最适因子律、因子综合作用律等，在农业生产中为了得到高的产量，就要向土壤中施入大量的肥料，以至于作物在整个生育周期也有可能吸收不了施入的养分。可移动的养分，比如氮会随水分流失，而移动性小的磷和钾则残留在土壤中。因此，土壤中的有效养分含量会因过度施肥而有所增加。

（一）氮素

长期施用化肥，尤其是氮肥，可以提高土壤全氮及碱解氮含量。这是因为施氮肥可增加作物根系总量和根分泌物的含量，即增加了归还土壤的有机氮量。有机肥单施能显著提高土壤全氮及碱解氮的含量，但其作用不如化学氮肥来得快。在有机肥中，厩肥的作用优于绿肥和秸秆。在某些土壤上，即使施用厩肥，土壤有机氮含量也会缓慢下降。有机肥与无机肥配合施用对于提高土壤氮素含量具有重要意义，既能快速提高土壤中碱解氮的含量，又能长久保存土壤氮素。

邹平县土壤氮素含量水平属于中等偏上，这和连续多年的氮素化肥，尤其是尿素的不合理施用有很大关系，造成的后果不仅是浪费资源，更重要的是污染大气、地下水源。邹平县氮肥施用原则是“控氮”。

（二）磷素

磷在植物大量元素中占有重要地位，然而与其他大量元素相比，土壤磷的含量相对较低。由于磷肥的残效期较长，重施一次磷肥，其后效至少可持续 10 年以上。多年来，农民认识到了施磷肥对作物的增产作用，加大了对磷肥的投入，提高了土壤的有效磷水平。

邹平县土壤是石灰性土壤，对磷素有极强的固定性，土壤磷素含量水平属于中等偏上，这和连续多年的磷酸二铵的施用是分不开的。磷素在土壤中的移动性很小，所以邹平县磷肥施用原则是“稳磷”。

（三）钾素

土壤钾库极大，对土壤全钾的影响也很难测出，但钾肥能显著提高土壤代换离子的含量。近年来，随着农民种田科学技术水平的不断提高，农民对钾肥在作物生产中的增产效果认识增加，逐渐加大了对钾肥的投入，但是总的来说，邹平县土壤中速效钾含量偏低，因为群众施用钾肥的习惯还很短暂，并且施用范围也不是很广。

邹平县土壤虽属石灰性土壤，钾素含量比较丰富，但是由于群众连续多年不施用钾肥或者很少施用钾肥，已经使土壤速效钾含量水平处于中等偏下水平，为此，邹平县钾肥的施用原则是“增钾”。

四、土壤肥力提升途径

土壤肥力是指土壤能够连续不断地供应和协调植物生长发育所需要的水分、养分、空气、热量和其他条件的能力。水分、养分、空气、热量通常简称为“水、肥、气、热”，又称为“四大肥力因素”。各肥力因素对作物同等重要，不能互相替代，不可缺少，它们之间是相互联系、相互制约的矛盾对立统一体。

针对邹平县土壤养分状况，综合小麦、玉米、棉花、蔬菜等主要种植作物的养分需求量，特制定施肥配方建议：对玉米、小麦，应“控氮、稳磷、增钾、补微（主要是锌）”，高产田块补施锌、铁等微肥，注重养分协调，根据“基肥要狠，追肥要准”的施肥原则，大力推广配方肥。底肥一定要施足量，秸秆还田地块要适当增加 5～10kg 尿素，避免因微生物分解秸秆需要吸收氮素，从而造成微生物和作物竞争氮素产生的咬苗现象。小麦追肥要氮肥后移（拔节期施用），玉米要重施攻穗肥和攻粒肥（也可在玉米播种后 50 天左右一次性施入）。对棉花，氮、磷、钾科学平衡，稳磷、增钾，钙、硫、锌、铁、硼等中微量元素适当增补，土壤施肥与叶面喷肥相结合，注重植株健壮生长，防止徒长。另外，为了改良土壤，减少因化肥过量施用对土壤的污染，应该注重土杂肥和有机肥的施用量，科学施肥，配方用肥，以提高肥料利用率，改善土壤和质地，提高耕地质量。土壤肥力高低直接决定土地生产力的高低，因此也决定了农业收入的高低。采取切实有力的对策，加以扭转不合理施肥习惯，逐步提高土壤肥力，增加农民收入。

（一）推广秸秆还田技术，增加土壤有机质

据测定，鲜玉米秸秆中含氮量为 0.61%，含磷量为 0.27%，含钾量为 2.28%，有机质含量为 15%。如果每亩还田 400kg 秸秆，相当于施用土杂肥 1280kg，即 5.7kg 的纯氮、2.7kg的纯磷、6.6kg 的纯钾。大量的秸秆还田使秸秆吸收的养分又归还土壤，使土壤中的速效氮、磷、钾和有机质明显提高，特别是有机质和速效钾更加明显。不仅能够提高土壤肥力，供应作物营养，而且可以防止秸秆田间焚烧后对周围环境产生污染，还能节省劳力和运输费用。

(二)推广配方施肥等新技术,按需供肥

配方施肥是根据作物需要规律、土壤供肥性能与肥料效应,产前确定施肥品种、数量、比例及相应科学施肥技术。实践证明,推广测土配方施肥技术,可以提高化肥利用率5%~10%,增产率一般为10%~15%,高的可达20%以上。实行测土配方施肥不但能提高化肥利用率,获得稳产、高产,还能改善农产品质量,是一项增产节肥、节支增收的技术措施。

(三)增施有机肥,有机、无机肥配合施用

有机肥是含有氮、磷、钾和微量元素的完全肥料,在培肥改土方面有着化肥不可代替的作用。有机肥料不仅能为农作物提供全面营养,促进生长,而且有机肥进入土壤后经过分解与合成,形成土壤有机胶体复合,促使土壤形成良好的土壤团粒结构,增强土壤的保水、保肥、供肥能力。有机肥与化肥配合施用,可使化肥利用率大大提高,肥效得到充分发挥,同时化肥用量也可相应减少。土壤有机质还有控制减少农药残留的作用,有机质中的胡敏酸吸收溶解在土壤中的三氮杂苯除莠剂(玉米田除草剂的主要成分,自20世纪80年代应用至今,对下茬小麦的药害近几年已经显现),0.5%的胡敏酸钠溶解DDT,其溶解度比水大20倍。

(四)推广施用控制释放肥料(缓控释肥)

确切意义的控制释放肥料(缓控释肥)是指那些养分释放速率能与作物需求规律相一致或基本一致的肥料。这类肥料能最大限度地提高肥料利用率,防止多余养分对环境造成污染,推广缓释、控释肥料,提高肥料利用率,减少环境污染,同时培肥地力。

(五)推广深耕深松技术

土壤是作物生长的重要基础条件,对作物产量影响很大。近年来由于对耕地的不合理使用,土壤的活土层变浅,并且形成了坚硬的犁底层。这严重影响了作物根系的下扎,使根系分布浅,吸收营养范围减小,肥水利用率下降,引起倒伏早衰,降低了土壤的抗逆减灾能力和产出能力,成为进一步提高粮食产量的制约因素之一。深耕、深松是化解以上矛盾的关键手段,也是提高土壤物理性状的必要措施,更是作物进一步连续高产、稳产的有利农业措施。该项措施在邹平县已经推广多年,应用面积正在逐年扩大。

"深耕"是用犁把田地深层的土壤翻上来、浅层的土壤覆下去,一般深度为18~20cm。它具有翻土、松土、混土、碎土的作用,可以疏松土壤,加厚耕层,改善土壤的水、气、热状况;可以熟化土壤,改善土壤营养条件,提高土壤的有效肥力;可以建立良好土壤构造,提高作物产量;可以消除杂草,防除病虫害(同时破坏其越冬、越夏的场所,减少发生基数)。

"深松"是只疏松土壤而不翻转土层的一种深耕方法,深度可达30cm以上,适用于经长期耕翻后形成犁底层、耕层薄不宜深翻的土地。

深耕与深松都属于耕地作业,两者不可替代,具有以下好处:

(1)深松可以加深耕层,打破犁底层,增加耕层厚度,熟化底土,改善土壤结构,使土壤疏松通气,利于作物根系深扎。

(2)增强雨水下渗速度和数量,提高土壤蓄水能力,提高作物抗旱、抗倒伏能力。经试验对比,深耕、深松一次,每亩耕地的蓄水能力可达到10m^{3}以上。土壤蓄水能力是浅耕的

2 倍，可使不同类型的土壤透水率提高 5～7 倍，可促进作物增产 40～70kg。

（3）深松不翻转土层，后茬作物能充分利用原耕层的养分，使残茬、秸秆、杂草大部分覆盖于地表，既有利于保墒、减少风蚀，又可以吸纳更多的雨水，还可以延缓径流的产生，削弱径流强度，缓解地表径流对土壤的冲刷，减少水土流失，有效地保护土壤。

（4）土地深松后，可增加肥料的溶解能力，减少化肥的挥发和流失，从而提高肥料的利用率。

（5）深松后可减少旋耕次数（一般旋耕一遍即可），不破堰，不形成犁沟。深松可 3 年进行一次，以降低成本。

第五章　耕地地力评价

耕地是土地的精华，是人类赖以生存的基本资源和物质基础，是农业生产的基本要素，是农业生产中不可替代的重要生产资料，是保持社会和国民经济可持续发展的重要资源。保护耕地是我们的基本国策之一，因此，及时掌握耕地资源的数量、质量及其变化，对于合理规划和利用耕地、切实做好耕地保护工作具有十分重要的意义。在全面的野外调查和室内化验分析，获取大量耕地地力相关信息的基础上，进行了邹平县耕地地力的综合评价，评价结果对于摸清邹平县耕地地力的现状及问题提供了帮助，而且为耕地资源的高效和可持续利用提供了重要的科学依据。

第一节　评价的原则、依据及流程

一、评价的原则、依据

（一）评价的原则

耕地地力就是耕地的生产能力，是在一定区域内、一定的土壤类型上，耕地的土壤理化性状、所处的自然环境条件、农田基础设施及耕作施肥管理水平等因素的总和。根据评价的目的要求，在邹平县耕地地力评价中，遵循的基本原则有四条。

1.综合因素研究与主导因素分析相结合原则

土地是指地表某一地段，包括地质、地貌、气候、水文、土壤、植被等多种自然要素在内的自然综合体。土地也是一个自然经济综合体，是人们利用的对象，对土地质量的评定涉及自然和社会经济多个方面，耕地地力也是各类要素的综合体现。所谓综合因素研究，是指对地形地貌、土壤理化性状、相关社会经济因素之总体进行全面的研究、分析与评价，以全面了解耕地地力状况。主导因素是指对耕地地力起决定作用的、相对稳定的因子，在评价中要着重对其进行研究分析。因此，把综合因素与主导因素结合起来进行评价可以对耕地地力作出科学准确的评定。

2.共性评价与专题研究相结合原则

邹平县耕地利用存在菜地、粮田等多种类型，土壤理化性状、环境条件、管理水平等不一，因此，耕地地力水平有较大的差异。考虑县域内耕地地力的系统性、可比性，针对不同的耕地利用等状况，应选用统一的、共同的评价指标和标准，即耕地地力的评价不针对某一特定的利用类型。另外，为了了解不同利用类型的耕地地力状况及其内部的差异情况，则对有代表性的主要类型如蔬菜地等进行深入的专题研究。这样，共性评价与专题研究相结合，使整个的评价和研究具有更大的应用价值。

3. 定量和定性相结合原则

土地系统是一个复杂的灰色系统，定量和定性要素共存，相互作用，相互影响。因此，为了保证评价结果的客观合理，宜采用定量和定性评价相结合的方法。在总体上，为了保证评价结果的客观合理，尽量采用定量评价方法，对可定量化的评价因子如有机质等养分含量、土层厚度等按其数值参与计算，对非定量化的定性因子如土壤表层质地、土体构型等则进行量化处理，确定其相应的指数，并建立评价数据库，用计算机进行运算和处理，尽量避免人为随意性因素的影响。在评价因素筛选、权重确定、评价标准、等级确定等评价过程中，尽量采用定量化的数学模型，在此基础上则充分运用人工智能和专家知识，对评价的中间过程和评价结果进行必要的定性调整，定量与定性相结合，从而保证了评价结果的准确合理。

4. 采用卫星遥感和 GIS 支持的自动化评价方法原则

自动化、定量化的土地评价技术方法是当前土地评价的重要方向之一。近年来，随着计算机技术，特别是 GIS 技术在土地评价中的不断应用和发展，基于 GIS 技术进行自动定量化评价的方法已不断成熟，使土地评价的精度和效率大大提高。本次的耕地地力评价工作将采用最新 SPOT5 卫星遥感数据提取和更新耕地资源现状信息，通过数据库建立、评价模型及其与 GIS 空间叠加等分析模型的结合，实现了全数字化、自动化的评价流程，在一定程度上代表了当前土地评价的最新技术方法。

（二）评价的依据

耕地地力是耕地本身的生产能力，因此，耕地地力的评价则依据与此相关的各类自然和社会经济要素。

1. 耕地地力的自然环境要素

耕地地力的自然环境要素包括耕地所处的地形地貌条件、水文地质条件、成土母质条件以及土地利用状况等。

2. 耕地地力的土壤理化要素

耕地地力的土壤理化要素包括土壤剖面与土体构型、耕层厚度、质地、容重等物理性状，有机质、N、P、K、微量元素、pH、交换量等化学性状等。

3. 耕地地力的农田基础设施条件

耕地地力的农田基础设施条件包括耕地的灌排条件、水土保持工程建设、培肥管理条件等。

二、评价的流程

整个评价可分为三个方面的主要内容，按先后的次序分别为：

资料工具准备及数据库建立：即根据评价的目的、任务、范围、方法，收集准备与评价有关的各类自然及社会经济资料，进行资料的分析处理。选择适宜的计算机硬件和 GIS 等分析软件，建立耕地地力评价基础数据库。

耕地地力评价：划分评价单元，提取影响地力的关键因素并确定权重，选择相应评价方法，制定评价标准，确定耕地地力等级。

评价结果分析：依据评价结果，量算各等级耕地面积，编制耕地地力分布图，分析耕地地力问题，提出耕地资源可持续利用的措施建议。

评价的工作流程如图 5-1 所示。

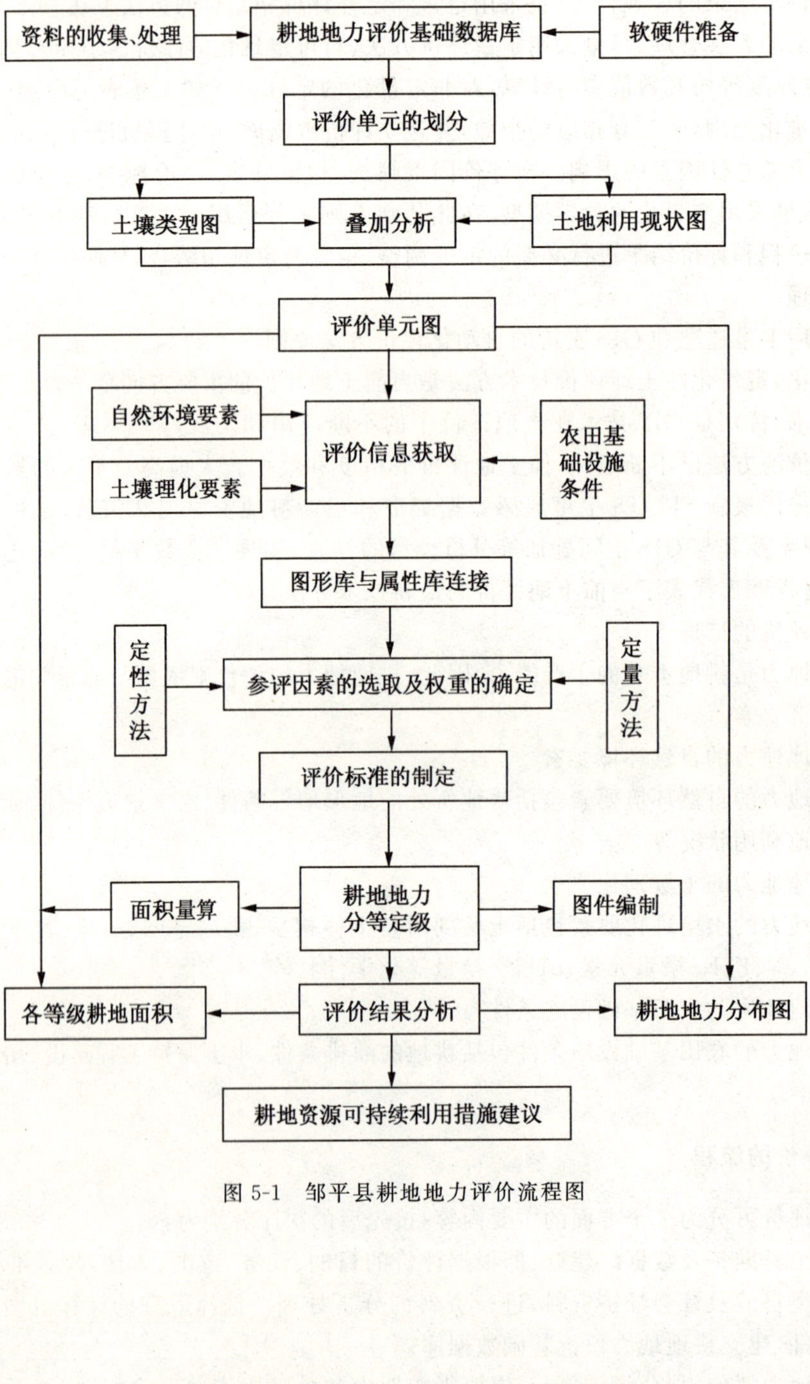

图 5-1 邹平县耕地地力评价流程图

第二节 软硬件准备、资料的收集处理及基础数据库的建立

一、软硬件准备

(一)硬件准备

硬件主要包括高档计算机、A0幅面数字化仪、A0幅面扫描仪、喷墨绘图仪等。计算机主要用于数据和图件的处理分析,数字化仪、扫描仪用于图件的输入,喷墨绘图仪用于成果图的输出。

(二)软件准备

一是 Windows 操作系统软件,二是 FOXPRO 数据库管理、SPSS 数据统计分析/ACCESS 数据管理系统等应用软件,三是 MAPGIS、ARCVIEW、ARCMAP 等 GIS 软件。

二、资料的收集、处理

(一)资料的收集

耕地地力评价以耕地的各性状要素为基础,因此必须广泛地收集与评价有关的各类自然和社会经济要素资料,为评价工作做好基础数据的准备。本次耕地地力评价收集获取的资料主要包括四方面。

1. 野外调查资料

野外调查资料按野外调查点获取,主要包括地形地貌、土壤母质、水文、土层厚度、表层质地、耕地利用现状、灌排条件、作物长势产量、管理措施水平等。

2. 室内化验分析资料

室内化验分析资料包括土壤有机质、全氮、速效氮、全磷、有效磷、速效钾等大量养分含量,交换性钙、交换性镁等中量养分含量,有效锌、有效硼、有效钼等微量养分含量,以及pH、土壤污染元素含量等。

3. 社会经济统计资料

以行政区划为基本单位的人口、土地面积、作物及蔬菜瓜果面积,以及各类投入产出等社会经济指标数据。

4. 基础及专题图件资料

1∶50000比例尺地形图、行政区划图、土地利用现状图、地貌图、土壤图等。

(二)资料的处理

获取的评价资料可以分为定量和定性资料两大部分。为了采用定量化的评价方法和自动化的评价手段,减少人为因素的影响,需要对其中的定性因素进行定量化处理,根据因素的级别状况赋予其相应的分值或数值。除此,对于各类养分等按调查点获取的数据,则需要进行插值处理,生成各类养分图。

1. 定性因素的量化处理

土壤表层质地:考虑不同质地类型的土壤肥力特征,以及与植物生长发育的关系,赋予不同质地类别以相应的分值(见表5-1)。

表 5-1　　土壤表层质地的量化处理

质地类别	中壤	轻壤	重壤	沙壤	砂土
分值	100	95	80	70	55

土体构型:首先以土层质地类别和其在土体中的部位对各类土体构型进行归纳,根据不同的土体构型对植物生长发育的影响,赋予不同土体构型以相应的分值(见表 5-2)。

表 5-2　　土体构型的量化处理

土体构型	中壤均质	中壤黏腰	轻壤黏腰	轻壤均质	中壤黏心	中壤砂姜腰	中壤砂腰	重壤均质	轻壤砂心	沙壤砂心	中层
分值	100	95	95	90	85	85	80	60	60	50	30

地貌类型:根据不同的地貌类型对耕地地力及作物生长的影响,赋予其相应的分值(见表 5-3)。

表 5-3　　地貌类型的量化处理

地貌类型	缓平坡地	山前倾斜平地	山前缓平地	缓岗	浅平洼地	槽状洼地	河谷高地	河漫滩	河谷梯田	近山阶地	坡麓梯田
分值	100	97	95	93	90	87	84	80	60	40	20

障碍状况:考虑影响邹平县耕地地力的主要障碍状况,将其障碍状况归纳为不同的类型,并根据其对耕地地力的影响程度进行量化处理(见表 5-4)。

表 5-4　　障碍状况的量化处理

障碍状况	无障碍	浅黏	夹砂或砂姜	砾质	石渣土
分值	100	90	80	60	40

2.各类养分专题图层的生成

对于土壤有机质、氮、磷、钾、锌、硼、钼等养分数据,首先按照野外实际调查点进行整理,建立了以各养分为字段、以调查点为记录的数据库。然后进行了土壤采样样点图与分析数据库的连接,在此基础上对各养分数据进行自动的插值处理。

对比了分别在 MAPGIS 和 ARCVIEW 环境中的插值结果,发现 ARCVIEW 环境中的插值结果线条更为自然圆滑,更符合实际。因此,本研究中所有养分采样点数据均在 ARCVIEW 环境下操作,利用其空间分析模块功能对各养分数据进行自动的插值处理,经编辑处理,自动生成各土壤养分专题栅格图层。后续的耕地地力评价也以栅格形式进行,与矢量形式相比,能够将各评价要素信息精确到栅格(像元)水平,保证了评价结果的准确。图 5-2 和图 5-3 分别为在 ARCVIEW 下插值生成的邹平县土壤有机质、全氮含量分布栅格图。

图 5-2 邹平县土壤有机质含量栅格图

图 5-3 邹平县土壤全氮含量栅格图

3.数字高程模型和坡度图的生成

利用邹平县 1∶50000 地形图，扫描输入后进行矢量化，获得等高线及高程信息，自动插值生成邹平县数字高程模型(DEM)，在此基础上再生成邹平县地形坡度，经编辑处理后形成坡度图和三维地势图(见图 5-4)。

图 5-4 邹平县三维地势图

三、基础数据库的建立

(一)基础属性数据库的建立

为更好地对数据进行管理和后续工作提供便利,将采样点基本情况信息、农业生产情况信息、土壤理化性状化验分析数据、土壤污染元素化验分析数据等信息以调查点为基本数据库记录进行属性数据库的建立,作为后续耕地地力评价工作的基础。

(二)基础专题图图形库的建立

将扫描矢量化及插值等处理生成的各类专题图件,在 ARCVIEW 和 MAPGIS 软件的支持下,分别以栅格形式和点、线、区文件的形式进行存储和管理,同时将所有图件统一转换到相同的地理坐标系统下,以进行图件的叠加等空间操作。各专题图图斑属性信息通过键盘交互式输入或通过与属性库挂接读取,构成基本专题图图形数据库。图形库与基础属性库之间通过调查点相互连接。

第三节 评价单元的划分及评价信息的提取

一、评价单元的划分

评价单元是由对土地质量具有关键影响的各土地要素组成的空间实体,是土地评价的最基本单位、对象和基础图斑。同一评价单元内的土地自然基本条件、土地的个体属性和经济属性基本一致,不同土地评价单元之间,既有差异性,又有可比性。耕地地力评价就是要通过对每个评价单元的评价,确定其地力级别,把评价结果落实到实地和编绘的土地资源图上。因此,土地评价单元划分的合理与否,直接关系到土地评价结果的好坏以及工作量的大小。

目前，对土地评价单元的划分尚无统一的方法，有以土壤类型、以土地利用类型、以行政区划单位、以方里网等多种方法。本次邹平县耕地地力评价土地评价单元的划分采用土壤图、土地利用现状图的叠置划分法，相同土壤单元及土地利用现状类型的地块组成一个评价单元，即“土地利用现状类型—土壤类型”的格式。其中，土壤类型划分到土种，土地利用现状类型划分到二级利用类型，制图区界以基于遥感影像的邹平县最新土地利用现状图为准。为了保证土地利用现状的现实性，基于野外的实地调查对耕地利用现状进行了修正，其中菜地进行了进一步的细分，到三级类型。同一评价单元内的土壤类型相同，利用方式相同，交通、水利、经营管理方式等基本一致，用这种方法划分评价单元可以反映单元之间的空间差异性，既使土地利用类型有了土壤基本性质的均一性，又使土壤类型有了确定的地域边界线，使评价结果更具综合性、客观性，可以较容易地将评价结果落实到实地。

通过图件的叠置和检索，将邹平县耕地地力划分为6868个评价单元。

二、评价信息的提取

影响耕地地力的因子非常多，并且它们在计算机中的存储方式也不相同，因此，如何准确地获取各评价单元评价信息是评价中的重要一环。鉴于此，舍弃直接从键盘输入参评因子值的传统方式，采取将评价单元与各专题图件叠加采集各参评因素的信息。具体的做法是：按唯一标识原则为评价单元编号；在ARCVIEW环境下生成评价信息空间库和属性数据库；在ARCMAP环境下从图形库中调出各化学性状评价因子的专题图，与评价单元图进行叠加计算出各因子的均值；保持评价单元几何形状不变，在耕地资源管理信息系统中直接对叠加后形成的图形的属性库进行“属性提取”操作，以评价单元为基本统计单位，按面积加权平均汇总评价单元立地条件评价因子的分值。

由此，得到图形与属性相连的、以评价单元为基本单位的评价信息，为后续耕地地力的评价奠定了基础。

第四节 参评因素的选取及其权重确定

正确地进行参评因素的选取并确定其权重，是科学地评价耕地地力的前提，直接关系到评价结果的正确性、科学性和社会可接受性。

一、参评因素的选取

参评因素是指参与评定耕地地力等级的耕地的诸属性。影响耕地地力的因素很多，在本次邹平县耕地地力评价中，根据邹平县的区域特点，遵循主导因素原则、差异性原则、稳定性原则、敏感性原则，采用定量和定性方法结合，进行了参评因素的选取。

(一)系统聚类方法

系统聚类方法用于筛选影响耕地地力的理化性质等定量指标，通过聚类将类似的指标进行归并，辅助选取相对独立的主导因子。利用SPSS统计软件进行了土壤养分等化学性状的系统聚类。

从图 5-5 中可以看出，氯离子、全盐、硝态氮、全氮、交换性钙、有效硅、交换性镁、有效硼、有效钼、有效铁、有效锰、有效锌、有效铜、有效硫聚为一组，有效磷、速效钾、碱解氮、缓效钾聚为一组，有机质为一组，pH 为一组。

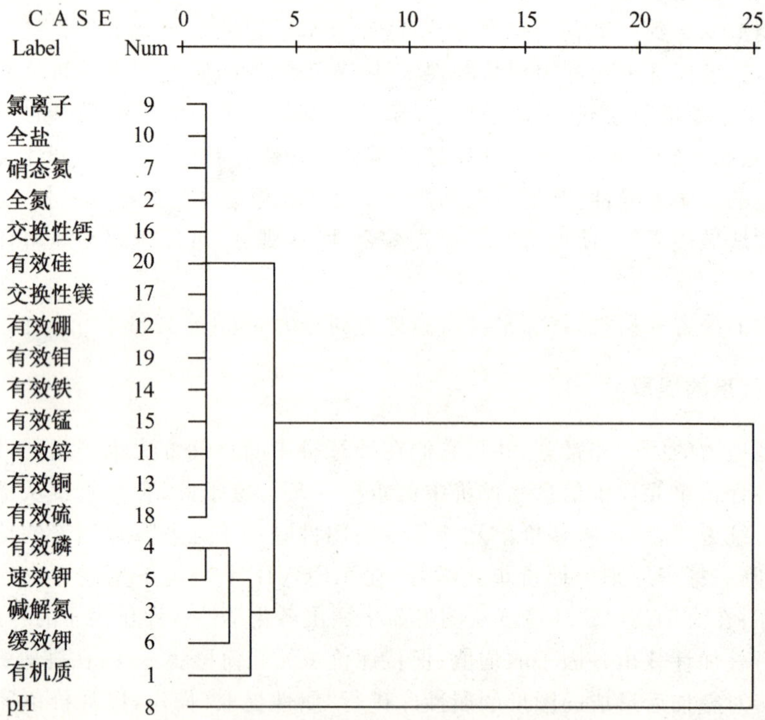

图 5-5　土壤养分等化学性状的聚类分析

（二）DELPHI 法

用 DELPHI 法进行了影响耕地地力的立地条件、物理性状等定性指标的筛选，确定了由土壤农业化学学者、专家及邹平县土肥站业务人员组成的专家组，首先对指标进行分类，在此基础上再进行指标的选取，并讨论确定最终的选择方案。

综合以上两种方法，在定量因素中根据各因素对耕地地力影响的稳定性，以及营养元素的全面性，在聚类分析第一组中选取有效锌、有效硼为参评因素，第二组中选取有效磷、速效钾为参评因素，第三组中选取有机质为参评因素。结合专家组的选择结果，最后确定灌溉保证率、坡度、地形地貌、耕层质地、剖面构型、障碍层状况、土层厚度、有机质、大量元素（速效钾、有效磷）、微量元素（有效锌、有效硼）等 12 项因素作为耕地地力评价的参评指标。

二、权重的确定

在耕地地力评价中，需要根据各参评因素对耕地地力的贡献确定权重。确定权重的方法很多，本评价中采用层次分析法（AHP）来确定各参评因素的权重。

层次分析法是在定性方法基础上发展起来的定量确定参评因素权重的一种系统分析方法，这种方法可将人们的经验思维数量化，用以检验决策者判断的一致性，有利于实现定量化评价。

(一)建立层次结构

耕地地力为目标层(G 层),影响耕地地力的立地条件、物理性状、化学性状为准则层(C 层),再把影响准则层中各元素的项目作为指标层(A 层),其结构关系如图 5-6 所示。

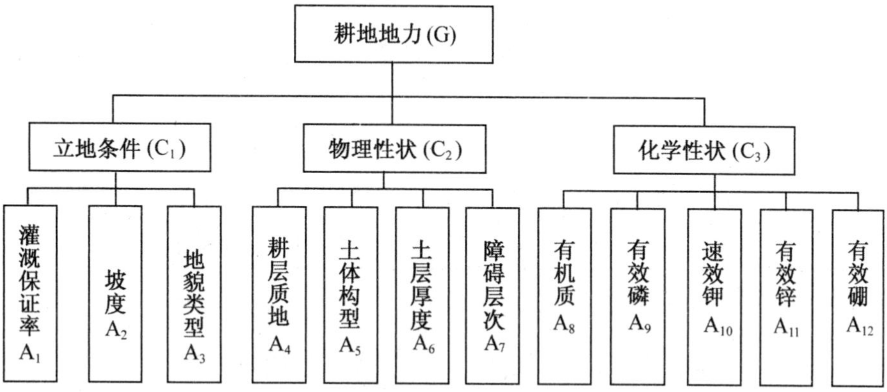

图 5-6 耕地地力影响因素层次结构

(二)构造判断矩阵

根据专家经验,确定 C 层对 G 层以及 A 层对 C 层的相对重要程度,构成 A、C_1、C_2、C_3共 4 个判断矩阵。例如,耕层质地、土体构型、有效土层厚度、障碍层次状况对耕地物理性状的判断矩阵表示为:

$$C_2=\begin{pmatrix} a_{11} & a_{12} & a_{13} & a_{14} \\ a_{21} & a_{22} & a_{23} & a_{24} \\ a_{31} & a_{32} & a_{33} & a_{34} \\ a_{41} & a_{42} & a_{43} & a_{44} \end{pmatrix}=\begin{pmatrix} 1 & 1.25 & 0.7143 & 1.6667 \\ 0.8 & 1 & 0.5714 & 1.3333 \\ 1.4 & 1.75 & 1 & 2.3333 \\ 0.6 & 0.75 & 0.4286 & 1 \end{pmatrix}$$

式中:a_{ij}(i 为矩阵的行号,j 为矩阵的列号)表示对 C_2 而言,a_i 对 a_j 的相对重要性的数值。

(三)层次单排序及一致性检验

层次单排序及一致性检验,即求取 A 层对 C 层的权数值,可归结为计算判断矩阵的最大特征根对应的特征向量。利用 SPSS 等统计软件,得到的各权数值及一致性检验的结果如表 5-5 所示。

表 5-5 权数值及一致性检验结果

矩阵	特征向量					C_I	C_R
矩阵 A		0.4186	0.3488	0.2326		−0.00000537	0.00000926<0.1
矩阵 C_1		0.1980	0.3564	0.4455		−0.00000369	0.00000575<0.1
矩阵 C_2	0.2159	0.2699	0.1542	0.3599		0.00000621	0.0000069<0.1
矩阵 C_3	0.0787	0.0945	0.1181	0.2362	0.4724	0.00000549	0.00000491<0.1

可以看出，C_R<0.1，具有很好的一致性。

（四）层次总排序及一致性检验

经层次总排序，并进行一致性检验，结果为 $C_I=0.00000369$，$C_R=0.00000402$，具有满意的一致性，最后计算 A 层对 G 层的组合权数值，得到各因子的权重，最终结果如表5-6所示。

表 5-6　各因子的权重

因子	权重	因子	权重	因子	权重	因子	权重
灌溉保证率	0.2027	耕层质地	0.0777	有机质	0.2806	有效磷	0.1286
矿化度	0.0339	土体构型	0.0130	有效锌	0.0355	有效硼	0.0274
地貌类型	0.0836	盐渍化	0.0320	速效钾	0.0850		

第五节　耕地地力等级的确定

土地是一个灰色系统，系统内部各要素之间与耕地的生产能力之间关系十分复杂。此外，评价中也存在着许多不严格、模糊性的概念。因此，在评价中引入了模糊数学方法，采用模糊评价方法来进行耕地地力等级的确定。

一、参评因素隶属函数的建立

用 DELPHI 法根据一组分布均匀的实测值评估出对应的一组隶属度，然后在计算机中绘制出这两组数值的散点图，再根据散点图进行曲线模拟，寻求参评因素实际值与隶属度关系方程，从而建立起隶属函数。各参评因素的分级及其相应的专家赋值和隶属度如表 5-7 所示。

表 5-7　参评因素的分级及其分值

参评因素		分级及分值						
地貌类型	分级	缓平坡地	湖沼平原	岗地	洼地	滨海平地		
	分值	100	89	80	78	70		
	隶属度	1.00	0.89	0.80	0.78	0.70		
灌溉保证率	分级	80	70	60	50	30	10	0
	分值	100	90	80	65	40	10	0
	隶属度	1.00	0.90	0.80	0.65	0.40	0.10	0.00

续表

参评因素		分级及分值											
矿化度	分级	<0.5	0.5～2	2～5	>5								
	分值	100	90	65	40								
	隶属度	1.00	0.90	0.65	0.40								
有机质	分级	2.0	1.8	1.6	1.4	1.2	1.0	0.8	0.6				
	分值	100	98	95	90	84	78	65	50				
	隶属度	1.00	0.98	0.95	0.90	0.84	0.78	0.65	0.50				
有效磷	分级	400	300	200	110	80	60	40	30	20	15	10	5
	分值	70	80	90	100	98	96	92	90	85	80	60	40
	隶属度	0.70	0.80	0.90	1.00	0.98	0.96	0.92	0.90	0.85	0.80	0.60	0.40
速效钾	分级	400	320	240	160	120	100	80	60				
	分值	100	98	93	85	82	78	70	50				
	隶属度	1.00	0.98	0.93	0.85	0.82	0.78	0.70	0.50				
有效锌	分级	2.0	1.5	1.2	1.0	0.8	0.5	0.3					
	分值	100	92	87	85	80	70	55					
	隶属度	1.00	0.92	0.87	0.85	0.80	0.70	0.55					
有效硼	分级	1.8	1.5	1.2	1.0	0.8	0.5	0.2					
	分值	100	95	87	85	80	70	55					
	隶属度	1.00	0.95	0.87	0.85	0.80	0.70	0.55					
耕层质地	分级	中壤	轻壤	重壤	沙壤	砂土							
	分值	100	95	80	70	55							
	隶属度	1.00	0.95	0.80	0.70	0.55							
土体构型	分级	壤均质	壤质黏心	黏质壤心	砂质壤心	黏均质	砂质黏心	壤质砂心	黏质砂心	砂均质			
	分值	100	90	87	80	77	70	65	63	58			
	隶属度	1.00	0.90	0.87	0.80	0.77	0.70	0.65	0.63	0.58			
盐渍化	分级	无	轻度	中度	重度	盐土							
	分值	100	85	70	50	30							
	隶属度	1.00	0.85	0.70	0.50	0.30							

通过模拟，共得到正直线型、戒上型、戒下型 3 种类型的隶属函数，其中有效磷属于以上两种或两种以上的复合型隶属函数，有机质、速效钾、有效锌、有效硼等属于戒上型函数，地貌类型、质地等描述性的因素属于正直线型隶属函数，然后根据隶属函数计算各参

评因素的单因素评价评语。以有机质为例绘制的散点图和模拟曲线如图 5-7 和图 5-8 所示。

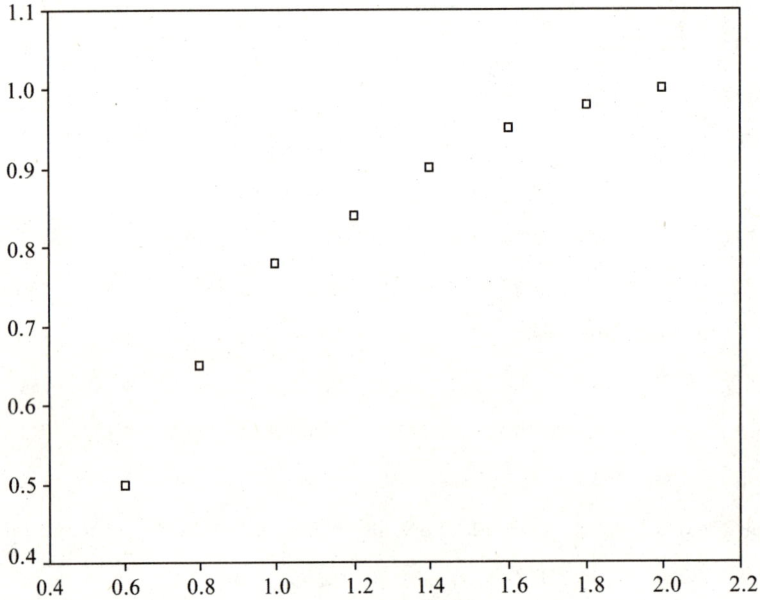

图 5-7　有机质与隶属度关系散点图

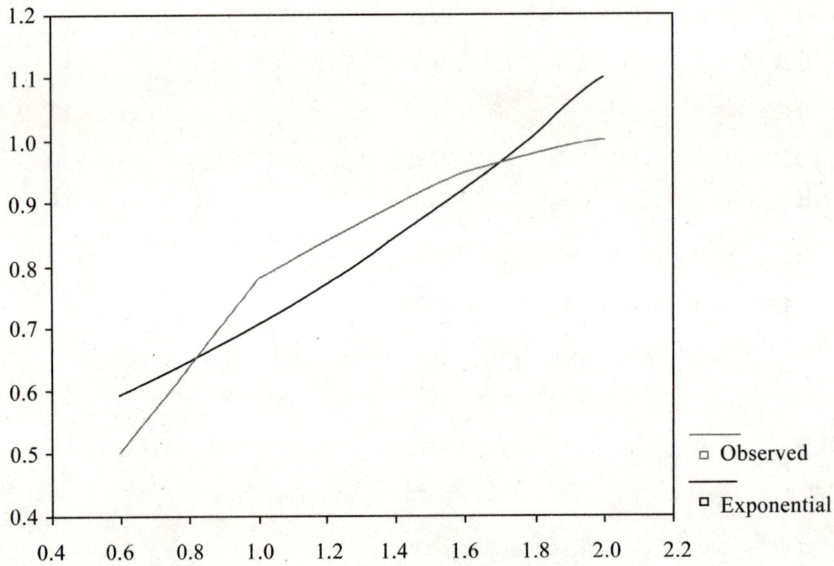

图 5-8　有机质与隶属度关系曲线

其隶属函数为戒上型，形式为：

$$y=\begin{cases}0 & x \leqslant x \\ 1/[1+A(x-C)^2] & x_t < x < C \\ 1 & C \leqslant x\end{cases}$$

各参评因素类型及其隶属函数如表 5-8 所示。

表 5-8　　参评因素类型及其隶属函数

函数类型	参评因素	隶属函数	A	C	U_t
戒上型	有机质(g/kg)	$y=1/[1+A(x-C)^2]$	0.543	1.822	0.35
戒上型	速效钾(mg/kg)	$y=1/[1+A(x-C)^2]$	0.00000760	327.836	15
戒上型　<110	有效磷(mg/kg)	$y=1/[1+A(x-C)^2]$	0.0000992	80.159	3
戒下型　>110			0.00000742	111.967	450
戒上型	有效锌(mg/kg)	$y=1/[1+A(x-C)^2]$	0.245	1.924	0.1
戒上型	有效硼(mg/kg)	$y=1/[1+A(x-C)^2]$	0.251	1.879	0.1
正直线型	地貌类型(分值)	$y=Ax$	0.01	100	0
正直线型	剖面构型(分值)	$y=Ax$	0.01	100	0
正直线型	障碍层状况(分值)	$y=Ax$	0.01	100	0
正直线型	耕层质地(分值)	$y=Ax$	0.01	100	0
正直线型	坡度(分值)	$y=Ax$	0.01	100	0
正直线型	灌溉保证率(分值)	$y=Ax$	0.01	100	0
正直线型	有效土层(分值)	$y=Ax$	0.01	100	0

二、耕地地力等级的确定

(一)计算耕地地力综合指数

用指数和法来确定耕地的综合指数,公式为:

$$\mathrm{IFI}=\sum F_i \times C_i$$

式中:IFI(Integrated Fertility Index)代表耕地地力综合指数;F_i 为第 i 个因素评语;C_i 为第 i 个因素的组合权重。

具体操作过程:在县域耕地资源管理信息系统中,在“专题评价”模块中编辑立地条件、物理性状和化学性状的层次分析模型以及各评价因子的隶属函数模型,然后选择“耕地生产潜力评价”功能进行耕地地力综合指数的计算。

(二)确定最佳的耕地地力等级数目

计算耕地地力综合指数之后,在耕地资源管理信息系统中选择累积曲线分级法进行评价,根据曲线斜率的突变点(拐点)来确定等级的数目和划分综合指数的临界点,将邹平县耕地地力共划分为 6 个级别,各等级耕地地力综合指数如表 5-9 所示,综合指数分布如图 5-9 所示。

表 5-9 邹平县耕地地力等级综合指数

IFI	>0.93	0.91～0.93	0.88～0.91	0.83～0.88	0.75～0.83	<0.75
耕地地力等级	一级地	二级地	三级地	四级地	五级地	六级地

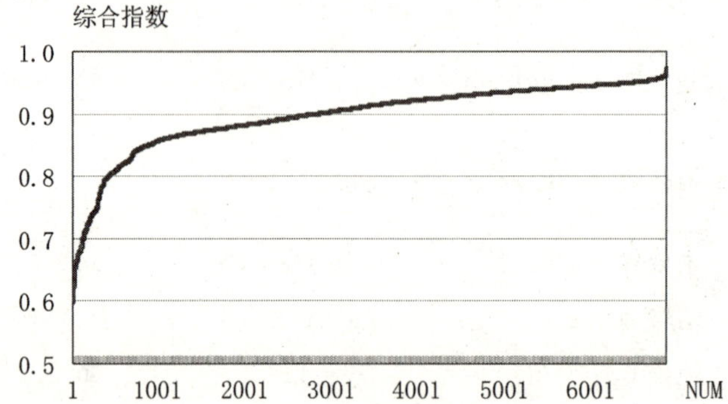

图 5-9 邹平县综合指数分布图

第六节 成果图的编制及面积量算

一、图件的编制

为了提高制图的效率和准确性，在地理信息系统软件 MAPGIS 的支持下，邹平县进行了耕地地力评价图及相关图件的自动编绘处理，其步骤大致分以下几步：扫描矢量化各基础图件→编辑点、线→点、线校正处理→统一坐标系→区编辑并对其赋属性→根据属性赋颜色→根据属性加注记→图幅整饰输出。另外，还充分发挥 MAPGIS 强大的空间分析功能，用评价图与其他图件进行叠加，从而生成其他专题图件，如评价图与行政区划图叠加，进而计算出各行政区划单位内的耕地地力等级面积等。

(一)专题图地理要素底图的编制

专题地图的地理要素内容是专题图的重要组成部分，用于反映专题内容的地理分布，并作为图幅叠加处理等的分析依据。地理要素的选择应与专题内容相协调，考虑到图面的负载量和清晰度，应选择基本的、主要的地理要素。

以邹平县最新的土地利用现状图为基础，对此图进行了制图综合处理，选取主要的居民点、交通道路、水系、境界线等及其相应的注记，进而编辑生成 1∶50000 各专题图地理要素底图。

(二)耕地地力评价图的编制

以耕地地力评价单元为基础，根据各单元的耕地地力评价等级结果，对相同等级的相邻评价单元进行归并处理，得到各耕地地力等级图斑。在此基础上，分两个层次进行图面耕地地力等级的表示：一是颜色表示，即赋予不同耕地地力等级以相应的颜色；二是代号表示，用罗马数字Ⅰ、Ⅱ、Ⅲ、Ⅳ、Ⅴ、Ⅵ表示不同的耕地地力等级，并在评价图相应的耕地地力图斑上注明。将评价专题图与以上的地理要素图复合，整饰得出邹平县 1∶50000 耕地地力评价图。

（三）其他专题图的编制

对于有机质、速效钾、有效磷、有效锌等其他专题要素地图，则按照各要素的分级分别赋予相应的颜色，标注相应的代号，生成专题图层。之后与地理要素图复合，编辑处理生成专题图件，并进行图幅的整饰处理，最终生成专题图。

二、面积量算

面积的量算可通过与专题图相对应的属性库的操作直接完成。对耕地地力等级面积的量算，则可在 FOXPRO 数据库的支持下，对图件属性库进行操作，检索相同等级的面积，然后汇总得出各类耕地地力等级的面积，根据邹平县图幅理论面积进行平差，得到准确的面积数值。对于不同行政区划单位内部、不同的耕地利用类型等的耕地地力等级面积的统计，则通过耕地地力评价图与相应的专题图进行叠加分析，由其相应属性库统计获得。

第六章　耕地地力分析

本次耕地地力分析，按照农业部耕地质量调查和评价的规程及相关标准，结合当地实际情况，选取了对耕地地力影响较大、区域内变异明显、在时间序列上具有相对稳定性、与农业生产有密切关系的12个因素，建立评价指标体系。以土壤图与土地利用现状图叠加形成评价单元，应用模糊综合评判方法，通过综合分析，将邹平县耕地共划分为6个等级，根据评价结果进行耕地地力的系统分析。

第一节　耕地地力等级及空间分布

一、耕地地力等级面积

利用MAPGIS软件，对评价图属性库进行操作，检索统计邹平县耕地各等级的面积和图幅总面积。以2008年邹平县耕地总面积为基准，按面积比例平差，计算出各耕地地力等级面积。

邹平县耕地总面积为71643.78hm²，主要以一级地、二级地和三级地为主，占耕地总面积的77.43%；其次是四级地，占耕地总面积的15.84%；五级地和六级地面积较少，仅占耕地总面积的6.73%（见表6-1）。

表6-1　　邹平县耕地地力评价结果面积统计

等级	一级地	二级地	三级地	四级地	五级地	六级地	总计
面积（hm²）	20665.39	19378.96	15428.71	11348.69	2927.85	1894.18	71643.78
百分比（%）	28.84	27.05	21.54	15.84	4.09	2.64	100

二、耕地地力空间分布的分析

（一）耕地地力等级分布

一级地和二级地主要分布在邹平县的中部和东南部，这两级地的微地貌类型为平坡地、山前缓平地和山前倾斜平地，属于高产田区，主要分布在孙镇镇、长山镇、韩店镇等中部地区。区域内农业基础设施均配套成型，测土配方施肥项目也首先在这一区域展开。三级地和四级地分布比较零散，但在邹平县的中部和北部分布较广泛，主要集中在邹平县西北部一些地区及台子镇、西董镇、好生镇、青阳镇。这两级地的微地貌类型也比较繁杂，高坡地、洼坡地、平坡地、山前缓平原、山前倾斜平地、河圈地、决口扇形地等交错存在，属于只要加大资金投入，完善基础设施，改善生产条件，产量就能大幅提高的中产田类型，有一定的开发潜力。五级地和六级地主要分布于邹平县的西南地区，其大部分分布在青阳镇和临池镇，呈现相互交错的状况。微地貌类型为近山阶地、缓岗和低山岭坡，肥力低，灌溉水平处于邹平县的最低水平，还有部分未利用土地。此地区的坡度大多在10°以上，部分地区甚至高达25°，土层比较薄，属于低产田类型。

从等级的分布地域特征可以看出，等级的高低与地貌类型、土壤类型及海拔高度之间存在着密切的关系，呈现明显的地域分布规律：随着耕地地力等级的提高，地貌类型沿着平坡地—山前倾斜平地—沿河阶地—浅平洼地—近山阶地—河圈地—缓岗—中低山岭坡方向变化。土壤类型由褐土性土、淋溶褐土、潮褐土到湿潮土、盐化潮土、砂姜黑土再到褐土性土、棕壤性土，向着石渣土、砾质土转化。

（二）耕地地力等级的行政区域划分

将邹平县耕地地力等级分布图与邹平县行政区划图进行叠置分析，从耕地地力等级行政区域分布数据库中，按权属字段检索出各等级的记录，统计出各级耕地在各镇（街道办事处）的分布状况（见表6-2）。

可以看出，一级地、二级地所占比例较高的镇（街道办事处）为九户镇、孙镇镇、魏桥镇、焦桥镇、明集镇、韩店镇、长山镇、高新街道办事处、黄山街道办事处和黛溪街道办事处；三级地、四级地所占比例较高的镇为青阳镇（街道办事处）和好生镇等；五级地、六级耕地所占比例较高的镇（街道办事处）为台子镇、码头镇、临池镇、西董镇等。

表6-2　邹平县耕地地力等级行政区域分布

镇（街道办事处）		一级地	二级地	三级地	四级地	五级地	六级地	合计
台子镇	面积(hm^2)	619.51	1003.35	1214.36	1947.77	12.46	0	4797.45
	百分比(%)	12.91	20.91	25.31	40.6	0.27	0	100
九户镇	面积(hm^2)	2371.64	1719.69	813.41	280.45	0	0	5185.19
	百分比(%)	45.74	33.17	15.69	5.40	0	0	100
码头镇	面积(hm^2)	0	140.37	1322.98	4705.54	393.46	0	6562.35
	百分比(%)	0	2.14	20.16	71.70	6	0	100
孙镇镇	面积(hm^2)	968.08	3510.21	2357.16	181.38	0	0	7016.84
	百分比(%)	13.8	50.03	33.59	2.58	0	0	100
魏桥镇	面积(hm^2)	1463.99	4158.6	3956.07	1084.93	0	0	10663.59
	百分比(%)	13.73	39	37.1	10.17	0	0	100
焦桥镇	面积(hm^2)	1673.65	1456.23	1342.39	365.15	0	0	4837.42
	百分比(%)	34.6	30.1	27.75	7.55	0	0	100

续表

镇(街道办事处)		一级地	二级地	三级地	四级地	五级地	六级地	合计
明集镇	面积(hm^2)	918.1	2546.3	1581.32	220.5	0	0	5266.22
	百分比(%)	17.43	48.35	30.03	4.19	0	0	100
韩店镇	面积(hm^2)	2434.62	1940.95	432.49	248.87	0	0	5056.94
	百分比(%)	48.14	38.38	8.55	4.93	0	0	100
长山镇	面积(hm^2)	5480.77	1501.89	80.71	0	0	0	7063.37
	百分比(%)	77.59	21.26	1.15	0	0	0	100
高新街道办事处	面积(hm^2)	2037.19	280.24	78.79	0	0	0	2396.22
	百分比(%)	85.02	11.7	3.28	0	0	0	100
青阳镇	面积(hm^2)	22.5	69.81	979.8	496.93	631.01	303.56	2503.6
	百分比(%)	0.9	2.79	39.14	19.85	25.2	12.12	100
黄山街道办事处	面积(hm^2)	1012.41	266.79	40.96	59.48	1.55	46.44	1427.62
	百分比(%)	70.92	18.69	2.87	4.17	0.11	3.24	100
黛溪街道办事处	面积(hm^2)	1411.3	268.52	174.14	0	0	0	1853.95
	百分比(%)	76.12	14.48	9.40	0	0	0	100
临池镇	面积(hm^2)	0	0	26.92	167.79	1077.2	1052.15	2324.07
	百分比(%)	0	0	1.16	7.22	46.35	45.27	100
好生镇	面积(hm^2)	132.64	277.16	600.4	587.84	224.45	66.7	1889.2
	百分比(%)	7.02	14.67	31.78	31.12	11.88	3.53	100
西董镇	面积(hm^2)	118.99	238.85	426.81	1002.06	587.73	425.33	2799.76
	百分比(%)	4.25	8.53	15.24	35.79	20.99	15.19	100

第二节 耕地地力等级分述

一、一级地

(一)面积与分布

一级地综合评价指数高于0.93,耕地面积为20665.39hm^2,占耕地总面积的28.84%,为邹平县面积最大的一级。其中水浇地面积为20174.91hm^2,占一级地面积的97.63%;旱地面积为79.47hm^2,占一级地面积的0.38%;菜地面积为411.01hm^2,占一级地面积的1.99%(见表6-3)。

一级地主要分布于长山镇、韩店镇、九户镇、高新街道办事处、焦桥镇、黛溪街道办事处、明集镇、魏桥镇、黄山街道办事处，孙镇镇、台子镇和明集镇等也有零星分布。好生镇和西董镇一级地的分布极为稀少，临池镇和码头镇境内没有一级地的分布。其中长山镇的一级地的面积最大，达 5480.77hm^2，占长山镇耕地总面积的 75.99%。

表 6-3 一级地各土地利用类型面积

利用类型	评价单元(个)	面积(hm^2)	占耕地总面积(%)	占一级地面积(%)
水浇地	1976	20174.91	28.16	97.63
旱地	20	79.47	0.11	0.38
菜地	80	411.01	0.57	1.99
合计	2076	20665.39	28.84	100

（二）主要属性分析

一级地土壤类型以潮土、潮褐土和潮壤土为主。地貌类型以山前倾斜平地、山前缓平地、沿河阶地、缓平坡地为主。耕层质地为轻壤和中壤。土体构型大多是均质和黏腰，其特点是上松下黏，无明显障碍层次，特别适合作为耕地，保水、保肥效果好。坡度分布为 0.2°～3°，地势平坦，土层厚，土壤理化性状良好，可耕性强，农田水利设施十分完善，灌溉保证率高达 100%。常年粮食产量为 1150kg/667m^2。土壤养分含量较高(见表 6-4)。

表 6-4 一级地主要养分含量

项目	有机质(g/kg)	有效磷(mg/kg)	速效钾(mg/kg)	有效锌(mg/kg)	有效硼(mg/kg)
平均值	19.16	21.89	133.9	1.39	0.77
范围值	11.35～32.14	8.50～87.65	53.61～467.79	0.20～5.61	0.24～1.8
含量水平	较高	中偏上	中偏上	中偏上	中等

（三）存在问题

一是该地区属邹平县经济较发达地区，人们历来较注重二、三产业，农业投入比例明显低于二、三产业投入。二是土壤肥力与高产、高效农业的需求还有一定差距，有些养分含量相对较低。三是施肥、用药种类与比例不合理，缺乏针对性，盲目性较大，潮土富含碳酸钙，pH 较高，在施用大量氮肥、磷肥的情况下，应注意施用钾肥。四是由于经济发达，工矿企业较多，点源污染程度有所加重。

（四）合理利用

一级地是邹平县综合性能最好的耕地，各项评价指标均属良好型，土层厚，排灌性好，易于耕作，养分含量高，保肥、保水，适于各种作物生长。利用方向是发展高产、优质、高效农业，如无公害蔬菜基地、日光温室、反季节瓜果栽培等。为此，应搞好以下工作：

(1)农业部门应结合科技入户(农技推广补助)、测土配方施肥、高产创建、规范化播种、千亿斤粮食增产等项目和工程，加大宣传力度，转变观念，提高认识，加大农业投入，提升农业综合生产能力。

(2)增施有机肥，实施作物秸秆直接或间接还田，增加土壤有机质含量；实施平衡施肥，防止土壤污染，适量补施微肥，提高耕地质量。

(3)加大检测力度，确保农业灌溉、施肥、用药安全，搞好无公害农产品生产。

(4)改善种植业结构，提高复种指数，合理配置粮食与经济作物、林业和牧业，以提高其效益。

利用方向：应科学规划，严格控制建设用地，加强保护，做到用地、养地相结合，以达到可持续、高效、合理、综合利用。

二、二级地

(一)面积与分布

二级地综合评价指数为0.91～0.93，耕地面积为19378.96hm²，占邹平县耕地总面积的27.05%。其中水浇地面积为19306.83hm²，占二级地面积的99.63%；旱地面积为29.94hm²，占二级地面积的0.15%；菜地面积为42.19hm²，占二级地面积的0.22%(见表6-5)。

表6-5　二级地各土地利用类型面积

利用类型	评价单元(个)	面积(hm²)	占耕地总面积(%)	占二级地面积(%)
水浇地	1605	19306.83	26.95	99.63
旱地	11	29.94	0.04	0.15
菜地	16	42.19	0.06	0.22
合计	1632	19378.96	27.05	100

二级地主要分布在魏桥镇、孙镇镇、明集镇、韩店镇、九户镇、长山镇、焦桥镇、台子镇，码头镇、高新街道办事处、青阳镇、黄山街道办事处、黛溪街道办事处、好生镇和西董镇也有零星分布，临池镇境内无二级地的分布。其中以魏桥镇分布面积最大，为4158.6hm²，占二级地总面积的21.46%，占魏桥镇耕地总面积的39%。二级地是除一级地之外邹平县各土地利用类型中耕地面积最大的一类。

(二)主要属性分析

二级地土壤类型以潮土、潮褐土和潮壤土为主，其间还有潮黏土、潮砂土和砂姜黑土。微地貌类型以平坡地、洼坡地、山前倾斜平地、河滩高地为主。耕层质地主要为轻壤和中壤，还有少量的沙壤和重壤。土体构型大部分为均质、黏心和黏腰，只有少部分为砂心或砂腰，障碍层次主要为砂姜，其保水、保肥的效果也比较好。坡度分布为0.2°～3°，地势平坦，土层厚，土壤理化性状良好，可耕性强，农田水利设施十分完善，灌溉保证率高达100%。土壤养分含量均比较理想，与一级地相比，有机质的含量有明显的下降，其他养分含量相差不大，常年粮食产量为1100kg/667m²(见表6-6)。

表 6-6　二级地主要养分含量

项目	有机质(g/kg)	有效磷(mg/kg)	速效钾(mg/kg)	有效锌(mg/kg)	有效硼(mg/kg)
平均值	17.36	20.95	130.55	1.03	0.84
范围值	10.37～29.35	8.33～49.23	40.13～263.84	0.19～4.36	0.30～1.8
含量水平	中偏上	中等	中偏上	中偏下	中偏上

(三)存在问题

一是部分耕地环境质量欠佳,如九户镇、孙镇镇的二级地地下水位较高,有盐碱化威胁。二是土壤存在黏土障碍层。由于长期在同一深度进行机械耕作,已形成了通透性不良的犁底层,不利于作物根系的伸展。三是砂姜黑土耕作层质地黏重,适耕期短,耕作困难;土壤冷湿,受内涝威胁。

(四)合理利用

增施有机肥料,实行秸秆直接还田或过腹还田,不断培肥地力;采取深耕、深松,逐年加深,破除犁底层,形成深厚的土层,以利于植物根系的生长;改良土壤质地和构型,同时与农田基础建设相结合,扩大肥源,培肥土壤;改善种植结构,提高复种指数,合理配置粮食与经济作物、林业和牧业,合理轮作,调剂养分,余缺互补,以提高产值和效益。

利用方向:适度发展塑料大棚、日光温室等设施栽培,生产名、特、优、新无公害绿色蔬菜。

三、三级地

(一)面积与分布

三级地综合评价指数为 0.88～0.91,耕地面积为 15428.71hm^2,占邹平县耕地总面积的 21.54%。其中水浇地面积为 14811.01hm^2,占三级地面积的 96%;旱地面积为 522.35hm^2,占三级地面积的 3.39%;菜地面积为 95.35hm^2,仅占三级地面积的 0.62%(见表 6-7)。

表 6-7　三级地各土地利用类型面积

利用类型	评价单元(个)	面积(hm^2)	占耕地总面积(%)	占三级地面积(%)
水浇地	1286	14811.01	20.67	96
旱地	51	522.35	0.73	3.39
菜地	15	95.35	0.13	0.62
合计	1352	15428.71	21.53	100

三级地主要分布在魏桥镇、孙镇镇、明集镇、焦桥镇、码头镇和台子镇的大部地区,九户镇、韩店镇、青阳镇、黛溪街道办事处、好生镇和西董镇也有较大分布,长山镇、高新街道办事处、黄山街道办事处和临池镇有零星分布。

（二）主要属性分析

三级地土壤类型比较繁杂，土种全，但没有一种土种占绝对优势，其所包含的土种有潮土、潮褐土、潮壤土、潮黏土、潮砂土、淋溶褐土和砂姜黑土。微地貌类型以平坡地、高坡地、山前倾斜平地和交接洼地为主，河滩高地、河圈地等为次微地貌类型。耕层质地主要为轻壤、中壤、沙壤和重壤的分散分布。坡度分布为0°～5°，地势平坦，土层厚，土壤理化性质较好，可耕性较强，灌溉水平相差不大，大部分地区达到100%，只有小部分地区是75%。土体构型分布比较繁杂，既有通体砂，又有上紧下砂，其空气的通透性比较好，但其保水、保肥能力有些欠缺。常年粮食产量为1050kg/667m^2。小部分地区存在障碍层次，主要是夹砂和砾石。土壤养分与二级地相比，除速效钾略偏低，其他养分含量均相差不大（见表6-8）。

表6-8　三级地主要养分含量

项目	有机质(g/kg)	有效磷(mg/kg)	速效钾(mg/kg)	有效锌(mg/kg)	有效硼(mg/kg)
平均值	16.02	20.68	124.82	1.16	0.86
范围值	8.98～28.41	10.16～97.72	38.55～319.04	0.15～5.79	0.27～1.8
含量水平	中等	中等	中等	中等	中偏上

（三）存在问题

三级地是平原向山区过渡的等级类型，各种属性介于两者之间，部分耕地水浇条件受一定限制，耕地大平、小不平，地块微有倾斜，耕地养分有不平衡现象。还有就是同二级地一样，形成了一个坚硬的犁底层，不利于植物根系的伸展。

（四）合理利用

一是大搞农田基本建设，维护和新扩建水利设施，大力推广节水灌溉，提高灌溉保证率。二是平田整地，深翻改土，加深耕层厚度，改善土壤物理性状。三是增施有机肥料和微肥。黄泛区改良利用的重点应放在农田基本建设、提高排涝功能、增施有机肥、提高土壤环境质量上。

利用方向：适度发展塑料大棚、日光温室等设施栽培，生产名、特、优、新无公害绿色蔬菜。

四、四级地

（一）面积与分布

四级地综合评价指数为0.83～0.88，耕地面积为11348.69hm^2，占邹平县耕地总面积的15.84%。其中水浇地面积为10520.25hm^2，占四级地面积的92.70%；旱地面积为724.13hm^2，占四级地面积的6.38%；菜地面积为104.32hm^2，仅占四级地面积的0.92%（见表6-9）。

四级地分布比较分散，主要分布在码头镇、台子镇、魏桥镇和西董镇，青阳镇、焦桥镇、九户镇等有少量分布，长山镇、高新街道办事处和黛溪街道办事处没有四级地的分布。

表 6-9　　四级地各土地利用类型面积

利用类型	评价单元(个)	面积(hm^2)	占耕地总面积(%)	占四级地面积(%)
水浇地	961	10520.25	14.68	92.7
旱地	127	724.13	1.01	6.38
菜地	16	104.32	0.15	0.92
合计	1104	11348.69	15.84	100

(二)主要属性分析

四级地位于邹平县的北部,靠近黄河。其微地貌类型主要是河圈地、背河槽状洼地、决口扇形地、山前倾斜平地,还有部分是沿河阶地、高坡地、洼坡地和交接洼地。耕层质地以沙壤为主,土体构型以砂体或砂腰居多,特点是土层薄,发育不完全,很少有心土层,其保水、保肥能力欠缺。其障碍层次主要是夹砂,坡度分布为 0°～15°,灌溉保证率相差不大,为 75%～100%。与三级地相比较,四级地的速效钾和有机质含量有明显的降低,其他养分相差不大。常年粮食产量为 1000kg/667m^2(见表 6-10)。

表 6-10　　四级地主要养分含量

项目	有机质(g/kg)	有效磷(mg/kg)	速效钾(mg/kg)	有效锌(mg/kg)	有效硼(mg/kg)
平均值	14.17	20.18	105.01	1	0.78
范围值	7.22～25.09	5.30～54.20	43.22～299.43	0.10～4.37	0.25～2.36
含量水平	较低	中等	中偏下	中偏下	中等

(三)存在问题

四级地大部分属于褐土,土壤侵蚀严重,属"三跑田"(跑水、跑肥、跑土),水、肥、气、热不协调,其他存在的问题同二级地、三级地。

(四)改良利用

平整土地,增施有机肥,改善土壤环境,提高雨水利用率,地面覆盖,节水灌溉;调整种植业结构,大力发展旱作农业,利用环境好、无污染的特点,引导鼓励农民发展优质果品生产。

利用方向:适度发展塑料大棚、日光温室等设施栽培,生产名、特、优、新无公害绿色果菜或有机果菜。

五、五级地

(一)面积与分布

五级地综合评价指数为 0.75～0.83,耕地面积为 2927.85hm^2,占邹平县耕地总面积的 4.09%。其中旱地面积为 1899.73hm^2,占五级地面积的 64.88%,水浇地面积为 1012.07hm^2,占五级地面积的 34.57%;菜地面积为为 16.06hm^2,仅占五级地面积的 0.55%(见表 6-11)。

表 6-11　　五级地各土地利用类型面积

利用类型	评价单元(个)	面积(hm^2)	占耕地总面积(%)	占五级地面积(%)
水浇地	141	1012.07	1.41	34.57
旱地	273	1899.73	2.65	64.88
菜地	5	16.06	0.02	0.55
合计	419	2927.86	4.08	100

五级地主要分布在临池镇、青阳镇和西董镇，台子镇、黄山街道办事处、好生镇有少量分布，孙镇镇、魏桥镇、焦桥镇、明集镇、韩店镇、长山镇、高新街道办事处和黛溪街道办事处无五级地的分布。

(二)主要属性分析

五级地位于邹平县西南部的丘陵区，土壤类型以泥沙质褐土和泥沙质淋溶褐土为主，还有少量的氯化物潮土和暗泥质中性石质土。微地貌类型以近山阶地和缓岗为主。耕层质地以中壤和重壤为主，质地比较黏。障碍层次主要是砾质，部分地区的土壤存在盐渍化现象。坡度比较大，多为 5°～25°，不利于耕种。由于此地区内有几条小河，再加上还有东水西调工程，因此灌溉保证率在 75%以上。但因为地处丘陵区，土层薄，不利于农作物的种植。与四级地相比较，有效硼含量明显降低，有机质和速效钾含量也较低。常年粮食产量为 950kg/667m^2(见表 6-12)。

表 6-12　　五级地主要养分含量

项目	有机质(g/kg)	有效磷(mg/kg)	速效钾(mg/kg)	有效锌(mg/kg)	有效硼(mg/kg)
平均值	14.11	18.63	104.81	1.41	0.54
范围值	5.16～22.28	6.72～40.97	36.48～239.49	0.08～3.96	0.11～1.20
含量水平	偏低	中偏下	偏低	中偏上	中偏下

(三)存在问题

五级地大多处于丘陵地带，土层薄，砾石比较多，灌溉水平在邹平县属最低，坡度比较大，土壤的粒级结构不合理，养分含量低，有些地区还存在重盐渍化现象。

(四)改良利用

修筑梯田，增厚活土层，增施有机肥，改善土壤环境，提高雨水利用率、地面覆盖率，节水灌溉。对于盐渍化现象，应该加大灌溉设施的投入，也可开挖浅而密的条田沟。通过开挖条沟，垫高地面，从而降低地下水位。

利用方向：整修梯田，营造水土保持林，提高综合控制水肥能力；因地制宜地调整种植业结构，发展耐寒耐瘠贫作物，利用环境好、无污染的特点，引导、鼓励农民发展优质果品生产。

六、六级地

(一)面积与分布

六级地综合评价指数低于0.75,耕地面积为1894.18hm^2,占邹平县耕地总面积的2.64%。其中旱地面积为1782.7hm^2,占六级地面积的94.11%;水浇地面积为109.14hm^2,占六级地面积的5.76%;菜地面积为2.34hm^2,仅占六级地面积的0.12%(见表6-13)。

表6-13 六级地各土地利用类型面积

利用类型	评价单元(个)	面积(hm^2)	占耕地总面积(%)	占六级地面积(%)
水浇地	25	109.14	0.15	5.76
旱地	259	1782.7	2.50	94.11
菜地	1	2.34	0	0.12
合计	285	1894.18	2.65	100

六级地主要分布在临池镇和西董镇,青阳镇和黄山街道办事处也有少量分布,其他均无六级地的分布。

(二)主要属性分析

六级地位于邹平县西南部的丘陵区,土壤类型以泥沙质褐土和暗泥质中性石质土为主,还有少量的泥沙质淋溶褐土分布。这些土壤大多数是初育土壤,其所含植物所需的速效养分含量不高,耕层质地虽以轻壤和中壤为主,但其厚度极薄,不适合农业的发展。微地貌类型主要以近山阶地和缓岗为主,还有少量的低山岭坡。障碍层次主要是耕层太薄。坡度较高,一般为10°～25°,不利于耕种。由于此级地主要分布在丘陵区,灌溉条件不好,处在邹平县的最低水平,但由于境内有几条小河,因此总体灌溉保证率在75%左右。与以上等级地相比,有机质和有效硼有明显的下降。常年粮食产量为850kg/667m^2(见表6-14)。

表6-14 六级地主要养分含量

项目	有机质(g/kg)	有效磷(mg/kg)	速效钾(mg/kg)	有效锌(mg/kg)	有效硼(mg/kg)
平均值	13.58	18.67	109.87	1.37	0.49
范围值	7.67～22.92	8.99～30.01	59.79～181.12	0.47～3.31	0.24～1.25
含量水平	较低	中偏下	中偏下	中偏上	较低

（三）存在问题

六级地大多处于山岭地带，土壤大多是初育土壤，风化程度轻，养分含量低，土层薄，土层中夹杂的砾石比较多。

（四）改良利用

应大力鼓励农民发展果业和林业，也可通过对其进行覆土来增加土层厚度，不过会耗费过多的人力和物力；多施有机肥，以改善其土体结构，促进其风化程度；修建高标准的梯田，增强保持水土的能力。

第七章　耕地资源合理利用与改良

耕地是农业生产和可持续发展的重要物质基础。耕地维持着作物生产力，影响着环境的质量和动植物甚至人类的健康。自 1979～1985 年的第二次全国土壤普查以来，随着农村经营体制、耕作制度、作物品种、种植结构、产量水平和肥料使用等方面的显著变化，耕地利用状况已发生了明显改变。近年来，虽然对部分耕地实施了地力监测，但至今对区域内中低产田耕地及其障碍因素等缺乏系统性、实用性的调查分析，使耕地利用与改良难以适应新形势下农业发展的要求。因此，开展区域耕地地力调查评价，摸清区域内中低产耕地状况及其障碍因素，有的放矢地开展中低产田耕地的科学改良利用，对于邹平县耕地资源的可持续利用具有十分重要意义。

第一节　耕地改良利用分区研究

一、耕地改良利用分区的原则

耕地改良利用分区的基本原则是：从耕地自然条件出发，主导性、综合性、实用性和可操作性相结合，按照因地制宜、因土适用、合理利用和配置耕地资源，充分发挥各类耕地的生产潜力，坚持"用地与养地相结合、近期与长远相结合"原则，以土壤组合类型、肥力水平、改良方向和主要改良措施的一致性为主要依据，同时考虑地貌、气候、水文和生态等条件以及植被类型，参照历史与现状等因素综合考虑进行分区。

二、耕地改良利用分区系统

根据耕地改良利用分区原则，将影响耕地利用的各类限制因素归纳为耕地自然环境要素、耕地土壤养分要素和耕地土壤物理要素，将全区耕地改良利用划分为 3 个改良利用类型区，即耕地自然环境条件改良利用区、耕地土壤培肥改良利用区、耕地土体整治改良利用区，并分别用大写字母 E、N 和 P 表示。各改良利用类型区内，再根据相应的限制性主导因子，续分为相应的具体改良利用亚类。

三、耕地改良利用分区方法

(一)耕地改良利用分区因子

耕地改良利用分区因子是指参与评定改良利用分区类型的耕地诸因素。由于影响的因素很多,根据耕地地力评价要求,遵循主要因素原则、差异性原则、稳定性原则、敏感性原则,进行限制主导因素的选取。考虑与耕地地力评价中评价因素的一致性,并考虑各土壤养分的丰缺状况及其相关要素的变异情况,选取耕地土壤有机质含量、耕地土壤有效磷含量、耕地土壤速效钾含量、耕地土壤有效锌含量和耕地土壤有效硼含量作为耕地土壤养分状况的限制性主导因子,选取灌溉保证率、坡度和有效土层厚度作为耕地自然环境状况的限制性主导因子,选取耕层质地条件和土体构型作为耕地土壤物理状况的限制性主导因子。

(二)耕地改良利用分区标准

依据农业部《全国中低产田类型划分与改良技术规范》,根据山东省各县区耕地地力评价资料,综合分析目前全省各耕地改良利用因素的现状水平,同时针对影响邹平县耕地利用水平的主要因素,邀请具有土壤管理经验的相关专家进行分析,制定了耕地改良利用各主导因子的分区及其耕地改良利用类型的确定标准。具体分级标准如表 7-1 所示。

表 7-1 耕地改良利用主导因子分区标准

耕地改良利用区划	限制因子	代号	分区标准
耕地土壤培肥改良利用区(N)	有机质(o,g/kg)	No	<12
	有效磷(p,mg/kg)	Np	<15
	速效钾(k,mg/kg)	Nk	<100
	有效锌(zn,mg/kg)	Nzn	<0.5
	有效硼(b,mg/kg)	Nb	<0.5
耕地自然环境条件改良利用区(E)	灌溉保证(i,%)	Ei	灌溉保障率低于 50%
	坡度(s,度)	Es	>10°
	有效土层(d,cm)	Ed	<60cm
耕地土体整治改良利用区(P)	耕层质地(t)	Pt	砂土、沙壤、粗骨土
	土体构型(c)	Pc	土体中有障碍层次

(三)耕地改良利用分区方法

在 GIS 支持下,利用耕地地力评价单元图,根据耕地改良利用各主导因子分区标准,在其相应的属性库中进行检索分析,确定各单元相应的耕地改良利用类型,通过图面编辑生成耕地改良利用分区图,并统计各类型面积比例。

四、耕地改良利用分区专题图的生成

(一)耕地土壤培肥改良利用分区图的生成

根据耕地土壤养分限制因素分区标准把邹平县耕地有机质分为两类,即有机质改良利用区和有机质非改良利用区,有机质改良利用区用代号 No 标注。同样,有效磷改良利用区用代号 Np 标注,速效钾改良利用区用代号 Nk 标注,有效锌改良利用区用代号 Nzn 标注,有效硼改良利用区用代号 Nb 标注。编辑生成耕地土壤培肥改良利用分区图(见图 7-1)。

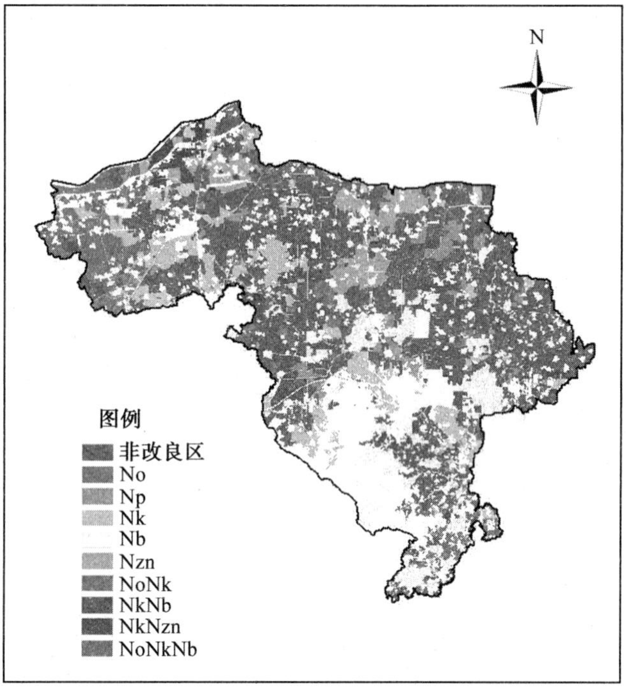

图 7-1 耕地土壤培肥改良利用分区图

(二)耕地自然环境条件改良利用分区图的生成

根据耕地自然环境条件限制因素分区标准,进行邹平县耕地改良利用分区。灌溉保证条件分为灌溉保证条件改良利用区和灌溉保证条件非改良利用区,改良利用区用代号 Ei 标注;坡度条件分为坡度条件改良利用区和坡度条件非改良利用区,坡度条件改良利用区用代号 Es 标注;有效土层厚度分为有效土层改良利用区和有效土层非改良利用区,有效土层改良利用区用代号 Ed 标注。标注结果如图 7-2 所示。

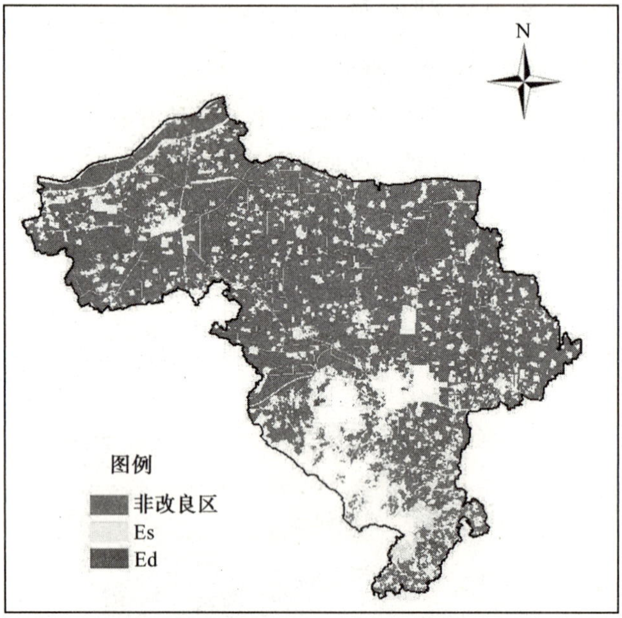

图 7-2 耕地自然环境条件改良利用分区图

（三）耕地土体整治改良利用分区图的生成

根据耕地土壤条件限制因素分区标准，耕地耕层质地条件改良利用区用代号 Pt 标注，耕地土体构型改良利用区用代号 Pc 标注。在 GIS 下，检索生成耕地土体整治改良利用分区图（见图 7-3）。

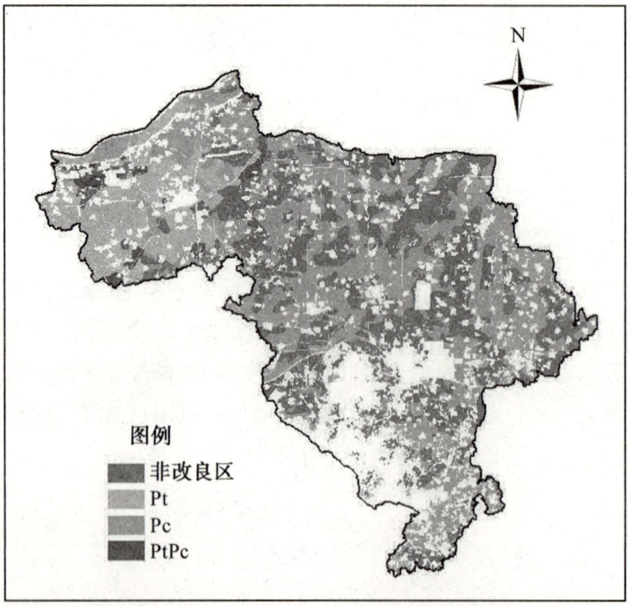

图 7-3 耕地土体整治改良利用分区图

五、耕地改良利用分区结果分析

（一）耕地土壤培肥改良利用分区面积统计及问题分析

邹平县耕地土壤培肥改良利用分区各改良利用类型面积及其比例如表7-2所示。

表7-2　　邹平县耕地土壤培肥改良利用分区面积统计表

改良利用分区	No	Np	Nk	Nzn	Nb	NoNk	NkNzn	NkNb	NoNk Nb	非改良区	总计
面积（hm^2）	2772.49	2790.1	8566.63	4525.9	4114.94	3496.62	1392.21	1485.5	657.15	41842.24	71643.78
百分比（%）	3.87	3.89	11.96	6.32	5.74	4.88	1.94	2.07	0.92	58.4	100

由图7-1和表7-2可以看出，非改良面积耕地为41842.24hm^2，占耕地总面积的58.4%，但突出缺点是耕地中缺乏钾元素。土壤主要养分需要培肥改良的耕地分布比较广泛，西北部和西南部丘陵区耕地均需要进行不同程度的培肥改良。主要养分缺乏较严重的地区为码头镇、台子镇、魏桥镇、西董镇和临池镇。其中缺乏有机质、速效钾和有效硼的耕地面积为657.15hm^2，占耕地总面积的0.92%；缺乏有机质和速效钾的耕地面积为3496.62hm^2，占耕地总面积的4.88%；缺乏有效锌和速效钾的耕地面积为1392.21hm^2，占耕地总面积的1.94%；缺乏有效硼和速效钾的耕地面积为1485.5hm^2，占耕地总面积的2.07%；单一缺乏有机质的耕地面积为2772.49hm^2，占耕地总面积的3.87%；单一缺乏有效磷的耕地面积为2790.1hm^2，占耕地总面积的3.89%；单一缺乏速效钾的耕地面积为8566.63hm^2，占耕地总面积的11.96%；单一缺乏有效锌的耕地面积为4525.9hm^2，占耕地总面积的6.32%；单一缺乏有效硼的耕地面积为4114.94hm^2，占耕地总面积的5.74%。从各类型面积比例看出，邹平县耕地土壤培肥改良的主要方向为增施钾肥和微量元素，同时应注重有机肥料和磷肥的合理搭配，逐步提高土壤有机质和各营养元素的含量。

（二）耕地自然环境条件改良利用分区面积统计及问题分析

邹平县耕地自然环境条件改良利用分区各改良利用类型面积及其比例如表7-3所示。

表7-3　　邹平县耕地自然环境条件改良利用分区面积统计表

改良利用分区	Es	Ed	非改良区	总计
面积（hm^2）	494.81	322.23	70826.74	71643.78
百分比（%）	0.69	0.45	98.86	100

由图7-2和表7-3可以看出，邹平县耕地自然环境条件总体很好，由于自然环境条件受地势影响较大，因此，西南部丘陵地区明显差于其他地区。在对邹平县耕地自然环境条

件分析的基础上得出，98.86%的耕地面积不需改良，需要改良的面积仅占耕地总面积的1.14%，而且改良区全部分布在邹平县的西南地区。其中耕地环境条件较差的主要为西董镇和临池镇，而且都是单一环境条件较差。只有有效土层厚度需要改善的耕地面积为322.23hm^2，占耕地总面积的0.45%；只有坡度需要改善的耕地面积为494.81hm^2，占耕地总面积的0.69%。由此可见，邹平的自然环境条件非常好，其自然环境条件改良利用的主要方向为改善该区耕地的有效土层，尤其是西南部丘陵地区的有效土层。首先是种植经济林，保持水土，不断地增加有效土层的厚度，其次是修筑高规格的梯田，这是解决坡度问题的主要措施。

（三）耕地土体整治改良利用分区面积统计及问题分析

邹平县耕地土体整治改良利用分区各改良利用类型面积及其比例如表7-4所示。

表7-4　　邹平县耕地土体整治改良利用分区面积统计表

改良利用分区	Pt	Pc	PtPc	非改良区	总计
面积(hm^2)	10290.72	33883.15	1018.63	26451.28	71643.78
百分比(%)	14.36	47.29	1.42	36.92	100

由图7-3和表7-4可以看出，邹平县耕地土体结构较差，不需改良的耕地面积为26451.28hm^2，仅占耕地总面积的36.92%。需要改良的面积占耕地总面积的63.08%，几乎分布在整个邹平县的耕地范围内。耕层质地和土体构型均需要改良的耕地面积为1018.63hm^2，占耕地总面积的1.42%；只有耕层质地需要改良的耕地面积为10290.72hm^2，占耕地总面积的14.36%；只有土体构型需要改良的耕地面积为33883.15hm^2，占耕地总面积的47.29%。耕层质地较差的为码头镇、魏桥镇和台子镇。这些地区处在黄河的南岸，属于黄河的冲积平原，耕层质地以沙壤为主，需进一步的改良。因此，对于北部地区宜采取秸秆还田、增施有机肥料等措施，来改善偏砂的土壤表层质地。对于其他地区，因为不少地区的土壤有浅黏和夹砂等障碍层次，除采取上述措施，还应采取深耕和选用客土等措施来改善不良的土体结构，这将是邹平县耕地土体整治改良的主要方向。

第二节　耕地资源现状与特征

一、耕地资源现状

结合国家生态环境建设、商品粮基地建设、农业综合开发、测土配方施肥、标准粮田建设、农村沼气建设、现代农业粮食产业项目建设等重大建设项目，邹平县实施了土地改良利用综合治理活动，推广了秸秆还田、增施有机肥、深耕改土、林田路渠综合配套及微灌、喷灌、滴灌等节水灌溉技术，有效提高了土壤地力和抗旱能力，促进了农业生产的稳产、高产、高效益。为提高耕地资源利用率，着重合理调整、优化耕地利用结构，以提高经济效益为中心，以市场为导向，大力发展三高（高产、优质、高效）农业。邹平县具体的耕地利用现状如表7-5所示。

表 7-5 邹平县耕地利用现状

镇(街道办事处)	小计(667m²)	水田(667m²)	水浇地(667m²)	旱地(667m²)	菜地(667m²)
黄山街道办事处	23835.4		19108.3	4394.2	332.9
黛溪街道办事处	23044.3		22505.3	36.2	502.8
高新街道办事处	32440.1		31906.4		533.7
长山镇	108191.3		106648.4		1542.9
魏桥镇	143658		118287.3	25370.7	
西董镇	43857.9		11587	32099.2	171.7
好生镇	28548.5		19758	8393.2	397.3
临池镇	32265.8		7205.8	24663.7	396.3
焦桥镇	85464.2		84624.9		839.3
韩店镇	71455.8		70749.2	79.9	626.7
孙镇镇	100530.3	77.4	99785.9	11.9	655.1
九户镇	90157.4		89913.6	243.8	
青阳镇	25335		16386.3	8673.2	275.45
明集镇	76779		76773		6
台子镇	81608.3	51.5	77424.1	3960	172.7
码头镇	107485.4		101963.8	3499.5	2022.1
合计	1074657	128.9	954627.3	111425.5	8474.95

二、耕地资源特征

邹平县有 107 万亩耕地，即 71643.78hm²。在 17 个土属中，适于发展农业的优质土属有壤质潮土、黏质潮土、洪积冲积褐土、洪积冲积潮褐土等优质类型。在 21 种土体构型中，适于发展农业的优质土体构型很多，如均质型、夹黏型、混合型等。构型好的土体构型占耕地总面积的 67.81%，详细情况如表 4-34 所示。从耕层质地上看，耕性较好的轻壤土和保水、保肥性较好的轻壤、中壤土占耕地总面积的 70.91%，详细情况如表 4-33 所示。这些都说明耕层土壤生产性能大部分是好的，对发展农业有利。邹平县土地分 6 个等级，一级地、二级地为理想的农业用地，三级地也可作为耕地，说明大部分耕地质量较好。

第三节 耕地资源合理利用的对策

一、增加经济投入，加大耕地保护力度

农业是既要承担自然风险又要承担市场风险的弱势产业，保护农业是国民经济发展

中面临的重大问题。由于调控体制不健全，受比较利益驱使，各层次资金投入重点向非农业倾斜，资金投入不足已成为农业生产发展的主要制约因素。要达到农业增产、增效，就要不断增加对耕地的投入，加强对中低产田的改造，不断提高耕地质量，从而提高耕地利用的经济效益。邹平县宜进一步加强对耕地改良利用的投入，通过对耕地的改良逐步消除制约耕地生产力的限制因素，培肥地力，改善农业生产条件和农田生态环境。

二、平衡施肥，用养结合，增施有机肥料，培肥地力

长期以来，邹平县在耕地开发利用上“重利用、轻培肥，重化肥、轻有机肥”，虽然邹平县化肥的施用量逐年增加，但有机肥投入量却逐年减少，且投入的化肥以氮肥、磷肥为主，引起土壤养分特别是速效钾和微量元素含量的下降和矿质养分的失衡，导致耕地肥力下降。邹平县普遍存在速效钾含量偏低和微量元素特别是有效硼含量偏低等限制性因素。需要增施钾肥的耕地面积为15598.11hm^2，占耕地总面积的21.77%；需要增施硼肥的耕地面积为6257.59hm^2，占耕地总面积的8.73%；需要增施磷肥的耕地面积为2790.1hm^2，占耕地总面积的3.89%；需要增施有机质肥料的耕地面积为6926.26hm^2，占耕地总面积的9.67%；需要补充锌元素的耕地面积为5918.11hm^2，占耕地总面积的8.26%。因此，邹平县要持续提高中低产耕地的基础地力，为农作物生长创造高产基础，将用地与养地妥善、有机地结合起来，广辟有机肥源，重视有机肥的施用，搞好作物秸秆还田，提倡冬种绿肥和施用有机、无机复混肥。同时应利用中低产耕地调查评价成果，科学指导化肥的调配，采用科学优化平衡施肥，重视合理增施钾肥和补充微肥，不断培肥地力，实现中低产耕地资源的科学、合理利用。

三、重视梯田建设，改善种植结构，增加有效土层

坡度是影响植物生长的重要条件，与耕地的基础地力有着密切的关系。要想提高土地的产值、效益和效率，可以通过以下措施解决坡度问题：

(1)修筑高标准的梯田，变坡地为平地，从而增加土层厚度，进而提高土地单位面积的产量和产出效益。

(2)坡度大于25°的土地，一定要退耕还林；坡度为10°～25°的土地，应鼓励农民种植经济作物。

四、采用农业措施改良土壤质地、改善土体结构

邹平县西南部山区耕地的土壤限制性因素主要为土层薄，水土流失严重，要从调整土地利用结构和建设基本农田起步，改广种薄收为集约化经营，改单一经营为农、林、牧、副等全面发展，因地制宜，全面规划，综合治理，连续治理，实行生物措施与工程措施相结合、坡地治理与沟道治理相结合、田间工程和蓄水保土耕作相结合。在不宜种粮的粗骨土、棕壤性土和褐土性土上，因地制宜地大力发展果药等土特产，在土层较厚的地方，可以发展果粮间作，以尽快提高经济效益，在交通不便的山区选种板栗、银杏等。在土层薄、水土流失严重的地方，应先种草养畜，着力发展畜牧业生产。

五、集约化利用耕地资源，发展生态型可持续农业，改善生态环境

耕地生态环境质量的提高是保证农作物持续稳产、高产、优质、高效的重要前提。根据邹平县资源优势以及生态环境的特点，因地制宜地利用耕地资源，通过合理轮作、科学间套种等措施，提高复种指数，提高耕地资源的利用率；注重多物种、多层次、多时序、多种产业的有机结合，农、林、牧、副、渔并举，建立生态型可持续农业系统，达到经济、生态和社会效益的高度统一。此外，应重新审视耕地承包到户政策所致的耕地经营权分散，在新形势下出现的不利于耕地资源规模化、集约化经营的缺点，努力探讨建立“公司＋农户”或各种专业化合作组织（比如家庭农场、合作社）等耕地规模集约经营模式，提高邹平县耕地资源的集约化经营和规模化经济效益。

第八章　耕地资源管理信息系统数据库

第一节　基本情况

一、项目来源及目的意义

邹平县耕地资源管理信息系统数据库建设工作，是农业部沃土工程“科学施用化肥”，即测土配方施肥工作的重要组成部分，是国家实现农业科学种田、促进粮食稳定生产和实现农业科学施肥经常化、普及化的重要工作，是实现农业耕地地力评价成果资料统一化、标准化的重要计划，是实现综合农业信息资源共享的技术手段。邹平县耕地资源管理信息系统数据库建设工作是对最新的土地利用现状调查成果，综合利用第二次土壤普查的土壤、地貌等成果，再把本次耕地地力评价工作采集的土壤化学分析等成果进行汇总，建立一个集空间数据库和属性数据库的存储、管理、查询、分析、显示为一体的数据库，为科学种田及施肥、农业的可持续发展、深化农业科学管理工作服务。

二、建库单位组成

为加快邹平县耕地资源管理信息系统数据库建设工作，依据农业部县域耕地资源管理信息系统数据库建设工作要求，由多年来一直从事农业测土配方施肥研究、耕地地力评价、数据库建设工作有一定经验的单位组成联合工作组。

山东省土壤肥料总站：负责评价及建库工作组织、协调、标准制定、土壤图成果资料的归属核查处理等。

山东农业大学资源与环境学院：负责耕地地力评价图、土壤化学微量元素系列图及研究报告编制等。

山东天地亚太国土遥感有限公司：负责土地、土壤、矿化度、地貌、灌溉分区等图件扫描矢量化及几何校正处理等编图工作，耕地地力评价所有建库资料统一化、标准化处理，空间数据库和属性数据库建设，耕地地力评价成果图件修改编辑及图件输出、数据库建设报告编制等工作。

三、建库工作的软硬件环境

(一)主要硬件

P43.0 计算机 10 台、HP5000 绘图仪 1 台和 HP3500 绘图仪 1 台。

(二)软件

MAPGIS 6.7 软件 10 套、ARCGIS 9.2 软件 2 套、县域耕地资源管理信息系统软件 2 套、ENVI 4.6 遥感图像处理与分析软件 1 套。

第二节 建库内容及建库工作中主要问题的处理

一、建库内容

依据农业部耕地地力评价工作数据库建设的要求,邹平县耕地资源管理信息系统数据库建设工作包括空间数据库和属性数据库两部分内容。属性数据库严格按照县域耕地资源管理信息系统数据字典及建库县提供的有关数据编制。空间数据库包括土地利用现状图、土壤图、矿化度含量分布图、坡度图、灌溉分区图、地貌图、耕地地力调查点点位图、耕地地力评价等级图、土壤化学微量元素系列图等。

二、建库工作中的主要问题

邹平县耕地资源管理信息系统数据库建设工作由于涉及的内容多,加之部分资料为第二次土壤普查的资料,与县域耕地资源管理信息系统数据字典的要求对比后发现存在以下问题:

(1)第二次土壤普查的成果均为纸介质图,因图纸折叠和自然伸缩的影响,图件变形大,形成较大的误差。

(2)土地利用现状图为 2006 年以前的现状,近年来交通用地和蔬菜地等出现变化。

(3)邹平县土壤图中的土种名称和编码与山东省土种归属要求、全国土种标准名称与编码等不一致。

(4)邹平县的地貌图为微地貌图,与县域耕地资源管理信息系统数据字典中地貌划分的名称不能一一对应。

(5)同一个县已有资料坐标系不统一问题,如第二次土壤普查图件为 1954 年北京坐标系,土地利用现状图或行政区划图为 1980 年西安坐标系等。

三、建库工作中有关问题的处理

(1)依据 1∶50000 标准分幅地形图,对所有建库的纸介质成果图全部进行几何校正处理,以消除纸介质成果图的误差。

(2)依据较新的航天卫星资料,对近年来变化的公路、铁路等进行了修改补充。

(3)为使邹平县土种的名称及代码与省标和国标相对应,在耕地资源管理信息系统数据库建设前，首先对土壤图中所有图斑内容进行了检查统计，错漏问题交项目县修改及编制土种归属表，最后由省土肥总站进行土种归属复查处理。在此基础上编制了国标、省标、县土壤名称及代码对比表。为方便县域土壤图的利用和对比，建库后的图中仍保留了原县域土壤图的土种代码，属性挂接为国标代码。

(4)由于县域耕地资源管理信息系统数据字典中划分的地貌名称少，其地貌名称不能一一对应，在建库时尽量选择与数据字典中相近的地貌名称进行编码，为方便地貌图的利用和对比，在地貌图中保留了原地貌图的名称和代码，图例中增加了建库数据字典中规定的地貌名称、代码与县原地貌名称、代码的对比表，属性挂接为数据字典中规定的地貌名称和代码。

(5)对同一个县已有资料坐标系不统一问题，依据数据库建设要求，所有成果全部统一到高斯—克吕格投影、6度分带、1954年北京坐标系中。

第三节　数据库标准化

一、标准引用

县域耕地资源管理信息系统数据字典中规定的国标及行业有关技术标准：

县域耕地资源管理信息系统数据字典中规定的国标及行业有关技术标准：

(1)GB/T 2260—2002　《中华人民共和国行政区划代码》

(2)NY/T 309—1996　《全国耕地类型区、耕地地力等级划分》

(3)NY/T 310—1996　《全国中低产田类型划分与改良技术规范》

(4)GB/T 17296—2000　《中国土壤分类与代码》

(5)全国农业区划委员会　《土地利用现状调查技术规程》

(6)国土资源部　《土地利用现状变更调查技术规程》

(7)GB/T 13989—1992　《国家基本比例尺地形图分幅与编号》

(8)GB/T 13923—1992　《国土基础信息数据分类与代码》

(9)GB/T 17798—1999　《地球空间数据交换格式》

(10)GB 3100—1993　《国际单位制及其应用》

(11)GB/T 16831—1997　《地理点位置的纬度、经度和高程的标准表示方法》

(12)GB/T 10113—2003　《分类与编码通用术语》

(13)GB/T 10114—2003　《县级以下行政区划代码编制规则》

(14)GB/T 9648—1988　《国际单位制代码》

(15)农业部　《全国耕地地力调查与评价技术规程》

(16)农业部　《测土配方施肥技术规范(试行)》(2008年)

(17)农业部　《测土配方施肥专家咨询系统编制规范(试行)》

(18)山东省县域土种归属标准

(19)山东省县域耕地地力评价标准

(20)山东省第二次土壤普查土种归属及代码等

二、空间坐标系及建库平台

(一)空间数据坐标系

投影:高斯—克吕格,6 度分带。1954 年北京坐标系,1956 年黄海高程系。比例尺:1∶50000。

(二)数据库采集模板和文件格式

为使所有建库资料达到统一化和标准化,以及满足所有成果图件的输出和耕地资源地力评价工作的需要,对建库资料的扫描矢量化和几何校正处理工作均采用 MAPGIS 平台,数据库的文件格式为 MAPGIS 的点、线、面文件。待数据库成果评审验收和修改后,将 MAPGIS 的点、线、面格式转换为 Shape 格式,由 ARCGIS 平台进行数据库规范化处理,最后将数据库资料导入县域耕地资源管理信息系统中。

第四节 数据库结构

一、空间数据库图层划分

空间数据库图层划分是严格按照县域耕地资源管理信息系统数据字典要求分层的,每层只反映属性相同的内容。邹平县耕地资源管理信息系统数据库建设包括土地利用现状图、第二次土壤普查成果和耕地地力评价等三部分内容。山东省空间数据库图层划分情况如表 8-1 所示。

表 8-1 耕地资源管理信息系统空间数据库分层表

序号	图层代码	图层名称	序号	图层代码	图层名称
1	AD101	行政区划图	18	SP103	耕层土壤有效磷等值线图
2	AD102	县乡村位置图	19	SP104	耕层土壤速效钾等值线图
3	AD103	行政界线图	20	SP105	耕层土壤缓效钾等值线图
4	AD201	辖区边界图	21	SP106	耕层土壤有效锌等值线图
5	AD202	装饰边界图	22	SP108	耕层土壤有效钼等值线图
6	GE103	面状水系图	23	SP109	耕层土壤有效铜等值线图
7	GE104	线状水系图	24	SP110	耕层土壤有效硅等值线图
8	GE105	道路图	25	SP111	耕层土壤有效锰等值线图
9	GE201	坡度图	26	SP112	耕层土壤有效铁等值线图
10	GE203	地貌类型分区图	27	SP201	耕层土壤 pH 等值线图
11	LM102	灌溉分区图	28	SP113	耕层土壤交换性钙等值线图
12	LU101	土地利用现状图	29	SP114	耕层土壤交换性镁等值线图

续表

序号	图层代码	图层名称	序号	图层代码	图层名称
13	SB101	土壤图	30		耕层土壤有效硫等值线图
14	SB203	地下水矿化度等值线图	31		耕层土壤水解性氮等值线图
15	SB302	耕地地力调查点点位图	32		耕地地力评价等级图
16	SP101	耕层土壤有机质等值线图	33		耕层土壤有效硼等值线图
17	SP102	耕层土壤全氮等值线图			

注:本表为山东省统一的分层情况,邹平县为部分图件。

二、属性数据库结构

属性数据结构内容严格按县域耕地资源管理信息系统数据字典及建库县提供的资料编制,属性数据库结构如表 8-2 所示。

表 8-2　耕地资源管理信息系统属性数据库结构表

图名	属性数据结构	字段类型
行政区划图	内部标识码:系统内部 ID 号 实体类型:point,polyline,polygon 实体面积:系统内部自带 实体长度:系统内部自带 县内行政码:根据国家统计局“统计上使用的县以下行政区划代码编制规则”编制	长整型,9 文本型,8 双精度,19,2 长整型,10 长整型,6
县乡村位置图	内部标识码:系统内部 ID 号 实体类型:point,polyline,polygon X 坐标:无,Y 坐标:无 县内行政码:根据国家统计局“统计上使用的县以下行政区划代码编制规则”编制 标注类型:村标注,乡标注,县标注	长整型,9 文本型,8 双精度,19,2 长整型,6 字符串,6
行政界线图	内部标识码:系统内部 ID 号 实体类型:point,polyline,polygon 实体长度:系统内部自带 界线类型:根据国家基础信息标准填写	长整型,9 文本型,8 长整型,10 文本型,40
辖区边界图	内部标识码:系统内部 ID 号 实体类型:point,polyline,polygon 实体面积:系统内部自带 实体长度:系统内部自带 要素代码:依据《国家基础地理信息数据分类与代码》编制要素代码 要素名称:依据《国家基础地理信息数据分类与代码》编制要素名称 行政单位名称:单位的实际名称填写	长整型,9 文本型,8 双精度,19,2 长整型,10 长整型,5 文本型,40 文本型,20

续表

图名	属性数据结构	字段类型
装饰边界图	内部标识码:系统内部 ID 号	长整型,9
面状水系图	内部标识码:系统内部 ID 号	长整型,9
	实体类型:point,polyline,polygon	文本型,8
	实体面积:系统内部自带	双精度,19,2
	实体长度:系统内部自带	长整型,10
	要素代码:依据《国家基础地理信息数据分类与代码》编制要素代码	长整型,5
	要素名称:依据《国家基础地理信息数据分类与代码》编制要素名称	文本型,40
	面状水系码:自定义编码	字符串,5
	面状水系名称:依据 2006 年 10 月版山东省地图册编制	字符串,20
	湖泊储水量:依据 1∶50000 地形图	字符串,8
线状水系图	内部标识码:系统内部 ID 号	长整型,9
	实体类型:point,polyline,polygon	文本型,8
	实体长度:系统内部自带	长整型,10
	要素代码:依据《国家基础地理信息数据分类与代码》编制要素代码	长整型,5
	要素名称:依据《国家基础地理信息数据分类与代码》编制要素名称	文本型,40
	线状水系码:自定义编码	长整型,4
	线状水系名称:依据 2006 年 10 月版山东省地图册编制	文本型,20
	河流流量:无	长整型,6
道路图	内部标识码:系统内部 ID 号	长整型,9
	实体类型:point,polyline,polygon	文本型,8
	实体长度:系统内部自带	长整型,10
	要素代码:依据《国家基础地理信息数据分类与代码》编制要素代码	长整型,5
	要素名称:依据《国家基础地理信息数据分类与代码》编制要素名称	文本型,40
	公路代码:根据国家标准《公路路线命名编号和编码规则命名与编号规则》编制	文本型,11
	公路名称:根据国家标准《公路路线命名编号和编码规则命名与编号规则》编制	文本型,20
地貌类型分区图	内部标识码:系统内部 ID 号	长整型,9
	实体类型:point,polyline,polygon	文本型,8
	实体面积:系统内部自带	双精度,19,2
	实体长度:系统内部自带	长整型,10
	地貌类型:数据引用自"中国科学院生物多样性委员会　地貌类型代码库"(四类码)	文本型,18
灌溉分区图	内部标识码:系统内部 ID 号	长整型,9
	实体类型:point,polyline,polygon	文本型,8
	实体面积:系统内部自带	双精度,19,2
	实体长度:系统内部自带	长整型,10
	灌溉水源:县局提供数据	文本型,10
	灌溉水质:无	文本型,4
	灌溉方法:县局提供数据	文本型,18
	年灌溉次数:县局提供数据	文本型,2
	灌溉条件:无	文本型,4
	灌溉保证率:无	长整型,3
	灌溉模数:无	双精度,5,2
	抗旱能力:无	长整型,3

续表

图名	属性数据结构	字段类型
土地利用现状图	内部标识码:系统内部 ID 号 实体类型:point,polyline,polygon 实体面积:系统内部自带 实体长度:系统内部自带 地类号:国土资源部发布的《全国土地分类》三级类编码 平差面积:无	长整型,9 文本型,8 双精度,19,2 长整型,10 长整型,3 双精度,7,2
土壤图	内部标识码:系统内部 ID 号 实体类型:point,polyline,polygon 实体面积:系统内部自带 实体长度:系统内部自带 土壤省标码:土壤类型省及县分类系统编码	长整型,9 文本型,8 双精度,19,2 长整型,10 长整型,8
地下水矿化度等值线图	内部标识码:系统内部 ID 号 实体类型:point,polyline,polygon 实体长度:系统内部自带 地下水矿化度:依据县级矿化度图实际数据填写	长整型,9 文本型,8 长整型,10 双精度,5,1
耕地地力调查点点位图	内部标识码:系统内部 ID 号 实体类型:point,polyline,polygon *X* 坐标:北京 54 坐标系 *Y* 坐标:北京 54 坐标系 点县内编号 AP310102:自定义编号	长整型,9 文本型,8 双精度,19,2 双精度,19,2 长整型,8
行政区基本情况数据表	县内行政码 SH110102:根据国家统计局"统计上使用的县以下行政区划代码编制规则"编制 省名称:山东省 县名称:××市,××区,××县 乡名称:××乡,××镇,××街道 村名称:××村,××委员会 行政单位名称:××市,××区,××县,××乡,××镇,××街道,××村,××委员会 总人口:无 农业人口:无 非农业人口:无 国民生产总值 GNP:无	长整型,6 字符串,6 字符串,8 字符串,18 字符串,18 字符串,20 字符串,7 字符串,7 字符串,7 双精度,11,2 字符串,20
县级行政区划代码表	行政单位名称:××市,××区,××县,××乡××镇××街道××村××委员会 县内行政码 SH110102:根据国家统计局"统计上使用的县以下行政区划代码编制规则"编制	长整型,6 长整型,9
土地利用现状地块数据表	内部标识码:系统内部 ID 号 地类号:国土资源部发布的《全国土地分类》三级类编码 地类名称:国土资源部发布的《全国土地分类》三级类名称 计算面积:无 地类面积:无 平差面积:无 报告日期:无	长整型,9 字符串,3 字符串,20 双精度,7,2 双精度,7,2 双精度,7,2 日期型,10

续表

图名	属性数据结构	字段类型
土壤类型代码表	土壤国标码:土壤类型国标分类系统编码	字符串,8
	土壤国标名:土壤类型国标分类系统名称	字符串,20
耕地地力调查点基本情况及化验结果数据表	灌溉水源:县提供数据	字符串,10
	灌溉方法:县提供数据	字符串,18
	调查点国内统一编号:自定义编号	字符串,14
	调查点县内编号:自定义编号	字符串,8
	调查点自定义编号 AP310103:自定义编号	字符串,40
	调查点类型:耕地地力调查点	字符串,20
	户主联系电话:区号-本地电话号码	字符串,13
	调查人联系电话:区号-本地电话号码	字符串,13
	调查人姓名:×××	字符串,8
	调查日期:采集当天日期	日期型,10
	≥0℃积温:无	字符串,5
耕地地力调查点基本情况及化验结果数据表	≥10℃积温:无	字符串,5
	年降水量:县提供数据	字符串,4
	全年日照时数:无	字符串,4
	光能辐射总量:无	字符串,4
	无霜期:县提供数据	字符串,3
	干燥度 CW210107:无	双精度,4,2
	东经:县提供数据	双精度,9,5
	北纬:县提供数据	双精度,8,5
	坡度:地形坡度海拔:海拔高度	双精度,6,1
	坡向:缺少数据	双精度,4,1
	地形部位:数据引用自 NY/T 309—1996《全国耕地类型区、耕地地力等级划分》和 NY/T 310—1996《全国中低产田类型划分与改良技术规范》	字符串,4
	田面坡度:依据田面实际坡度	字符串,50
	灌溉保证率:无	双精度,4,1
	排涝能力:无	字符串,3
	梯田类型:无	字符串,2
	梯田熟化年限:无	字符串,10
	保护块面积:无	字符串,3
	土壤侵蚀类型:无	双精度,7,2
	土壤侵蚀程度:无明显侵蚀,轻度侵蚀	字符串,8
	污染源企业名称:无	字符串,20
	污染源企业地址:无	字符串,50
	液体污染物排放量:无	字符串,50
	粉尘污染物排放量:无	双精度,6,1
	污染面积 LE220105:无	双精度,6,1
	污染物类型:无	双精度,9,2
	污染范围:无	字符串,20
	污染造成的损害:无	字符串,40
	距污染源距离:无	字符串,30
	污染物形态:无	字符串,5
	污染造成的经济损失:无	字符串,4

续表

图名	属性数据结构	字段类型
耕地地力调查点基本情况及化验结果数据表	省名称:山东省	字符串,9
	县名称:××市,××区,××县	字符串,8
	乡名称:××乡,××镇,××街道	字符串,18
	村名称:××村,××委员会	字符串,18
	户主姓名:×××	字符串,8
	土壤类型代码(国标):根据县提供数据填写	字符串,8
	土类名称(县级):县提供数据	字符串,20
	亚类名称(县级):县提供数据	字符串,20
	土属名称(县级):县提供数据	字符串,20
	土种名称(县级):县提供数据	字符串,20
	剖面构型:土层符号代码表、土层后缀符号代码表、剖面构型数据编码表是根	字符串,10
	据《中国土种志》整理	字符串,8
	质地构型:无	字符串,2
	耕层厚度:县提供数据	字符串,10
	障碍层类型:无	字符串,3
	障碍层出现位置:无	字符串,3
	障碍层厚度:无	字符串,30
	成土母质:数据引用于《土壤调查与制图》(第二版),农业出版社	字符串,6
	质地:中壤土,重壤土,沙壤土	双精度,4,2
	容重:县提供数据	字符串,2
	田间持水量:县提供数据	双精度,4,1
	pH:依据土壤化学分析 pH 耕地地力等级评价成果填写	双精度,4,1
	CEC:依据土壤化学分析 CEC 值耕地地力等级评价成果填写	双精度,5,1
	有机质:依据土壤化学分析有机质值耕地地力等级评价成果填写	双精度,6,3
	全氮:依据土壤化学分析全氮值耕地地力等级评价成果填写	字符串,5
	全磷:依据土壤化学分析全磷值耕地地力等级评价成果填写	双精度,5,1
	有效磷:依据土壤化学分析有效磷值耕地地力等级评价成果填写	字符串,4
	缓效钾:依据土壤化学分析缓效钾值耕地地力等级评价成果填写	字符串,3
	速效钾:依据土壤化学分析速效钾值耕地地力等级评价成果填写	双精度,5,2
	有效锌:依据土壤化学分析有效锌值耕地地力等级评价成果填写	双精度,4,2
	水溶态硼:依据土壤化学分析水溶态硼值耕地地力等级评价成果填写	双精度,6,2
	有效硅:依据土壤化学分析有效硅值耕地地力等级评价成果填写	双精度,4,2
	有效钼:依据土壤化学分析有效钼值耕地地力等级评价成果填写	双精度,5,2
	有效铜:依据土壤化学分析有效铜值耕地地力等级评价成果填写	双精度,5,1
	有效锰:依据土壤化学分析有效锰值耕地地力等级评价成果填写	双精度,6,1
	有效铁:依据土壤化学分析有效铁值耕地地力等级评价成果填写	双精度,6,1
	交换性钙:依据土壤化学分析交换性钙值耕地地力等级评价成果填写	双精度,5,1
	交换性镁:依据土壤化学分析交换性镁值耕地地力等级评价成果填写	双精度,5,1
	有效硫:依据土壤化学分析有效硫值耕地地力等级评价成果填写	双精度,5,1
	盐化类型:无	字符串,20
	1m 土层含盐量:无	双精度,5,1
	耕层土壤含盐量:无	双精度,5,1
	水解性氮:依据土壤化学分析水解性氮值耕地地力等级评价成果填写	双精度,5,3
	旱季地下水位:无	字符串,3
	采样深度:县提供数据	字符串,7

续表

图名	属性数据结构	字段类型
耕层土壤有机质等值线图	内部标识码:系统内部 ID 号 实体类型:point,polyline,polygon 实体长度:系统内部自带 有机质:依据土壤化学分析有机质值耕地地力等级评价成果填写	长整型,9 文本型,10 长整型,10 双精度,5,1
耕层土壤全氮等值线图	内部标识码:系统内部 ID 号 实体类型:point,polyline,polygon 实体长度:系统内部自带 全氮:依据土壤化学分析全氮值耕地地力等级评价成果填写	长整型,9 文本型,10 长整型,10 双精度,4,2
耕层土壤有效磷等值线图	内部标识码:系统内部 ID 号 实体类型:point,polyline,polygon 实体长度:系统内部自带 有效磷:依据土壤化学分析有效磷值耕地地力等级评价成果填写	长整型,9 文本型,10 长整型,10 双精度,5,1
耕层土壤速效钾等值线图	内部标识码:系统内部 ID 号 实体类型:point,polyline,polygon 实体长度:系统内部自带 速效钾:依据土壤化学分析速效钾值耕地地力等级评价成果填写	长整型,9 文本型,10 长整型,10 长整型,3
耕层土壤缓效钾等值线图	内部标识码:系统内部 ID 号 实体类型:point,polyline,polygon 实体长度:系统内部自带 缓效钾:依据土壤化学分析缓效钾值耕地地力等级评价成果填写	长整型,9 文本型,10 长整型,10 长整型,4
耕层土壤有效锌等值线图	内部标识码:系统内部 ID 号 实体类型:point,polyline,polygon 实体长度:系统内部自带 有效锌:依据土壤化学分析有效锌值耕地地力等级评价成果填写	长整型,9 文本型,10 长整型,10 双精度,5,2
耕层土壤有效钼等值线图	内部标识码:系统内部 ID 号 实体类型:point,polyline,polygon 实体长度:系统内部自带 有效钼:依据土壤化学分析有效钼值耕地地力等级评价成果填写	长整型,9 文本型,10 长整型,10 双精度,4,2
耕层土壤有效铜等值线图	内部标识码:系统内部 ID 号 实体类型:point,polyline,polygon 实体长度:系统内部自带 有效铜:依据土壤化学分析有效铜值耕地地力等级评价成果填写	长整型,9 文本型,10 长整型,10 双精度,5,2
耕层土壤有效硅等值线图	内部标识码:系统内部 ID 号 实体类型:point,polyline,polygon 实体长度:系统内部自带 有效硅:依据土壤化学分析有效硅值耕地地力等级评价成果填写	长整型,9 文本型,10 长整型,10 双精度,6,2

续表

图名	属性数据结构	字段类型
耕层土壤有效锰等值线图	内部标识码:系统内部 ID 号 实体类型:point,polyline,polygon 实体长度:系统内部自带 有效锰:依据土壤化学分析有效锰值耕地地力等级评价成果填写	长整型,9 文本型,10 长整型,10 双精度,5,1
耕层土壤有效铁等值线图	内部标识码:系统内部 ID 号 实体类型:point,polyline,polygon 实体长度:系统内部自带 有效铁:依据土壤化学分析有效铁值耕地地力等级评价成果填写	长整型,9 文本型,10 长整型,10 双精度,5,1
耕层土壤 pH 等值线图	内部标识码:系统内部 ID 号 实体类型:point,polyline,polygon 实体长度:系统内部自带 pH:依据土壤化学分析 pH 耕地地力等级评价成果填写	长整型,9 文本型,10 长整型,10 双精度,4,1
耕层土壤交换性钙等值线图	内部标识码:系统内部 ID 号 实体类型:point,polyline,polygon 实体长度:系统内部自带 交换性钙:依据土壤化学分析交换性钙值耕地地力等级评价成果填写	长整型,9 文本型,10 长整型,10 双精度,6,1
耕层土壤交换性镁等值线图	内部标识码:系统内部 ID 号 实体类型:point,polyline,polygon 实体长度:系统内部自带 交换性镁:依据土壤化学分析交换性镁值耕地地力等级评价成果填写	长整型,9 文本型,10 长整型,10 双精度,5,1
耕层土壤有效硫等值线图	内部标识码:系统内部 ID 号 实体类型:point,polyline,polygon 实体长度:系统内部自带 有效硫:依据土壤化学分析有效硫值耕地地力等级评价成果填写	长整型,9 文本型,10 长整型,10 双精度,5,1
耕层土壤水解性氮等值线图	内部标识码:系统内部 ID 号 实体类型:point,polyline,polygon 实体长度:系统内部自带 水解性氮:依据土壤化学分析水解性氮值耕地地力等级评价成果填写	长整型,9 文本型,10 长整型,10 双精度,5,3
耕地地力评价等级图	内部标识码:系统内部 ID 号 实体类型:point,polyline,polygon 实体面积:系统内部自带 等级(县内):'120'	长整型,9 文本型,10 双精度,19,2 文本型,2
耕层土壤有效硼等值线图	内部标识码:系统内部 ID 号 实体类型:point,polyline,polygon 实体长度:系统内部自带 有效硼:依据土壤化学分析有效硼值耕地地力等级评价成果填写	长整型,9 文本型,10 长整型,10 双精度,4,2
土壤全盐含量分布图	内部标识码:系统内部 ID 号 实体类型:point,polyline,polygon 实体长度:系统内部自带 全盐:依据土壤化学分析全盐值耕地地力等级评价成果填写	长整型,9 文本型,10 长整型,10 双精度,4,1

续表

图名	属性数据结构	字段类型
耕层土壤有效镁等值线图	内部标识码:系统内部 ID 号	长整型,9
	实体类型:point,polyline,polygon	文本型,10
	实体长度:系统内部自带	长整型,10
	有效镁:依据土壤化学分析有效镁值耕地地力等级评价成果填写	长整型,2
耕层土壤有效钙等值线图	内部标识码:系统内部 ID 号	长整型,9
	实体类型:point,polyline,polygon	文本型,10
	实体长度:系统内部自带	长整型,10
	有效钙:依据土壤化学分析有效钙值耕地地力等级评价成果填写	长整型,2

第五节 建库工作方法

一、数据库质量控制

数据库质量涉及三方面的工作:一要满足耕地地力评价工作的需要,二要满足耕地资源管理信息系统数据库建设的需要,三要满足建库所有成果图件输出的需要。为满足以上要求,在数据库建设工作开展前,首先在有关国标、部标和行业标准的基础上,制定了统一的工作平台、工作方法和流程,成果图件图名、图例和色彩编制要求,成果质量检查工作方法。对于耕地地力评价基础性图件,首先在建库单位初步检查后,交项目县进行全面检查和修改、补充错漏内容,并返回建库单位对所有成果图件安排专人进行全面检查和修改,从而保证了数据库的成果质量。

二、建库工作有关规定

为保证建库工作的按时及保质完成,成立了建库项目组等。

建库项目组:设立技术负责一人,全面负责建库工作有关规程的学习、日常建库工作安排、工作进度、质量检查、建库数据库资料汇总、MAPGIS 格式建库成果经 ARCGIS 规范化处理、导入县域耕地资源管理信息系统等工作。

质量检查组:安排具有工作经验的人员成立检查组,负责所有建库资料的质量检查及修改工作。

制定建库工作标准:在建库工作前,首先对建库图形子图的大小、线的粗细及线型、面的色彩搭配、图件分层统一标准,把工作方法和流程下发到每一个建库工作人员手中,统一建库图形扫描矢量化的技术要求。

最终成果检查:所有成果图待评审验收后,依据专家意见,由建库组和耕地地力评价组依据专家和应用方意见进行成果图和数据库修改补充,最后输出成果图件和导入县域耕地资源管理信息系统。

三、建库资料精度及建库工作流程

(一)建库资料精度

为保证建库资料的数学精度,首先形成大于邹平县范围的1∶50000标准图幅理论图框,拼接形成县域的1∶50000理论图框,以1∶50000标准分幅地形图为基础,在地形图和县域土地利用现状图上选择同名地物点(主要为农村道路交叉点等)为几何校正点。为保证县域图件的精度,选择不少于30个几何校正点,每一个几何校正点选择地形图附近的4个公里网交叉点,将其校正到县域的理论图框上,形成满足1∶50000精度要求的县域地理底图。以该图为基础,将所有建库成果图件校正到县域地理底图上。

(二)建库工作流程

第一步:按照建库工作的基本要求,对土地利用现状、土壤、灌溉分区、地貌、采样点位等图件进行扫描矢量化和几何校正处理、建库组错漏自查和交甲方进行错漏检查、返回建库组修改及编辑、拓扑检查、属性挂接处理等。

第二步:将所得成果交耕地地力评价组进行耕地地力评价工作。

第三步:耕地地力评价组将其评价成果资料再返回建库组,由建库组按照县域耕地资源管理信息系统数据库建设要求,对所有建库成果资料进行全面的质量检查及编辑处理、拓扑处理、属性挂接,最后由MAPGIS—ARCGIS—县域耕地资源管理信息系统输出成果图件。

(三)主要空间数据库说明

(1)行政区划图(地理底图):以土地利用现状图为背景,分别提取乡镇、村庄、主要工矿企业建设用地和主要道路、河流、境界、行政区划等内容。参考地图或1∶50000地形图,对主要道路、双线河流等地物进行连接并加注地物注记。依据卫星影像等资料,对近年来增加的主要道路进行更新。

(2)土壤图:依据土壤调查研究报告、土壤志、山东省土壤分类归属标准,编制土种归属对比表和国标、省标、县三级对比表图例。在土壤图上保留土壤图原始代码,属性挂接为国标代码,可满足部、省、县各级政府工作的需要。

(3)地貌图:由于地貌图为微地貌图,为满足部、省、县各级政府使用及建库工作的需要,在地貌图中保留了原地貌代码,其属性尽量对应到数据字典中的名称及代码,在图例中增加了对比表,以满足各项工作的需要。

(四)属性库编制方法

严格按照建库数据字典中的要求及建库单位提供的资料编制各种成果图属性代码。

第六节 建库成果

邹平县耕地资源管理信息系统数据库建设成果包括农业部规定格式的数据库和MAPGIS格式的成果,共计21幅图(见表8-3)。

表 8-3　　邹平县耕地资源管理信息系统数据库建设成果表

序号	成果图名称	备注
1	邹平县土地利用现状图	
2	邹平县地貌图	
3	邹平县土壤图	
4	邹平县地理底图	
5	邹平县矿化度含量分布图	
6	邹平县坡度图	
7	邹平县耕地地力调查点点位图	
8	邹平县灌溉分区图	
9	邹平县土壤 pH 分布图	
10	邹平县耕地地力评价等级图	
11	邹平县土壤缓效钾含量分布图	
12	邹平县土壤碱解氮含量分布图	
13	邹平县土壤全氮含量分布图	
14	邹平县土壤速效钾含量分布图	
15	邹平县土壤有机质含量分布图	
16	邹平县土壤有效磷含量分布图	
17	邹平县土壤有效锰含量分布图	
18	邹平县土壤有效硼含量分布图	
19	邹平县土壤有效铁含量分布图	
20	邹平县土壤有效铜含量分布图	
21	邹平县土壤有效锌含量分布图	

邹平县耕地资源管理信息系统数据库建设包括空间数据库和属性数据库两部分内容。空间数据库全部是按照县域耕地资源管理信息系统数据字典要求进行的。属性数据库由于部分资料难以收集到(如土地平差面积等),属性数据仅按照县域耕地资源管理信息系统数据字典要求编制了部分内容。另外,如耕地地力评价土壤采样点位图利用 GPS 坐标展绘到地理底图上的点与实际点位误差较大,达不到精度要求,所以,耕地地力评价土壤调查采样点位图依据野外采样点位图经扫描矢量化后形成,属性挂接为 GPS 定点的坐标。

专题报告一　邹平县耕地地力评价工作报告

自 2006 年邹平县被农业部列为全国测土配方施肥项目县以来，我们根据《农业部办公厅关于做好耕地地力评价工作的通知》(农办农[2007]66 号)、《农业部办公厅关于加快推进耕地地力评价工作的通知》(农办农[2008]75 号)的要求，在省、市土肥站的大力支持下，通过与山东农业大学资源与环境学院和山东天地亚太遥感有限公司合作，经过农业局技术人员的积极努力，扎实认真地开展耕地地力评价工作，完成了项目规定的各项工作任务。

一、目的意义

要想搞好测土配方施肥、提高科学施肥水平、实现农业生产持续增收、摸清土壤养分状况，开展耕地地力评价是核心和基础。耕地地力评价是利用测土配方施肥调查、测试数据，通过县域耕地资源管理信息系统，建立县域耕地隶属函数模型和层次分析模型，是测土配方施肥补贴项目的一项重要内容，是摸清耕地资源状况、提高耕地利用效率、促进现代农业发展的重要基础工作。

耕地地力评价的目标任务：以提高耕地综合生产能力和肥料利用率为目标，充分利用测土配方施肥调查、分析田间试验数据、土壤监测数据与第二次土壤普查成果，建立规范的县、省和全国三级测土配方施肥数据库、耕地资源空间数据库和耕地资源管理信息系统，对耕地地力状况进行评价，建立县域科学施肥指标体系，以指导农民科学施肥、耕地改良利用及种植业合理布局，为实现农业增效、农民增收和农产品竞争力逐步增强提供坚实的基础保障。

耕地地力评价的指导意义：耕地地力评价不仅能促进土地资源合理、有效利用，提高土地生产力和效率，准确掌握耕地地力数量和空间分布，摸清生产潜力，也能为因地制宜加强耕地质量建设，制定粮食安全生产规划，指导邹平县科学、经济、安全施肥、平衡施肥，以及种植业结构调整、发展无公害(绿色、有机)农产品生产提供科学依据。对于合理规划和利用耕地，切实保护耕地资源、促进农业增收、农民增效和农业生产的可持续发展有重要的现实意义。

二、组织与管理

(一)成立领导小组

2006 年 6 月 2 日，邹平县召开测土配方施肥项目动员大会。为加强项目领导和协调，确保项目顺利实施，县委、县政府专门成立了由分管县长任组长，县农业局、财政局、国土局、工商局、技术监督局、广电局和各镇(街道办事处)办分管领导组成的项目领导小组。领导小组办公室设在县农业局,由农业局局长兼任办公室主任,主要负责项目组织协调、人员配置、项目管理、监督检查,切实加强对测土配方施肥工作的组织领导。

(二)成立技术指导小组

县农业局牵头,成立有关专家组成的技术小组,负责项目技术规范编制、技术方案制定、技术指导以及主要技术专题的研究与推广应用。为明确职责、强化责任,抽调县、镇(街道办事处)两级技术人员 114 名,分别组成取土、化验、技术指导等 6 个小组。对每一个技术小组的具体工作进行了量化,从图件搜集、室内布点、大田采样、土样处理、分析化验到数据整理等都制定了详细的工作流程,保证了项目的顺利实施。

(三)制定工作实施方案

根据部、省项目实施方案的要求,首先明确了本县、技术依托单位、省土肥总站各自的职责分工,明确了邹平县工作目标与工作要求,然后认真制定了详细的工作方案,重点做好基础资料收集、野外调查采样、化验分析数据、评价报告的汇总与编写、评价成果的发布、应用与管理工作。技术依托单位主要开展基础图件数字化、空间数据库建立、确定县域评价指标体系、成果图件输出以及评价报告(部分)编写工作,建立和完善县域耕地资源管理信息系统,推广应用耕地地力评价成果。省土肥总站组织协调依托单位对本县进行技术指导和检查验收。历年来,在省土肥总站的统一领导下,根据方案部署,吸收多方面技术力量共同参与,极大地促进了耕地地力评价工作的开展。

三、取得的主要成果

从 2006 年实施测土配方施肥工作开始,邹平县获得了大量化验和试验数据以及各类调查数据。在此基础上,于 2009 年开展了耕地地力评价工作,有效地实现了土壤测试、田间试验示范和耕地地力评价成果在多层面的资源共享。

测土配方施肥补贴项目实施至 2009 年耕地地力评价工作结束时,累计采集化验土样 7100 个,共分析化验土壤有机质、pH、有效磷、速效钾、全氮、全磷、有效铁、有效硼等 10 余项化验指标 50000 余项次,其中用于地力评价的典型样点 2148 个。通过开展耕地地力评价,编写了工作报告、技术报告、专题报告,形成了 21 幅数字化图件,建立了测土配方施肥管理系统和耕地资源管理信息系统。

(一)完成了空间数据库和属性数据库建设

收集整理的空间数据包括土地利用现状图、地形图、行政区划图、土壤图、地形地貌图、耕地地力评价调查点点位图。

收集整理的属性数据:县、镇(街道办事处)、村名编码表;土壤类型代码表;近三年(2007～2009 年)小麦、玉米、花生、果树等农作物单产、总产、种植面积统计资料;农村及农业生产基本情况资料[县、镇(街道办事处)、村土地情况、人口情况、农作物布局、国民生产总值等];耕地地力评价调查点基本情况及土壤样品化验结果数据;土壤志;气象资料;村级基本情况。

建立了测土配方施肥项目管理系统,实现了对野外调查、分析化验、田间试验和第二次土壤普查数据的统一管理,建立了属性数据库。利用多年来积累的化验数据和试验数据进行回归分析，得出了土壤供肥能力、不同作物养分吸收量和肥料利用率等基本参数，建成了主要农作物配方施肥指标体系。同时依托各技术单位，完成了图件的数字化工作，建立了空间数据库，并将有关图件扫描入库，为县域耕地资源管理信息系统的建设奠定了基础。

（二）完成了样品采集与分析工作

共完成野外调查表17200份，其中采样地块基本情况调查表7100份、农户施肥情况调查表7100份、详细农户施肥情况调查表1200份。野外调查表涉及采样地块土壤条件、农户管理、产量水平等诸多内容，是指导配方施肥的基础资料，并且许多因素是测土配方施肥项目的依据和耕地地力评价指标。截止耕地地力评价工作完成时，整个项目的7100个土样已全部化验完成，按要求保质、保量地完成了测土配方施肥项目各种样品的化验任务，满足了耕地地力评价和测土配方施肥技术指导的工作要求。

（三）摸清了耕地土壤养分状况

通过对邹平县7100个耕层土壤农化样品的常规化验分析数据，基本摸清了邹平县土壤养分状况。

(1)有机质：有机质是土壤的重要组成部分，是土壤肥力最重要的物质基础，包括土壤中各种动植物残体、微生物体及其分解的合成物，是各种养分的储藏库，可直接或间接地为作物生长提供氮、磷、钾、钙、镁、硫和微量元素。根据土壤样品样测试结果统计，邹平县土壤有机质平均含量为16.1g/kg，较1984年第二次土壤普查时的11.2g/kg土壤耕层有机质提高了4.9g/kg。有机质含量在15g/kg以上的耕地占耕地总面积的63.58%，10～15g/kg的占34.43%，10g/kg以下的占1.99%。土壤有机质含量的提升，与近几年邹平县推广实施作物秸秆还田、增施各类有机肥以及测土配方施肥、平衡施肥、全面施肥技术是分不开的。

(2)碱解氮：碱解氮一般指土壤中可被当季作物吸收利用的氮素。根据土壤样品测试结果统计，邹平县碱解氮平均含量为84mg/kg，较1984年第二次土壤普查时的62.2mg/kg上升了21.8mg/kg。碱解氮含量为60～150mg/kg的占93.88%，其中90mg/kg以上的占28.90%，60～90mg/kg的占64.98%，60mg/kg以下的占6.12%。

(3)有效磷：土壤有效磷是指可供作物吸收利用的磷，又称为“活性磷”。由于磷在土壤中移动性很小，而且各地区施肥水平差异又较大，所以测定数值高低悬殊。据土壤样品测试结果统计，土壤有效磷平均含量为24.3mg/kg，较1984年第二次土壤普查时的8mg/kg上升了16.3mg/kg，提高了3倍。土壤有效磷变幅为5～120mg/kg，80mg/kg以上的占0.24%，40～80mg/kg的占3.69%，20～40mg/kg的占43.87%，10～20mg/kg的占51.91%，10mg/kg以下的占0.29%。

蔬菜地特别是大棚菜地有效磷含量较高，这与群众连续多年重视施用磷酸二铵有很大关系。

(4)速效钾：由于黄河冲积母质是黄土高原带来的富钾物质，因此含钾较高。但是由于群众缺乏施用钾肥的习惯，尤其是在粮田中，致使土壤速效钾含量存在着下降的趋势。据土壤样品测试结果统计，邹平县速效钾平均含量为119mg/kg，与1984年第二次土壤普查时土壤耕层速效钾含量134.9mg/kg相比，降低了15.9mg/kg。土壤速效钾含量在

200mg/kg 以上的占 16.26%，150～200mg/kg 的占 19.52%，100～150mg/kg 的占38.76%，70～100mg/kg 的占 21.00%，70mg/kg 以下的占 4.46%。这可能与目前种植的大多是高肥水品种作物且产量较高，从土壤中吸收的钾素较多有关。

（四）完成了耕地地力评价工作

邹平县耕地总面积为 71643.78hm^2，主要以一级地、二级地和三级地为主，占耕地总面积的 77.43%；其次是四级地，占耕地总面积的 15.84%；五级地和六级地面积较少，仅占耕地总面积的 6.73%。一级地耕地面积为 20665.39hm^2，占耕地总面积的28.84%，为邹平县面积最大的一级。其中水浇地面积为 20174.91hm^2，占一级地面积的 97.63%，旱地面积为 79.47hm^2，占一级地面积的 0.38%，菜地面积为 411.01hm^2，占一级地面积的 1.99%。二级地耕地面积为 19378.96hm^2，占耕地总面积的 27.05%。其中水浇地面积为 19306.83hm^2，占二级地面积的 99.63%，旱地面积为 29.94hm^2，占二级地面积的0.15%，菜地面积为 42.19hm^2，占二级地面积的 0.22%。三级地耕地面积为 15428.71hm^2，占耕地总面积的 21.53%。其中水浇地面积为 14811.01hm^2，占三级地面积的 96%，旱地面积为 522.35hm^2，占三级地面积的 3.39%，菜地面积为 95.35hm^2，仅占三级地面积的 0.62%。四级地面积为 11348.69hm^2，占耕地总面积的 15.84%。其中水浇地面积为 10520.25hm^2，占四级地面积的 92.70%，旱地面积为 724.13hm^2，占四级地面积的 6.38%，菜地面积为 104.32hm^2，仅占四级地面积的 0.92%。五级地面积为2927.86hm^2，占耕地总面积的 4.08%。其中旱地面积为 1899.73hm^2，占五级地面积的 64.88%，水浇地面积为 1012.07hm^2，占五级地面积的 34.57%，菜地面积为 16.06hm^2，仅占五级地面积的 0.55%。六级地面积为 1894.18hm^2，占耕地总面积的 2.65%。其中旱地面积为 1782.7hm^2，占六级地面积的 94.11%，水浇地面积为109.14hm^2，占六级地面积的 5.76%，菜地面积为 2.34hm^2，仅占六级地面积的 0.12%。

（五）编写了成果报告，完成了成果图件

成果报告包括工作报告、技术报告和应用专题报告。成果图件包括耕地地力等级图、土壤图、土地利用现状图、坡度图、地貌图、耕地改良利用分区图，以及土壤有机质、pH、有效磷、速效钾、有效硼、有效锌、有效铁、有效锰等分布图。

（六）建立了完整的项目档案

项目实施以来，我们高度重视档案管理工作，配备了档案室，购置了档案橱，指定专门人员负责档案管理，聘请档案局专职档案管理人员来指导工作，做到了档案管理规范化，并对项目实施的所有文件材料、图片、图件进行了全面的整理、归档、立卷。将涉及项目实施以来的有关文件、调查表格、分析数据及统计资料、成果资料，以及收集的有关部门资料及时进行分类归档，建立了文件、会议纪要、农业生产统计资料、调查资料、化验资料、统计分析资料、图件资料、图像影片、成果应用的档案。

四、调查成果的应用

（一）提出了邹平县耕地分区改良意见

提出了区域中低产耕地状况及其障碍因素，有的放矢地开展了中低产耕地的科学改良利用，挖掘了区域耕地的生产潜力，对于邹平县耕地资源的可持续利用具有十分重要的意义。

（二）建立了小麦、玉米等主要农作物施肥指标体系

通过对项目实施以来的“3414”试验和肥效对比试验各类数据汇总分析，得出了邹平县主要农作物的肥料利用率、地力产量贡献率、丰缺指标、最高与最佳施肥量等相关指标，从而初步建立了邹平县小麦、玉米在不同产量水平下的科学施肥指标体系，对制定施肥配方、指导农民科学施肥具有重要的意义。

五、主要做法与经验

（一）加强组织领导，健全工作机制

县委、县政府高度重视测土配方施肥工作，把测土配方施肥项目列为近年来要为农民群众办好的十件实事之一。成立了以分管农业的副县长任组长，农业局局长任副组长，县财政局、农业局、国土局、工商局、技术监督局、广电局、项目区镇政府分管领导为成员的领导小组，负责组织协调、人员配置、项目管理、监督检查。领导小组下设办公室，由农业局局长兼任办公室主任。同时，农业局牵头成立有关专家组成的技术小组，负责项目、技术规范编制、技术方案的制定、技术指导以及主要技术专题的研究与推广应用。为明确职责，强化责任，抽调县、镇（街道办事处）两级技术人员 114 名分别组成取土、化验、技术指导等 6 个小组。项目实施采取合同管理，县政府与各镇（街道办事处）签订责任合同，各镇（街道办事处）也都成立了相应的领导机构，按任务分解到责任区和村，整个项目实施整体推进、有条不紊、责任明确、奖罚分明。

（二）搞好田间试验，建立科学施肥指标体系

田间试验的主要目的是为制定配方施肥方案提供科学依据，是推广测土配方施肥技术的又一项重要内容。几年来，我们陆续开展了“3414”试验 37 处，其中小麦 15 处、玉米 11 处、棉花 11 处；安排肥效对比示范 34 处，其中小麦 14 处、玉米 12 处、棉花 8 处。抽出专业技术人员对这些试验数据进行了处理，获得了小麦玉米土壤养分利用系数、肥料利用率、最高与最佳施肥量、丰缺指标等大量科学施肥的基础性数据。这些为科学合理制定施肥配方、指导农民合理施肥提供了理论依据。

同时安排县级百亩示范方 16 处、省级万亩示范方 2 处展示配方施肥技术效果，并多次召开现场会议，宣传引导农民应用测土配方施肥技术。

（三）注重硬件投入，提高化验能力

邹平县农产品质量和农田环境监督检验测试中心自 2003 年开始筹建，由县政府投资 300 余万元，建有标准化验室 750m^2，现有化验员 8 名，全部具有本科学历，其中农技推广研究员 2 名、高级农艺师 1 名，气相色谱仪、原子吸收分光光度计等大中型仪器设备 100 余台套。

为保证化验质量，提高化验员业务能力，自 2004 年开始，检测中心先后多次到省农业环境保护总站实验室、省农科院实验室、省农药检定所、省土肥总站中心实验室等地学习，同时不定期地邀请省、市专家来邹平县进行培训。通过学习培训，检测中心的每个化验员对测土配方施肥各化验项目的操作方法、注意事项及结果计算都有了全面了解，基本掌握了测土配方施肥化验项目的操作技术，业务水平不断得到提高。

（四）多措并举，搞好宣传培训

为扩大测土配方施肥技术的社会影响，努力营造社会各界关心、支持测土配方施肥的社会氛围，并将邹平县的测土配方施肥工作不断推向深处，县农业局多措并举进行测土配方施肥技术的宣传培训，取得了良好效果。一是利用广播电台、电视台，制作、播放测土配方施肥技术的各种专题片；二是利用每年年初开办邹平县农技干部培训班的时机，组织科技示范户和种粮大户进行测土配方施肥技术培训，宣传测土配方施肥在粮食增产、农民增收、农业增效及生态环境保护方面的作用意义，培训测土配方施肥技术要点；三是结合农技推广示范县项目和粮食高产创建工作开办村级培训班；四是大量印发技术宣传资料。根据邹平县土壤肥力状况、农民施肥习惯，编写技术宣传材料，直接分发至田间地头、千家万户。截止耕地地力评价工作结束时，共制作电视宣传专题 68 期，发表报刊宣传文章 27 篇，组织科技大集 46 场，制作墙体标语 50 条，共举办县、镇（街道办事处）、村三级培训班 300 期次，直接培训农户 21000 余人次，培训村级示范户 3000 人次，发放技术资料 50 余万份，发放测土配方施肥建议卡 20 余万份。

（五）严格项目实施标准，认真开展耕地地力评价

本次耕地地力调查评价工作，在图件收集上强调真实性、完整性，在样点布局上突出代表性，兼顾均匀性。布点取样中首先抓合理布点和严格采样标准，野外调查技术小组人员与镇（街道办事处）技术人员组成野外工作小组，完成取样任务，从技术人员方面保证了采样质量。对完成的调查表格，除要求当天填写完成，专门组织 3～4 名技术人员进行统一检查核对，发现问题及时纠正。化验分析严格按照《测土配方施肥技术规范》要求进行质量控制。

本次耕地地力评价工作所有技术依托单位明确评价原则、依据、流程，按照农业部耕地质量调查和评价的规程及相关标准，结合当地实际情况，选取了对耕地地力影响较大、区域内变异明显、在时间序列上具有相对稳定性、与农业生产有密切关系的 11 个因素，建立评价指标体系。以土壤图与土地利用现状图叠加形成评价单元，应用模糊综合评判方法，通过综合分析，将邹平县耕地共划分为 6 个等级。整合利用农业部耕地资源管理信息系统、MAPGIS 和 ARCVIEW 等多种软件，基于栅格格式完成评价过程，以 MAPGIS 为主编绘成果图，并对成果图的编绘进行了规范，从而使评价过程更加科学合理，评价结果更为准确，图件更为实用。

（六）严格资金管理，确保专款专用

项目实施以来，邹平县严格按照《测土配方施肥试点补贴资金管理暂行办法》规定及省实施方案要求，设立了测土配方施肥项目专账，对项目资金实行了专户存储和封闭运行管理。在资金的管理和使用上，严格按照制定的测土配方施肥资金使用方案分配使用项目资金，真正做到严格管理、专款专用、合理使用，并及时做好自查工作，自觉接受各级监管部门的检查监督，确保项目资金的经济效益和社会效益得到充分发挥。

六、存在的问题与建议

耕地地力评价工作是一项利国利民的系统性工程，工作任务繁重，实施时间长，涉及的部门人员多，技术要求高，县农业局作为基层农技推广部门，在技术及推广上还存在很

多不足。

(一)技术力量薄弱

耕地地力评价工作是一项科技含量较高的综合性技术工作,要求严格、缜密。由于基层农技推广人员队伍老化,业务水平达不到技术要求,在空间数据建立和耕地地力评价体系以及系统的操作和应用中还存在一定的不足。为了提高技术人员的业务素质,应进行定期系统培训,以及时掌握新知识、获得新信息、更新新科技,从而提高基层农技人员的科技水平。

(二)农民认识程度有待进一步提高

由于农村的分散经营和农民一家一户种植规模相对较小,单元增值量小,因此,农民对测土配方施肥和耕地地力评价工作重视程度不够,对测土配方施肥和耕地地力评价工作认识和关注程度不足。为了切实解决耕地质量下降和农民盲目施肥、不科学施肥、肥料浪费严重等问题,国家应该制定相关政策科学引导,与其他农业项目配合,让农民在获得实惠中学会科学合理施肥、自觉提高培肥地力水平,这才是农业实现稳产、高产、增效和可持续发展的有力保障。

专题报告二　邹平县主要粮食作物科学施肥指标体系研究与应用

邹平县是粮食种植大县，2009 年耕地总面积为 71333.3hm^2(107 万亩)，小麦种植面积为 60000hm^2(90 万亩)，玉米种植面积为 60666.7hm^2(91 万亩)。实施测土配方施肥项目后，为了能够更好地稳定和提升粮食种植面积，实现持续节本增效，把建立作物施肥指标体系作为项目实施的一项核心工作内容来抓，围绕测土、配方、配肥、供肥、施肥指导 5 个环节来开展工作。其中，通过开展邹平县耕地力评价工作，我们取得了阶段性成果，完成了耕地力评价技术报告，对全县土壤养分状况有了全面的了解和分析，并对耕地地力等级进行了详细的划分。在此基础上，我们开展了在邹平县不同的土壤类型上和不同的肥力条件下的田间试验工作。几年来，我们积累了大量的试验数据，经过对这些试验数据的统计分析，结合耕地地力评价的成果，提出了邹平县主要农作物的科学施肥指标体系，为大面积推广测土配方施肥技术、更好地开展施肥指导奠定了重要理论基础。同时，分别对邹平县主要粮食作物小麦和玉米的科学施肥指标体系进行了研究，并逐步应用于农业生产中。

第一节　小麦施肥指标体系研究与应用

一、田间试验

田间试验是测土配方施肥技术推广应用的基础，也是测土配方施肥补贴项目的一项重要内容。田间试验包括"3414"试验和肥效对比试验，是获得各种作物最佳施肥量、施肥比例、施肥时期、施肥方法的根本途径，也是筛选验证土壤养分测试方法、建立施肥指标体系的基本环节。通过田间试验，可以掌握各个施肥单元不同作物施肥数量，基肥、追肥分配比例，施肥时期和施肥方法；摸清土壤供肥能力，不同作物养分吸收量和肥料利用率等基本参数；构建作物施肥模型，为施肥分区和肥料配方设计提供依据，是施肥指标体系建设的基础工作，对施肥指标体系的建立具有重要的作用。

(一)"3414"试验

1."3414"完全实施方案

"3414"方案设计吸收了回归最优设计处理少、效率高的优点，是目前应用较为广泛的肥料效应田间试验方案。"3414"是指氮、磷、钾 3 个因素，4 个水平，14 个处理。4 个水平的含义:“0”水平指不施肥,“2”水平指当地推荐施肥量,“1”水平(指施肥不足)=“2”水平×0.5,“3”水平(指过量施肥)=“2”水平×1.5。“3414”试验处理如专表 2-1 所示。

专表 2-1 “3414”试验方案处理(推荐方案)

试验处理编号	处理	N	P	K
1	$N_0P_0K_0$	0	0	0
2	$N_0P_2K_2$	0	2	2
3	$N_1P_2K_2$	1	2	2
4	$N_2P_0K_2$	2	0	2
5	$N_2P_1K_2$	2	1	2
6	$N_2P_2K_2$	2	2	2
7	$N_2P_3K_2$	2	3	2
8	$N_2P_2K_0$	2	2	0
9	$N_2P_2K_1$	2	2	1
10	$N_2P_2K_3$	2	2	3
11	$N_3P_2K_2$	3	2	2
12	$N_1P_1K_2$	1	1	2
13	$N_1P_2K_1$	1	2	1
14	$N_2P_1K_1$	2	1	1

2. 试验地块选择

试验地块选择平坦、整齐、肥力均匀且具有代表性的不同肥力水平的地块。坡地选择坡度平缓、肥力差异较小的田块。试验地避开道路、堆肥场所等特殊地块。

3. 试验品种选择

田间试验选择当地主栽作物品种或拟推广品种。小麦主要有济麦 22、良星 99、济南 17 等。

4. 试验地块要求与小区排列

整地,设置保护行,试验地小区划分;小区单灌单排,避免串灌串排;试验前采集土壤样品;依测试项目不同,分别制备新鲜或风干的土样。

为保证试验精度,减少人为因素、土壤肥力和气候因素的影响,田间试验设 3 个重复。采用随机区组排列,区组内土壤、地形等条件相对一致,区组间允许有差异。

小区面积:大田作物和露地蔬菜作物小区面积一般为 33.4m^2。

5. 试验田间记载

参照《肥料效应鉴定田间试验技术规程》(NY/T 497—2002)执行,试验前采集基础土样进行测定,收获期采集植株样品,进行考种和生物与经济产量测定,必要时进行植株分析。

（二）肥效对比试验

为了探索推荐施肥与常规施肥对作物产量和品质的影响及其经济效益的分析，特制定肥效对比试验。试验设计 3 个处理，处理一为习惯施肥，处理二为平衡施肥一，处理三为平衡施肥二。习惯施肥为当地 20 户以上农户调查的平均值。平衡施肥一为较为合理的方式，平衡施肥二为施肥量比平衡施肥一大的施肥量。

1. 施肥量的确定

习惯施肥：20 户以上农户调查的平均值。

平衡施肥一：

$$N_T(\text{氮肥})=0.025\times Y_m+2$$

$$P_T(\text{磷肥})=0.015\times Y_m+(15-P_S)\times 0.1+1$$

平衡施肥二：$N_T=0.025\times Y_m+4$

$$P_T=0.015\times Y_m+(15-P_S)\times 0.1+2$$

式中：Y_m 为预定产量目标；P_S 为肥料中磷的含量；N_T 为每亩氮肥用量；P_T 为每亩磷肥用量。

钾肥用量如专表 2-2 所示。

专表 2-2　钾肥用量

目标产量	土壤速效钾(mg/kg)		
(kg/667m^2)	<75	75～100	>100
350	5	0	0
400	6	5	0
500	8	6	5

2. 肥效对比试验处理排列

肥效对比试验处理排列如专图 2-1 所示。

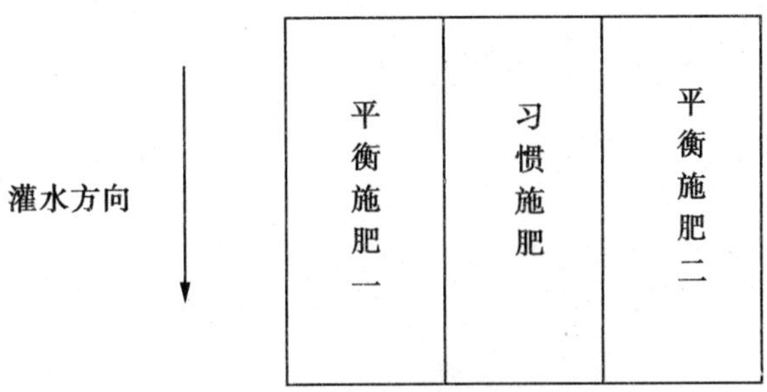

专图 2-1　肥效对比试验处理排列

3. 试验设置

试验地块周围设置保护行（地头 2m 以上，地边 1m），面积达到 1334m^2 以上，长宽比例不要过大，一般为 3∶2。试验地块选择科技意识强、具有代表性、辐射带动性强、有威信、长期从事农业生产的农户的地块。地块适当远离村庄，分高、中、低产量水平安排。

4. 试验实施

肥料品种及施肥方式按习惯进行。

总之，在近几年里，我们在邹平县不同土壤类型和不同肥力水平的地块上开展了大量的“3414”试验和肥效对比试验：“3414”试验37处，其中小麦15处；肥效对比试验34处，其中小麦14处。同时，安排县级百亩示范方16处、省级万亩示范方2处。

为确保试验数据的准确性，制定了严格的质量控制方案，实行了专人负责制，从种植到收获都进行了管理记载，按照标准的小区测产方案进行测产，同时对每一个小区收割一定数量的植株样品进行千粒重测定，对植株氮、磷、钾养分吸收量进行化验，从而获得了大量的试验性数据，为开展各类分析提供了保证。

二、试验结果与分析

（一）试验数据汇总

2006～2009年连续3年的小麦“3414”试验数据如专表2-3和专表2-4所示。

专表2-3　　小麦田间试验基础数据汇总表（一）

序号	试验作物	试验地点	试验户姓名	土壤类型	有机质(g/kg)	碱解氮(mg/kg)	有效磷(mg/kg)	速效钾(mg/kg)	试验类型	NPK二水平用量
1	小麦	长山镇北关村	李忠孝	褐土	12	102	18.5	122	3414	15—8—5
2	小麦	好生镇石河村	李新华	潮土	11.2	78	16.5	91.8	3414	15—7—5
3	小麦	孙镇范家村	贺晋生	潮土	15.3	78	19.5	97.5	3414	15—8—5
4	小麦	高新办东崔村	孟祥林	褐土	21.6	86	38.5	183.8	3414	15—7—8
5	小麦	韩店镇韩店村	夏应杰	潮土	13.2	66	23.2	83	3414	15—8—5
6	小麦	明集镇牛家村	毕思民	褐土	12.8	61	21.8	129.7	3414	15—8—5
7	小麦	焦桥镇爱贤村	袁柱	潮土	14.6	73	24.7	104.5	3414	15—7—8
8	小麦	九户镇道民村	张贵波	潮土	18.9	105	14.5	162.9	3414	15—7—8
9	小麦	韩店镇孙家村	孙呈贵	潮土	9.1	90	12	124.5	3414	15—7—8
10	小麦	韩店镇韩店村	韩本书	褐土	12.2	59	22.6	92	3414	15.1—9.2—2.5
11	小麦	明集镇颜集村	张含杰	潮土	12.5	72	17.8	124	3414	14—7—5

专表 2-4　　小麦田间试验基础数据汇总表(二)

序号	各处理产量(kg/667m²)													
	1	2	3	4	5	6	7	8	9	10	11	12	13	14
	$N_0P_0K_0$	$N_0P_2K_2$	$N_1P_2K_2$	$N_2P_0K_2$	$N_2P_1K_2$	$N_2P_2K_2$	$N_2P_3K_2$	$N_2P_2K_0$	$N_2P_2K_1$	$N_2P_2K_3$	$N_3P_2K_2$	$N_1P_1K_2$	$N_1P_2K_1$	$N_2P_1K_1$
1	394.3	405.4	493.1	422.5	501.4	515.2	533.7	428.3	507.1	542.4	583.1	465.4	455.6	468.2
2	373.4	396.4	491.4	406.5	495	508.6	509.4	430.7	507.6	520.6	530.1	476.6	476.5	479.2
3	380.3	413	474.4	421.1	490.6	531.4	566.7	425.4	516.7	601.5	612.9	447.2	443.4	464.6
4	391.2	425.8	474	430.8	480.1	512.4	544.3	445.3	512.1	566.7	601.5	446.3	445.3	465
5	383.7	414.8	501.5	421	507.8	516.7	537.1	451.2	515	546.6	590.4	492.4	462	496
6	421.2	428.9	479.8	453.6	488.7	535.3	541	466.6	510.1	541.7	558.3	473.4	470.9	478.7
7	368.3	404.3	471.8	413.2	489.6	534.5	553.4	417.9	518.3	591.6	604.2	441.9	437.7	461.1
8	340.8	366.2	474.5	377.4	477.1	489.5	490.3	436.8	488.4	502.4	513.1	454.1	444.3	467.1
9	459	471.5	496.8	473.2	498.3	500.2	500.4	481.4	499.4	501.2	502.9	483	482.9	489.4
10	386.8	401.7	435.2	422.5	436.2	441.7	451.2	423.8	438.8	454.2	462.7	429.4	429.3	430.2
11	257.3	287.9	346.8	385.8	421.9	413.1	512.7	460	492.3	515.9	506.9	424.3	420.8	490.4

(二)小麦土壤养分利用系数

土壤养分利用系数＝缺素区作物养分吸收量/(该元素土壤测定值×0.15),所得结果如专表 2-5 所示。对于磷、钾,因土壤测定值与养分的表达形式不同,按上述公式计算后,还需再除以 2.29 和 1.20。

专表 2-5　　小麦养分利用系数表

试验地点	碱解氮				有效磷			速效钾	利用系数
	2 $N_0P_2K_2$	利用系数	6 $N_2P_2K_2$	(mg/kg)	4 $N_2P_0K_2$	利用系数	(mg/kg)	8 $N_2P_2K_0$	
长山镇北关	405.4	0.618459	515.2	18.5	422.5	0.664857	122	428.3	0.468087
好生镇石河	396.4	0.937947	508.6	16.5	406.5	0.717216	91.8	430.7	0.625563
孙镇范家村	413	0.977226	531.4	19.5	421.1	0.628672	97.5	425.4	0.581744
高新街道办事处东崔	425.8	0.914224	512.4	38.5	430.8	0.325753	183.8	445.3	0.323032
韩店镇韩店	414.8	1.172994	516.7	23.2	421	0.528284	83	451.2	0.724819

续表

试验地点	碱解氮				有效磷			速效钾	利用系数
	2 $N_0P_2K_2$	利用系数	6 $N_2P_2K_2$	(mg/kg)	4 $N_2P_0K_2$	利用系数	(mg/kg)	8 $N_2P_2K_0$	
明集镇牛家	428.9	1.308619	535.3	21.8	453.6	0.605745	129.7	466.6	0.479671
焦桥镇爱贤	404.3	0.749075	534.5	24.7	413.2	0.487009	104.5	417.9	0.533206
九户镇道民	366.2	0.524172	489.5	14.5	377.4	0.757717	162.9	436.8	0.35752
韩店镇孙家	471.5	0.463277	500.2	12	473.2	1.147986	124.5	481.4	0.515556
韩店镇韩店	401.7	1.258754	441.7	22.6	422.5	0.544241	92	423.8	0.614203
明集镇颜集	287.9	0.741771	413.1	17.8	385.8	0.63098	124	460	0.494624

将表中的数据按产量分级，进行土壤养分利用系数汇总(见专表 2-6)。

专表 2-6　　小麦土壤养分利用系数汇总

产量分级	产量水平(kg/667m²)	氮肥	磷肥	钾肥
高	＞450	0.85	0.65	0.51
中	350～450	1.00	0.64	0.55
低	＜350			

(三)小麦化肥利用率

化肥利用率＝[(全肥区产量－缺素区产量)×百千克产量所需肥量]/(100×该元素的设计施用量)

通过计算，所得结果如专表 2-7 所示。

专表 2-7　　小麦化肥利用率

试验地点	6 $N_2P_2K_2$	2 $N_0P_2K_2$	氮肥利用率	6 $N_2P_2K_2$	4 $N_2P_0K_2$	磷肥利用率	6 $N_2P_2K_2$	8 $N_2P_2K_0$	钾肥利用率
长山镇北关	515.2	405.4	0.20496	515.2	422.5	0.21587	515.2	428.3	0.41712
好生镇石河	508.6	396.4	0.20944	508.6	406.5	0.24585	508.6	430.7	0.37392
孙镇范家村	531.4	413	0.22101	531.4	421.1	0.23787	531.4	425.4	0.5088
高新街道办事处东崔	512.4	425.8	0.16165	512.4	430.8	0.21657	512.4	445.3	0.2013
韩店镇韩店	516.7	414.8	0.19021	516.7	421	0.21962	516.7	451.2	0.3144
明集镇牛家	535.3	428.9	0.19861	535.3	453.6	0.20212	535.3	466.6	0.32976
焦桥镇爱贤	534.5	404.3	0.24304	534.5	413.2	0.27328	534.5	417.9	0.3498
九户镇道民	489.5	366.2	0.23016	489.5	377.4	0.26014	489.5	436.8	0.1581
韩店镇孙家	500.2	471.5	0.05357	500.2	473.2	0.23857	500.2	481.4	0.0564
韩店镇韩店	441.7	401.7	0.07466	441.7	422.5	0.22086	441.7	423.8	0.27184
明集镇颜集	413.1	287.9	0.2504	413.1	385.8	0.234125	413.1	460	

将表中的数据按产量分级，进行化肥利用率汇总(见专表 2-8)。

专表 2-8　　小麦化肥利用率汇总

产量分级	产量水平($kg/667m^2$)	氮肥	磷肥	钾肥
高	＞450	0.19	0.12	0.3
中	350～450	0.16	0.23	0.27
低	＜350			

可以看出，地力条件高的地块的氮肥、钾肥利用率较高，中等地块的磷肥利用率较高。邹平县的化肥利用率与全国肥料利用情况相比，属偏低水平。因此，提高培肥地力水平、改善施肥结构、提高化肥利用率、节约资源势在必行。

(四)小麦地力产量贡献率

地力产量贡献率＝(无肥区产量/全肥区产量)×100

地力产量贡献率用来衡量土壤肥力对作物产量的贡献(见专表 2-9)。

专表 2-9 小麦地力产量贡献率

1 $N_0P_0K_0$	6$N_2P_2K_2$	贡献率
394.3	515.2	76.53338
373.4	508.6	73.41722
380.3	531.4	71.56567
391.2	512.4	76.34660
383.7	516.7	74.25972
421.2	535.3	78.68484
368.3	534.5	68.90551
340.8	489.5	69.62206
459	500.2	91.76329
386.8	441.7	87.57074
257.3	413.1	62.28516

按照产量分级，进行汇总（见专表 2-10）。

专表 2-10 小麦地力产量贡献率汇总

产量分级	产量水平（kg/667m²）	贡献率
高	＞450	75
中	350～450	74
低	＜350	

（五）小麦平衡施肥增产率

平衡施肥增产率为全肥区较习惯施肥区增产量占习惯施肥区产量的百分比。

平衡施肥增产率＝[（全肥区产量—习惯施肥区产量）/习惯施肥区产量]×100%

经平衡施肥增产表进行处理，得到小麦平衡施肥增产率（见专表 2-11）。

专表 2-11 小麦平衡施肥增产率

序号	土壤类型	有机质(g/kg)	碱解氮(mg/kg)	有效磷(mg/kg)	速效钾(mg/kg)	各处理产量（kg/667m²）			平衡施肥增产率
						习惯施肥	平衡施肥一	平衡施肥二	
1	褐土	21.7	89.8	16	101	565.8	538.2	457.8	
2	褐土	9.7	47.5	16	89.4	441.1	460.75	414.9	4.4547722
3	褐土	17.3	90.3	32	180.6	421.3	518.2	489.1	23.000237
4	潮土	19.1	120	23.5	153	438.6	493.2	478.4	12.4487

续表

序号	土壤类型	有机质(g/kg)	碱解氮(mg/kg)	有效磷(mg/kg)	速效钾(mg/kg)	各处理产量(kg/667m^2)			平衡施肥增产率
						习惯施肥	平衡施肥一	平衡施肥二	
5	潮土	20.1	130	24.3	178.7	472.8	522	443.6	10.406091
6	潮土	15.3	99	17.3	123.6	410.6	436.8	396.4	6.380906
7	潮土	12.1	92.4	14.7	116	441.7	478.4	422.1	8.3088069
8	潮土	13.2	136	15	104	446.9	444.6	452	1.1411949
9	潮土	13.9	119	7.8	58.7	425.4	459.4	485	14.010343
10	潮土	14.7	39	12.3	125	519.9	536.3	525.4	3.1544528
11	潮土	14.2	96.8	16.2	87.3	446.7	482.4	509.3	14.01388
12	褐土	19.4	145	21.3	113	487.6	503.2	520	6.6447908

（六）小麦各元素养分丰缺指标分析

1. 碱解氮

首先对不同试验点的一种养分土壤测定值与相对产量进行配对（见专表 2-12）。

$$相对产量=(缺素区产量/全肥区产量)\times 100\%$$

专表 2-12　　小麦碱解氮养分丰缺指标

试验地点	$2N_0P_2K_2$	$6N_2P_2K_2$	碱解氮(mg/kg)	相对产量
长山镇北关	405.4	515.2	102	78.68788
好生镇石河	396.4	508.6	78	77.93944
孙镇范家村	413	531.4	78	77.71923
高新街道办事处东崔	425.8	512.4	86	83.09914
韩店镇韩店	414.8	516.7	66	80.27869
明集镇牛家	428.9	535.3	61	80.12329
焦桥镇爱贤	404.3	534.5	73	75.64078
九户镇道民	366.2	489.5	105	74.81103
韩店镇孙家	471.5	500.2	90	94.26229
韩店镇韩店	401.7	441.7	59	90.9440
明集镇颜集	287.9	413.1	72	69.69256

在 Excel 表中，对配对数据进行分析。分析采用添加趋势线的方法，得出相对产量和土壤测定值两者之间的对数函数关系。

$$y=a\ln x+b$$

式中：y 为相对产量；x 为土壤速效养分含量；a、b 为函数关系系数。

第一步：利用添加趋势线的方法，通过散点图将各试验点转移到 Excel 表中，建立土壤速效养分含量和相对产量相对应的坐标关系（见专图 2-2）。

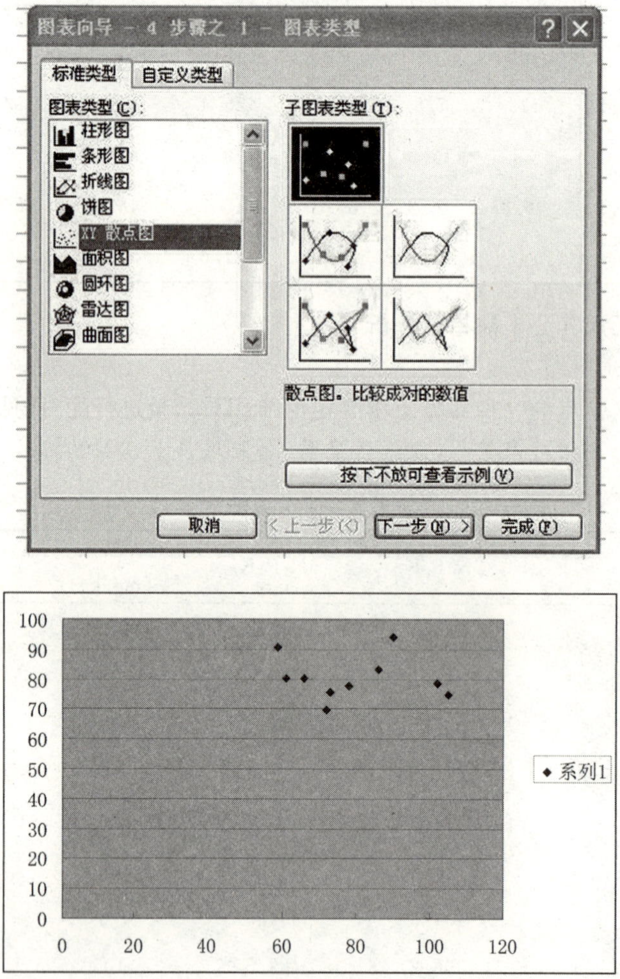

专图 2-2　绘制散点图

第二步：利用添加趋势线的方法，通过散点图添加曲线，得到该养分的一元回归方程（见专图 2-3）。

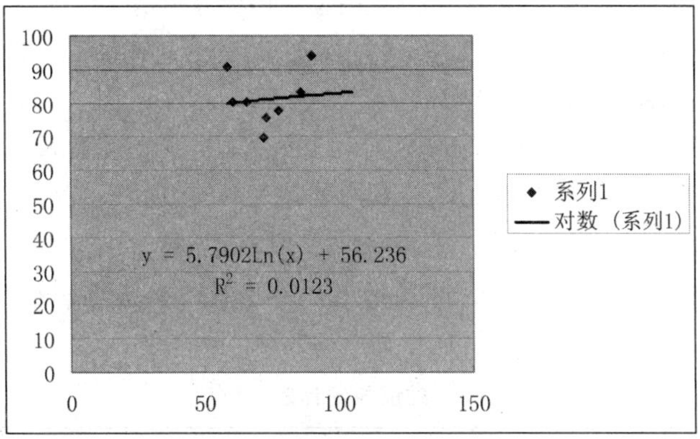

专图 2-3　得到一元回归方程

上面氮肥的函数关系为：

$$y=5.7902\ln x+56.236$$

第三步：将函数关系 $y=5.7902\ln x+56.236$ 进行转化，得到：

$$x=\exp(y-56.236)/5.7902$$

通过进行计算 $y=50$、75、90、95，得到的值就是土壤中该种元素的不同相对产量的丰缺指标，分别是 0.34、25.5、340.7、808.2。

2. 有效磷和速效钾

同理，将下面两组有效磷和速效钾的配对进行分析，可以得到它们对应的丰缺指标（见专表 2-13）。

专表 2-13　　小麦有效磷和速效钾养分丰缺指标

试验地点	有效磷				速效钾			
	4 $N_2P_0K_2$	6 $N_2P_2K_2$	(mg/kg)	相对产量	8 $N_2P_2K_0$	6 $N_2P_2K_2$	(mg/kg)	相对产量
长山镇北关	422.5	515.2	18.5	82.0069	428.3	515.2	122	83.13276
好生镇石河	406.5	508.6	16.5	79.9252	430.7	508.6	91.8	84.68344
孙镇范家村	421.1	531.4	19.5	79.2435	425.4	531.4	97.5	80.05269
高新街道办事处东崔	430.8	512.4	38.5	84.0749	445.3	512.4	183.8	86.9047
韩店镇韩店	421	516.7	23.2	81.4786	451.2	516.7	83	87.32339
明集镇牛家	453.6	535.3	21.8	84.7375	466.6	535.3	129.7	87.16607
焦桥镇爱贤	413.2	534.5	24.7	77.3058	417.9	534.5	104.5	78.18521
九户镇道民	377.4	489.5	14.5	77.0990	436.8	489.5	162.9	89.23391
韩店镇孙家	473.2	500.2	12	94.6021	481.4	500.2	124.5	96.24150
韩店镇韩店	422.5	441.7	22.6	95.6531	423.8	441.7	92	95.94747
明集镇颜集	385.8	413.1	17.8	93.3914	460	413.1	124	

有效磷相对产量 50%、75%、90%、95%时的丰缺指标分别是 0.03、3.62、62.23、160.6。

速效钾相对产量50%、75%、90%、95%时的丰缺指标分别是0.07、8.17、137.36、351.85。

相对产量的分级为:50%为极低、75%为较低、90%为较高、95%为极高。

(七)小麦最高施肥量和最佳施肥量

利用"3414"试验记录表中的$N_0P_2K_2$、$N_1P_2K_2$、$N_2P_2K_2$、$N_3P_2K_2$;$N_2P_0K_2$、$N_2P_1K_2$、$N_2P_2K_2$、$N_2P_3K_2$;$N_2P_2K_0$、$N_2P_2K_1$、$N_2P_2K_2$、$N_2P_2K_3$ 4个处理,进行一元回归分析,分别求得最高施氮、磷、钾量和最佳施氮、磷、钾量。

碱解氮:将"3414"试验记录表中的$N_0P_2K_2$、$N_1P_2K_2$、$N_2P_2K_2$、$N_3P_2K_2$和试验地块的碱解氮含量、试验二水平的用肥量组成专表2-14。

专表2-14　碱解氮统计表

试验地点	碱解氮					NPK二水平用量
	(mg/kg)	2 $N_0P_2K_2$	3 $N_1P_2K_2$	6 $N_2P_2K_2$	11 $N_3P_2K_2$	
长山镇北关	102	405.4	493.1	515.2	583.1	15—8—5
好生镇石河	78	396.4	491.4	508.6	530.1	15—7—5
孙镇范家村	78	413	474.4	531.4	612.9	15—8—5
高新街道办事处东崔	86	425.8	474	512.4	601.5	15—7—8
韩店镇韩店	66	414.8	501.5	516.7	590.4	15—8—5
明集镇牛家	61	428.9	479.8	535.3	558.3	15—8—5
焦桥镇爱贤	73	404.3	471.8	534.5	604.2	15—7—8
九户镇道民	105	366.2	474.5	489.5	513.1	15—7—8
韩店镇孙家	90	471.5	496.8	500.2	502.9	15—7—8
韩店镇韩店	59	401.7	435.2	441.7	462.7	15.1—9.2—2.5
明集镇颜集	72	287.9	346.8	413.1	506.9	14—7—5

第一步:将二水平的倍数用肥量为横坐标,相对应的产量为纵坐标,利用散点图,把该元素各水平的点分布到Excel表中的坐标上,如专图2-4所示。

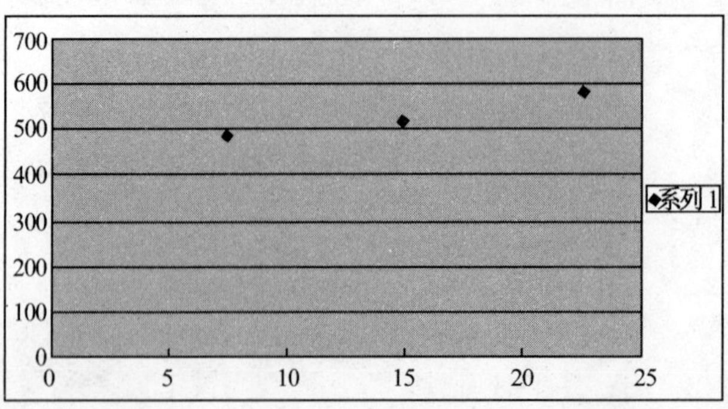

0	405.4
7.5	493.1
15	515.2
22.5	583.1

专图2-4　散点图

第二步：利用添加趋势线的方法，通过散点图添加曲线，得到各个试验点的一元回归方程：

$$y=ax^2+bx+c$$

式中：y 为作物的产量；X 为化肥养分的用量；a、b、c 为系数。

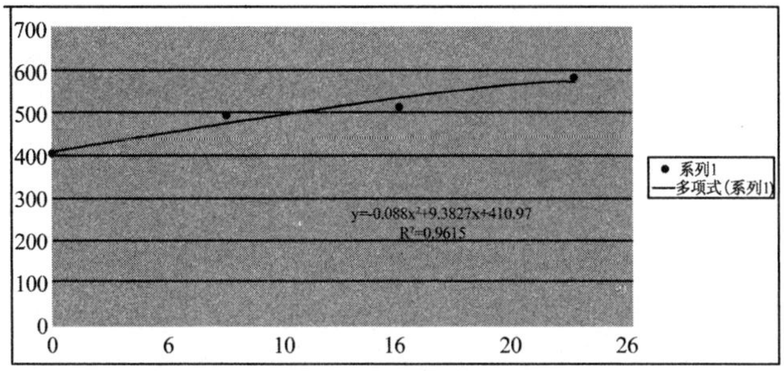

专图 2-5　模拟曲线

第三步：利用回归方程求最高施肥量和最佳施肥量。

最高施肥量：获得单位面积最高产量的施肥量，计算方法为 $dy/dx=0$。

回归方程对 x 求导，等于 0，得 $x=-b/2a$。

最佳施肥量：单位面积土地获得最佳经济效益的施肥量，计算方法为 $dy/dx=px/py$。回归方程对 x 求导，等于相应的纯养分与作物价格的比值：

$$x=(养分价格/作物价格-b)/2a$$

各点的最高、最佳值进行汇总，如专表 2-15 所示。

表 2-15　　碱解氮的最高施肥量和最佳施肥量

试验地点	碱解氮							
	2 $N_0P_2K_2$	3 $N_1P_2K_2$	6 $N_2P_2K_2$	11 $N_3P_2K_2$	a	b	最高施肥量	最佳施肥量
长山镇北关	405.4	493.1	515.2	583.1	−0.088	9.3827		
好生镇石河	396.4	491.4	508.6	530.1	−0.3267	12.927	19.78421	16.72329
孙镇范家村	413	474.4	531.4	612.9	0.0893	6.746		
高新街道办事处东崔	425.8	474	512.4	601.5	0.1818	3.45		
韩店镇韩店	414.8	501.5	516.7	590.4	−0.0578	8.5267		
明集镇牛家	428.9	479.8	535.3	558.3	−0.1249	8.7287	19.94275	16.93635
焦桥镇爱贤	404.3	471.8	534.5	604.2	0.0098	8.612		
九户镇道民	366.2	474.5	489.5	513.1	−0.3764	14.546	19.32253	16.66578
韩店镇孙家	471.5	496.8	500.2	502.9	−0.1004	3.5613	17.73556	17.775398
韩店镇韩店	401.7	435.2	441.7	462.7	−0.0556	3.7767	19.96313	15.97752
明集镇颜集	287.9	346.8	413.1	506.9	0.1781	6.5936		

注：计算最佳施肥量时的参考价格：小麦，2.00 元/kg；玉米，1.60 元/kg；纯氮，4.00 元/kg；纯磷(P_2O_5)，4.50 元/kg；K_2O，4.70 元/kg。

同理,可以得到有效磷和速效钾的最高施肥量和最佳施肥量(见专表 2-16 和专表 2-17)。

专表 2-16　有效磷的最高施肥量和最佳施肥量

试验地点	有效磷							
	4 $N_2P_0K_2$	5 $N_2P_1K_2$	6 $N_2P_2K_2$	7 $N_2P_3K_2$	a	b	最大施肥量	最佳施肥量
长山镇北关	422.5	501.4	515.2	533.7	−0.9453	20.026	10.5924	9.402
好生镇石河	406.5	495	508.6	509.4	−1.7898	28.001	7.822	7.193
孙镇范家村	421.1	490.6	531.4	566.7	−0.5344	18.353		
高新街道办事处东崔	430.8	480.1	512.4	544.3	−0.3551	14.38		
韩店镇韩店	421	507.8	516.7	537.1	−1.0375	21.38	10.303	9.219
明集镇牛家	453.6	488.7	535.3	541	−0.4594	13.233	10.402	9.953
焦桥镇爱贤	413.2	489.6	534.5	553.4	−1.1735	25.621	10.916	9.957
九户镇道民	377.4	477.1	489.5	490.3	−2.0184	31.224	7.7348	7.177
韩店镇孙家	473.2	498.3	500.2	500.4	−0.5082	7.7214	7.5968	5.383
韩店镇韩店	422.5	436.2	441.7	451.2	−0.0519	2.7356		
明集镇颜集	385.8	421.9	413.1	512.7	1.2959	−2.9814		

专表 2-17　速效钾的最高施肥量和最佳施肥量

试验地点	速效钾							
	8 $N_2P_2K_0$	9 $N_2P_2K_1$	6 $N_2P_2K_2$	10 $N_2P_2K_3$	a	b	最大施肥量	最佳施肥量
长山镇北关	428.3	507.1	515.2	542.4	−2.064	29.496	7.145	6.600
好生镇石河	430.7	507.6	508.6	520.6	−2.596	30.298	5.835	5.402
孙镇范家村	425.4	516.7	531.4	601.5	−0.848	28.08		
高新街道办事处东崔	445.3	512.1	512.4	566.7	−0.1953	11.456		
韩店镇韩店	451.2	515	516.7	546.6	−1.356	21.686	7.996	7.1666
明集镇牛家	466.6	510.1	535.3	541.7	−1.492	21.218	7.110	6.356
焦桥镇爱贤	417.9	518.3	534.5	591.6	−0.6766	21.551		
九户镇道民	436.8	488.4	489.5	502.4	−0.6047	12.204	8.090	6.230
韩店镇孙家	481.4	499.4	500.2	501.2	−0.2656	4.6925	8.833	4.598
韩店镇韩店	423.8	438.8	441.7	454.2	−0.4	9.028		
明集镇颜集	460	492.3	413.1	515.9	2.82	−17.61	3.122	3.521

三、结论与应用

施肥指标体系是一个复杂的综合系统，它的建立是一项复杂的长期工作，包括土样从采集到化验、田间试验的实施到试验数据的室内分析、材料从收集到整理等，需要多人配合，历时多年才能完成的一项系统工程。邹平县施肥指标体系的建设从 2006 年开始到 2009 年基本建立，采集土样 7100 个，化验 50000 余项次，基本摸清了全县土壤的基本情况。通过近几年对作物"3414"田间试验和肥料效应对比试验的调查研究发现，邹平县土壤利用系数低、化肥利用率偏低。针对这一情况，根据平衡施肥原理，结合试验给出的邹平县小麦的丰缺指标和最佳施肥量，把土壤有效养分含量、作物需肥规律、作物的养分需要量以及土壤水分条件、地力条件、施肥方式作为辅助性指标，初步总结出了邹平县小麦相对合理科学的配方，建立了施肥指标体系。

(一)小麦施肥指标

小麦是邹平县主要的农作物之一，是全县栽植面积最大的农作物，是一种需肥较多的作物。在一般栽培条件下，每生产 100kg 小麦籽粒需要吸收氮、磷、钾的数量分别是 2.8kg、1kg 和 2.4kg。

小麦对氮、磷、钾的吸收量，随着品种特性、栽培技术、土壤、气候的变化而有所变化。产量要求越高，吸收的养分总量也随之增多。小麦在不同生育期，对养分的吸收数量和比例是不同的。因此，在小麦苗期，应有适量的氮营养和一定的磷、钾营养，促使幼苗早分蘖、早发根，培育壮苗；拔节到开花是小麦一生吸收养分最多的时期，需要较多的氮、钾营养，以巩固分蘖成穗，促进壮秆、增粒；抽穗、扬花之后应保持足够的氮、磷营养，以防脱肥早衰，促进光合作用的转化和运输，促进小麦籽粒灌浆饱满，增加粒重。目前，邹平县大力推广氮肥后移延衰高产栽培技术，这改变了农民过去传统的施肥方式。

通过对"3414"试验的汇总分析，从氮、磷、钾三元肥效试验结果可以看出：一般高产田氮肥每亩施用量为 16～19kg，磷肥每亩施用量为 8～10kg，钾肥每亩施用量为 4～5kg；中低产田一般氮肥每亩施用量为 13～16kg，磷肥每亩施用量为 7～9kg，钾肥每亩施用量为 1.0～4.5kg。当然，南部山区因无灌溉条件而靠天吃饭的低产田速效钾含量超过 100 mg/kg 时，可以不施钾肥。具体的推荐施肥量如专表 2-18 所示。

专表 2-18　邹平县小麦不同生产条件下的推荐施肥量

目标产量($kg/667m^2$)	推荐施肥量($kg/667m^2$)						
	N	P_2O_5 土壤有效磷(mg/kg)			K_2O 土壤速效钾(mg/kg)		
		<15	15～30	>30	<90	90～140	>140
350	10～12	5	3	2	4	0	0
400	13～16	9	8	7	6	3	0
500	16～19	10	9	8	7	5	3

（二）小麦施肥指导意见

1.存在问题

根据对邹平县农户施肥情况的调查发现，农民盲目施肥、过量施肥现象依然严重，重氮肥，轻磷肥、钾肥，重无机肥，轻有机肥，有机肥用量明显不足，锌等微量元素缺乏，土壤板结，透气性差，肥料利用率下降。

2.施肥原则

（1）依据土壤肥力水平，适当调整氮、磷、钾化肥用量。

（2）增施有机肥，实施玉米秸秆还田，提倡有机肥、无机肥配合施用。

（3）深松，打破犁底层，促进根系发育，提高水肥效率。

（4）氮肥分期施用，适当增加生育中后期的氮肥施用比例。

（5）依据土壤钾素状况，高效施用钾肥，注意锌等微量元素的配合施用。

（6）肥料施用与高产优质栽培技术相结合。

3.施肥建议

每亩产量在500kg以上条件下：氮肥（N）16～18kg/667m^2，磷肥（P_2O_5）9～10kg/667m^2，钾肥（K_2O）6～7kg/667m^2。

每亩产量在400～500kg条件下：氮肥（N）13～16kg/667m^2，磷肥（P_2O_5）7～8kg/667m^2，钾肥（K_2O）5～6kg/667m^2。

每亩产量在400kg以下条件下：氮肥（N）10～12kg/667m^2，磷肥（P_2O_5）4～5kg/667m^2，钾肥（K_2O）2～3kg/667m^{2}或者不施。

4.肥料运筹

若基肥施用了有机肥，可酌情减少化肥用量。对于缺锌土壤，可基施硫酸锌1～2kg/667m^2。磷肥、钾肥全部作基肥。高产田（500kg以上）氮肥总量的1/3作基肥施用，2/3作追肥在拔节期施用；中产田（400～500kg）氮肥作基肥、追肥的比例可各占一半；低产田及旱薄地小麦可适当加重基肥比例，各镇（街道办事处）可根据当地土壤肥力水平，结合已经发放的施肥建议卡来科学制定施肥指导方案。

第二节　玉米施肥指标体系研究与应用

一、田间试验

（一）“3414”试验

1.“3414”完全实施方案

试验设计同小麦。

2.试验地块选择

试验地块选择同小麦。

3.试验品种选择

田间试验选择当地主栽作物品种或拟推广品种。玉米主要有郑单958、浚单20、莱农14等。

4. 试验地块要求与小区排列

试验地块要求与小区排列同小麦。

5. 试验田间记载

试验田间记载同小麦。

（二）肥效对比试验

肥效对比试验同小麦。

1. 施肥量的确定

习惯施肥：20户以上农户调查的平均值。肥料品种及施肥方式按习惯进行。

平衡施肥一：

$$N_T = 0.02Y_m$$

$$P_T = 0.02 \times (Y_m - 400) + (15 - P_S) \times 0.15 (Y_m > 400 \text{ 时使用})$$

平衡施肥二：

$$N_T = 0.02Y_m + 4$$

$$P_T = 0.02 \times (Y_m - 400) + (15 - P_S) \times 0.15 + 2 (Y_m > 400 \text{ 时使用})$$

式中：Y_m为预定产量目标；P_S为肥料中磷的含量；N_T为每亩氮肥用量；P_T为每亩磷肥用量。

Y_m低于400kg、土壤有效磷高于15mg/kg时，不施磷肥。Y_m低于400kg、土壤有效磷低于15mg/kg时，建议施磷肥2～3kg。

钾肥用量如专表2-19所示。

专表2-19　钾肥用量

目标产量 (kg/667m²)	土壤速效钾(mg/kg)		
	<75		<75
400	5	0	0
500	6	5	5
600	8	8	6

2. 肥效对比试验处理排列

肥效对比试验处理排列同小麦。

3. 试验设计

试验设计同小麦。

4. 试验实施

总之，在近几年里，我们在邹平县不同土壤类型和不同肥力水平的地块上开展了大量的"3414"试验和肥效对比试验，陆续开展了"3414"试验37处，其中玉米11处；安排肥效对比示范34处，其中玉米12处。同时安排县级百亩示范方16处，省级万亩示范方2处。

为确保试验数据的准确性，采取的措施同小麦。

肥料品种及施肥方式按习惯进行。

二、玉米田间试验结果与分析

(一)试验数据汇总

2006～2009 年连续 3 年的玉米“3414”试验数据如专表 2-20 和专表 2-21 所示。

专表 2-20　　玉米田间试验基础数据汇总表(一)

	有机质(g/kg)	碱解氮(mg/kg)	有效磷(mg/kg)	速效钾(mg/kg)	试验类型	NPK 二水平用量
王志刚	14.7	119.1	20.8	110	3414	14—4—6
刘本喜	13.8	46.7	24.5	138	3414	14—4—6
李无彦	12.3	78.9	22	112	3414	14—4—6
韩本书	12.2	93.7	22.6	92	3414	16—4—8
王兆耀	12.5	188.4	13.4	124	3414	16—4—8
任立海	12.5	53.1	11.8	113	3414	16—4—8
毕思民	12.8	124.0	21.8	129	3414	16—4—8
李仲辉	10.6	98.2	22.5	127	3414	16—4—8
王风亭	12.5	111.1	14.7	116	3414	14—7—5
刘绪高	13.7	93.4	12.7	124	3414	16—4—8

专表 2-21　　玉米田间试验基础数据汇总表(二)

	各处理产量(kg/667m^2)													
	1	2	3	4	5	6	7	8	9	10	11	12	13	14
	$N_0P_0K_0$	$N_0P_2K_2$	$N_1P_2K_2$	$N_2P_0K_2$	$N_2P_1K_2$	$N_2P_2K_2$	$N_2P_3K_2$	$N_2P_2K_0$	$N_2P_2K_1$	$N_2P_2K_3$	$N_3P_2K_2$	$N_1P_1K_2$	$N_1P_2K_1$	$N_2P_1K_1$
王志刚	383	422	448	435	486	493	519	471	489	534	503	441	443	468
刘本喜	396	435	475	446	494	500	529	490	496	541	522	450	471	487
李无彦	394	426	463	433	481	486	512	481	482	534	497	438	462	479
韩本书	498.1	533.7	548.5	535.9	567	569.1	574.2	558.3	567.7	575.2	569.4	542.8	548.1	552.4
王兆耀	534.5	567.7	583.9	569.9	598.5	602.7	604.9	596.7	600.4	605	602.9	582.7	583.2	592
任立海	478.9	516.7	530.1	518.2	552.2	554.6	555.9	550.9	554.1	556.8	555.5	528.7	529.4	541
毕思民	483.8	519.4	533.7	521.3	552.3	555.2	556.5	551	552.9	558.7	555.5	531.8	533.6	541.8
李促辉	397.4	487.4	534.7	517.7	542.4	548.6	568.4	541.2	546.7	581	556	520.1	533	537.1
王风亭	423.1	496.1	522	508.1	532.7	552.7	563	528.7	538.5	579.9	556.4	510.6	517.5	528.1
刘绪高	432.8	508.2	522.9	515.4	528.8	549.1	567.5	528.2	536.3	572.4	559	518.3	522.1	526.1

（二）玉米土壤养分利用系数

土壤养分利用系数计算同小麦，所得结果如专表 2-22 所示。

专表 2-22　　玉米养分利用系数表

农户名	碱解氮				有效磷			速效钾		
	6 $N_2P_2K_2$	土壤养分	2 $N_0P_2K_2$	利用系数	土壤养分	4 $N_2P_0K_2$	利用系数	土壤养分	8 $N_2P_2K_0$	利用系数
王志刚	493	119.1	422	0.59054	20.8	435	0.54795	110	471	0.47576
刘本喜	500	46.7	435	1.55246	24.5	446	0.47696	138	490	0.39452
李无彦	486	78.9	426	0.89987	22	433	0.51568	112	481	0.47718
韩本书	569.1	93.7	533.7	0.94931	22.6	535.9	0.62129	92	558.3	0.67428
王兆耀	602.7	188.4	567.7	0.50221	13.4	569.9	1.11432	124	596.7	0.53468
任立海	554.6	53.1	516.7	1.62178	11.8	518.2	1.15062	113	550.9	0.54169
毕思民	555.2	124.0	519.4	0.69812	21.8	521.3	0.62654	129	551	0.47459
李仲辉	548.6	98.2	487.4	0.82722	22.5	517.7	0.60285	127	541.2	0.47349
王风亭	552.7	111.1	496.1	0.74422	14.7	508.1	0.90562	116	528.7	0.50642
刘绪高	549.1	93.4	508.2	0.90685	12.7	515.4	1.06330	124	528.2	0.47330

将表中的数据按产量分级，进行土壤养分利用系数汇总（见专表 2-23）。

专表 2-23　　玉米土壤养分利用系数汇总

产量分级	产量水平 (kg/667m^2)	氮肥	磷肥	钾肥
高	＞600	0.5	1.11	0.53
中	450～600	0.98	0.72	0.5
低	＜450			

（三）玉米化肥利用率

化肥利用率计算同小麦。通过计算，所得结果如专表 2-24 所示。

专表 2-24　　玉米化肥利用率

农户名	2 $N_0P_2K_2$	4 $N_2P_0K_2$	8 $N_2P_2K_0$	6 $N_2P_2K_2$	氮肥利用率	磷肥利用率	钾肥利用率
王志刚	422	435	471	493	0.12679	0.23050	0.27333
刘本喜	435	446	490	500	0.11607	0.22150	0.23333

续表

农户名	2 $N_0P_2K_2$	4 $N_2P_0K_2$	8 $N_2P_2K_0$	6 $N_2P_2K_2$	氮肥 利用率	磷肥 利用率	钾肥 利用率
李无彦	426	433	481	486	0.10714	0.21925	0.21667
韩本书	533.7	535.9	558.3	569.1	0.15531	0.27470	0.22700
王兆耀	567.7	569.9	596.7	602.7	0.15469	0.21380	0.29500
任立海	516.7	518.2	550.9	554.6	0.15922	0.18190	0.2925
毕思民	519.4	521.3	551	555.2	0.15594	0.17628	0.21050
李仲辉	487.4	517.7	541.2	548.6	0.19563	0.16952	0.21850
王风亭	496.1	508.1	528.7	552.7	0.20107	0.15734	0.29600
刘绪高	508.2	515.4	528.2	549.1	0.16391	0.27583	0.25225

将表中的数据按产量分级，进行化肥利用率汇总(见专表 2-25)。

专表 2-25　　玉米化肥利用率汇总

产量分级	产量水平 (kg/667m^2)	氮肥	磷肥	钾肥
高	>600	0.05	0.08	0.009
中	450～600	0.09	0.09	0.04
低	<450			

可以看出，邹平县的化肥利用率较全国肥料利用情况相对属偏低水平。因此，提高培肥地力水平、改善施肥结构、提高化肥利用率、节约资源势在必行。

(四)玉米地力产量贡献率

地力产量贡献率计算同小麦，玉米地力产量贡献率如专表 2-26 所示。

专表 2-26　　玉米地力产量贡献率

农户名	$1N_0P_0K_0$	$6N_2P_2K_2$	贡献率
王志刚	383	493	77.68763
刘本喜	396	500	79.20000
李无彦	394	486	81.06996
韩本书	498.1	569.1	87.52416
王兆耀	534.5	602.7	88.68425
任立海	478.9	554.6	86.35052
毕思民	483.8	555.2	87.13977

续表

农户名	1 $N_0P_0K_0$	$6N_2P_2K_2$	贡献率
李仲辉	397.4	548.6	72.43894
王风亭	423.1	552.7	76.55147
刘绪高	432.8	549.1	78.81989

按照产量分级，进行汇总(见专表 2-27)。

专表 2-27　　玉米地力产量贡献率汇总

产量分级	产量水平 (kg/667m²)	贡献率
高	＞600	88.7
中	450～600	80.8
低	＜450	

(五)玉米平衡施肥增产率

平衡施肥增产率计算同小麦，玉米平衡施肥增产率如专表 2-28 所示。

专表 2-28　　玉米平衡施肥增产率

序号	土壤类型	有机质	碱解氮	有效磷	速效钾	各处理产量 (kg/667m²)			平衡施肥增产率
		(g/kg)	(mg/kg)	(mg/kg)	(mg/kg)	习惯施肥	平衡施肥一	平衡施肥二	
1	褐土	13	76.8	18.2	83.21	502.0	543.0	497.0	8.1673
2	潮土	11.8	61.7	22.3	82.26	501.0	576.0	504.0	14.9701
3	潮土	16.3	89.2	12.3	79.2	527.0	583.0	525.0	10.6262
4	潮土	16.6	93	35	129	502.0	507.8	525.4	4.6614
5	潮土	15.3	59	15.5	65	615.0	632.5	638.5	3.8211
6	潮土	11.1	63	12.4	70	613.8	612.0	624.8	1.7921
7	潮土	15.5	89	15.7	85	508.0	513.3	531.3	4.5866
8	褐土	18.5	57	17	88	621.9	689.8	709.3	14.0548
9	潮土	17.4	85	15.9	101	606.8	645.0	668.3	10.1442
10	潮土	15.3	92	9	79	707.7	755.8	778.9	10.0604

(六)玉米各元素养分丰缺指标分析

1. 碱解氮

首先对不同试验点的一种养分土壤测定值与相对产量进行配对(见专表 2-29)。

专表 2-29　　玉米碱解氮养分丰缺指标

农户名			碱解氮	
	$2N_0P_2K_2$	$6N_2P_2K_2$	(mg/kg)	相对产量
王志刚	422	493	119.1	85.59838
刘本喜	435	500	46.7	87.00000
李无彦	426	486	78.9	87.65432
韩本书	533.7	569.1	93.7	93.77965
王兆耀	567.7	602.7	188.4	94.19280
任立海	516.7	554.6	53.1	93.16625
毕思民	519.4	555.2	124.0	93.55187
李仲辉	487.4	548.6	98.2	88.84433
王风亭	496.1	552.7	111.1	89.75936
刘绪高	508.2	549.1	93.4	92.55145

在 Excel 中的计算同小麦。

第一步:绘制的散点图,如专图 2-6 所示。

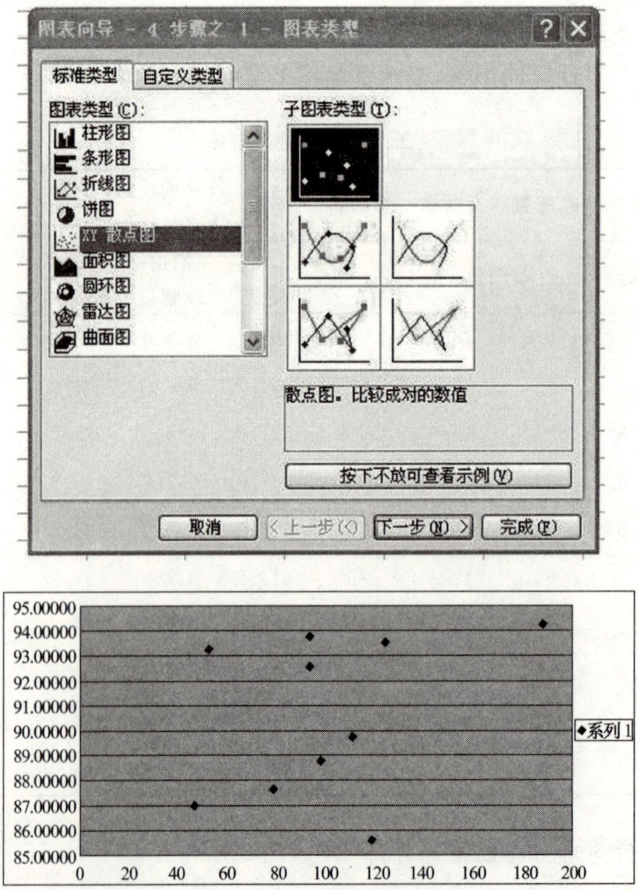

专图 2-6　绘制散点图

第二步：得到的一元回归方程，如专图 2-7 所示。

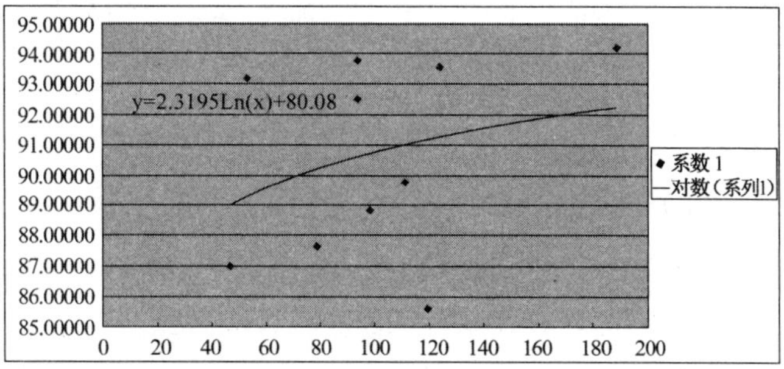

专图 2-7　得到一元回归方程

上面氮肥的函数关系为

$$y=2.3195\ln x+80.08$$

第三步：将函数关系 $y=2.3195\ln x+80.08$ 进行转化得到

$$x=\exp(y-80.08)/2.3195$$

通过上式进行计算 $y=75$、90、95 得到的值就是土壤中该种元素的不同相对产量的丰缺指标，分别是 0.11、72、621.7。

2. 有效磷和速效钾

同理，将下面两组有效磷和速效钾的配对进行分析，可以得到它们对应的丰缺指标（见专表 2-30）。

专表 2-30　玉米有效磷和速效钾养分丰缺指标

农户名	有效磷							
	$4N_2P_0K_2$	$6N_2P_2K_2$	(mg/kg)	相对产量	$8N_2P_2K_0$	$6N_2P_2K_2$	(mg/kg)	相对产量
王志刚	435	493	20.8	88.2353	471	493	110	95.5375
刘本喜	446	500	24.5	89.2000	490	500	138	98.0000
李无彦	433	486	22	89.0947	481	486	112	98.9712
韩本书	535.9	569.1	22.6	94.1662	558.3	569.1	92	98.1023
王兆耀	569.9	602.7	13.4	94.5578	596.7	602.7	124	99.0045
任立海	518.2	554.6	11.8	93.4367	550.9	554.6	113	99.3329
毕思民	521.3	555.2	21.8	93.8941	551	555.2	129	99.2435
李仲辉	517.7	548.6	22.5	94.3675	541.2	548.6	127	98.6511
王风亭	508.1	552.7	14.7	91.9305	528.7	552.7	116	95.6577
刘绪高	515.4	549.1	12.7	93.8627	528.2	549.1	124	96.1938

有效磷相对产量 90%、95%时的丰缺指标分别是 0.35、92。

速效钾相对产量 90%、95%时的丰缺指标分别是 0.79、117.4。

（七）玉米最高施肥量和最佳施肥量

利用“3414”试验记录表中的 $N_0P_2K_2$、$N_1P_2K_2$、$N_2P_2K_2$、$N_3P_2K_2$；$N_2P_0K_2$、$N_2P_1K_2$、$N_2P_2K_2$、$N_2P_3K_2$；$N_2P_2K_0$、$N_2P_2K_1$、$N_2P_2K_2$、$N_2P_2K_3$ 的四个处理，利用一元回归分析，分别求得最高施氮、磷、钾量和最佳施氮、磷、钾量。

碱解氮：将“3414”试验记录表中的 $N_0P_2K_2$、$N_1P_2K_2$、$N_2P_2K_2$、$N_3P_2K_2$ 和试验地块的碱解氮含量、试验二水平的用肥量组成专表 2-31。

专表 2-31　　碱解氮统计表

农户名	碱解氮 (mg/kg)	2 $N_0P_2K_2$	3 $N_1P_2K_2$	6 $N_2P_2K_2$	11 $N_3P_2K_2$	NPK 二水平用量
王志刚	119.1	422	448	493	503	14—4—6
刘本喜	46.7	435	475	500	522	14—4—6
李无彦	78.9	426	463	486	497	14—4—6
韩本书	93.7	533.7	548.5	569.1	569.4	16—4—8
王兆耀	188.4	567.7	583.9	602.7	602.9	16—4—8
任立海	53.1	516.7	530.1	554.6	555.5	16—4—8
毕思民	124.0	519.4	533.7	555.2	555.5	16—4—8
李仲辉	98.2	487.4	534.7	548.6	556	16—4—8
王风亭	111.1	496.1	522	552.7	556.4	14—7—5
刘绪高	93.4	508.2	522.9	549.1	559	16—4—8

第一步：同前，如专图 2-8 所示。

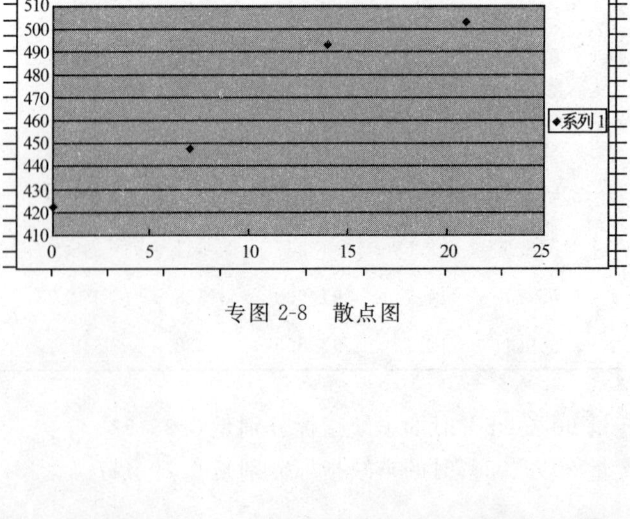

专图 2-8　散点图

第二步：同前，如专图 2-9 所示。

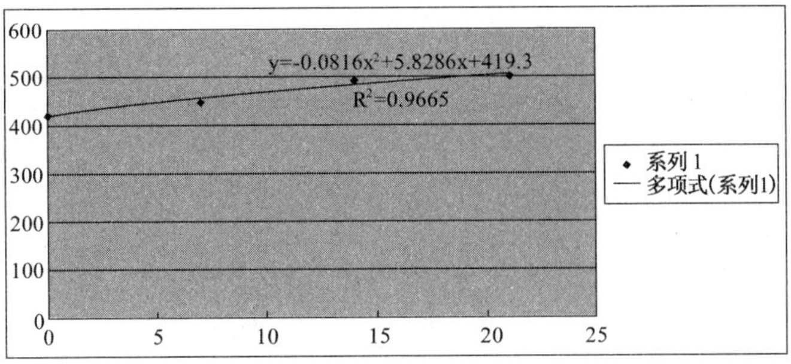

专图 2-9　模拟曲线

第三步：最高施肥量和最佳施肥量计算同小麦。

各点的最高、最佳值进行汇总，如专表 2-32 所示。

专表 2-32　　碱解氮的最高施肥量和最佳施肥量

农户名	碱解氮 2 $N_0P_2K_2$	碱解氮 3 $N_1P_2K_2$	碱解氮 6 $N_2P_2K_2$	碱解氮 11 $N_3P_2K_2$	NPK 二水平用量	a	b	最高施肥量	最佳施肥量
王志刚	422	448	493	503	14—4—6	—0.0816	5.8286		
刘本喜	435	475	500	522	14—4—6	—0.0918	6.0143	19.75763	19.14107
李无彦	426	463	486	497	14—4—6	—0.1327	6.1571	19.19932	18.77958
韩本书	533.7	548.5	569.1	569.4	16—4—8	—0.0566	2.9556	18.10954	17.024735
王兆耀	567.7	583.9	602.7	602.9	16—4—8	—0.0625	3.055	16.44	14.44
任立海	516.7	530.1	554.6	555.5	16—4—8	—0.0488	2.9331		
毕思民	519.4	533.7	555.2	555.5	16—4—8	—0.0547	2.935	16.82815	15.976234
李仲辉	487.4	534.7	548.6	556	16—4—8	—0.1559	6.4869	20.80468	18.78672
王风亭	496.1	522	552.7	556.4	14—7—5	—0.1133	5.4014	19.83672	18.80406
刘绪高	508.2	522.9	549.1	559	16—4—8	—0.0187	2.6825		

同理，可以得到有效磷和速效钾的最高施肥量和最佳施肥量（见专表 2-33 和专表 2-34）。

专表 2-33　　有效磷的最高施肥量和最佳施肥量

农户名	有效磷 4 $N_2P_0K_2$	5 $N_2P_1K_2$	6 $N_2P_2K_2$	7 $N_2P_3K_2$	NPK 二水平用量	*a*	*b*	最高施肥量	最佳施肥量
王志刚	435	486	493	519	14—4—6	—1.5625	22.325	7.144	6.244
刘本喜	446	494	500	529	14—4—6	—1.1875	19.875	8.368421053	7.184210526
李无彦	433	481	486	512	14—4—6	—1.375	20.35	7.4	6.377272727
韩本书	535.9	567	569.1	574.2	16—4—8	—1.625	15.6	4.8	3.934615385
王兆耀	569.9	598.5	602.7	604.9	16—4—8	—1.65	15.36	4.654545455	3.802272727
任立海	518.2	552.2	554.6	555.9	16—4—8	—2.0437	18.037	4.412829672	3.724739443
毕思民	521.3	552.3	555.2	556.5	16—4—8	—1.8562	16.562	4.46126495	3.703668786
李仲辉	517.7	542.4	548.6	568.4	16—4—8	—0.3062	9.7525		
王风亭	508.1	532.7	552.7	563	14—7—5	—0.2918	8.3414		
刘绪高	515.4	528.8	549.1	567.5	16—4—8	0.3125	6.955		

专表 2-34　　速效钾的最高施肥量和最佳施肥量

农户名	速效钾 8 $N_2P_2K_0$	9 $N_2P_2K_1$	6 $N_2P_2K_2$	10 $N_2P_2K_3$	NPK 二水平用量	*a*	*b*	最高施肥量	最佳施肥量
王志刚	471	489	493	534	14—4—6	0.6389	0.6833		
刘本喜	490	496	500	541	14—4—6	0.9722	—3.5167	6.808629912	5.319378729
李无彦	481	482	486	534	14—4—6	1.3056	—6.3167	7.41907935	6.544041054
韩本书	558.3	567.7	569.1	575.2	16—4—8	—0.0516	1.9213	8.61724806	7.84689922
王兆耀	596.7	600.4	602.7	605	16—4—8	—0.0219	0.9425		
任立海	550.9	554.1	554.6	556.8	16—4—8	—0.0156	0.6425		
毕思民	551	552.9	555.2	558.7	16—4—8	0.025	0.335		
李仲辉	541.2	546.7	548.6	581	16—4—8	0.4203	—2.0113	5.392695694	4.887223412
王风亭	528.7	538.5	552.7	579.9	14—7—5	0.696	1.492		
刘绪高	528.2	536.3	549.1	572.4	16—4—8	0.2375	0.785		

三、结论与应用

(一)玉米施肥指标

玉米是高产作物,对氮、磷、钾的吸收量随产量水平的提高而增多,一生中吸收的养分以氮最多、钾次之、磷较少。一般每生产 100kg 玉米籽粒需从土壤中吸收氮 2.55kg、磷

0.98kg、钾 2.49kg，氮、磷、钾比例为 2.5∶0.9∶2.0。在超高产条件时，每生产 100kg 籽粒吸收氮 3.5kg、磷 1.5kg、钾 3.5kg。只追施氮肥，忽视磷肥、钾肥，营养元素比例失调，尤其是“一炮轰”的施肥方式，造成了肥料流失，降低了肥料利用率，影响了产量的提高。要获得更高的产量，还须追施穗肥和粒肥。汇总“3414”方案试验和氮、磷、钾三元肥效试验结果可以看出：一般高产田氮肥每亩施用量为 16～19kg、磷肥每亩施用量为 3.5～4.5kg、钾肥每亩施用量为 5～8kg，中低产田一般氮肥每亩施用量为 13～15kg、磷肥每亩施用量为 2.5～4kg、钾肥每亩施用量为 1.0～5.5kg。当产量很低、速效钾含量超过 100mg/kg 时，可以不施钾肥。具体的推荐施肥量如专表 2-35 所示。

专表 2-35 邹平县玉米不同生产条件下的推荐施肥量

目标产量 ($kg/667m^2$)	推荐施肥量 ($kg/667m^2$)						
	N	P_2O_5 土壤有效磷(mg/kg)			K_2O 土壤速效钾(mg/kg)		
		<15	15～30	>30	<90	90～140	>140
400	15	3	2	0	0	0	0
550	16	4	3	2	6	5	3
650	18	5	4	3	8	7	6

（二）玉米施肥指导意见

1.存在问题

（1）氮肥一次性施肥量较大，存在着“一炮轰”现象，易造成后期脱肥，肥料利用率极低。

（2）磷肥、钾肥施用时期和方式不合理，没有充分发挥磷肥、钾肥后效。

（3）有机肥施用量较少。

（4）耕层过浅，影响根系发育，易遭受旱灾，易倒伏。

2.施肥原则

（1）氮肥分次施用，磷酸二铵作种肥，适当降低基肥用量，充分利用磷肥、钾肥后效。

（2）有效钾含量高、产量水平低的地块在施用有机肥的情况下可以少施或不施钾肥。

（3）土壤 pH 高、高产地块和缺锌的土壤注意施用锌肥。

（4）增加有机肥用量，继续加大秸秆还田力度。

（5）深松、深耕，打破犁底层，促进根系发育，提高水肥效率。

3.施肥建议

从 2006 年开始对邹平县采集的土样进行化验，通过对大量元素的化验分析发现，邹平县土壤氮素处于中等偏上状态、磷素为中等偏上、钾素处于中等水平。我们对不同产量水平的玉米施肥提出分类指导建议，各镇、（街道办事处）可根据化验结果酌情调整化肥用量（若基肥施用了有机肥，可酌情减少化肥用量）：

每亩产量水平 500kg 以下条件下：氮肥（N）13～15kg/667m^2，磷肥（P_2O_5）2～

3kg/667m^2，钾肥(K_2O)0～3kg/667m^2。

每亩产量水平在 500～650kg 条件下：氮肥(N)15～17kg/667m^2，磷肥(P_2O_5)3～4kg/667m^2，钾肥(K_2O)5～6kg/667m^2。

每亩产量水平在 650kg 以上条件下：氮肥(N)17～19kg/667m^2，磷肥(P_2O_5)4～5kg/667m^2，钾肥(K_2O)7～8kg/667m^2。

附 图

邹平县土地利用现状图

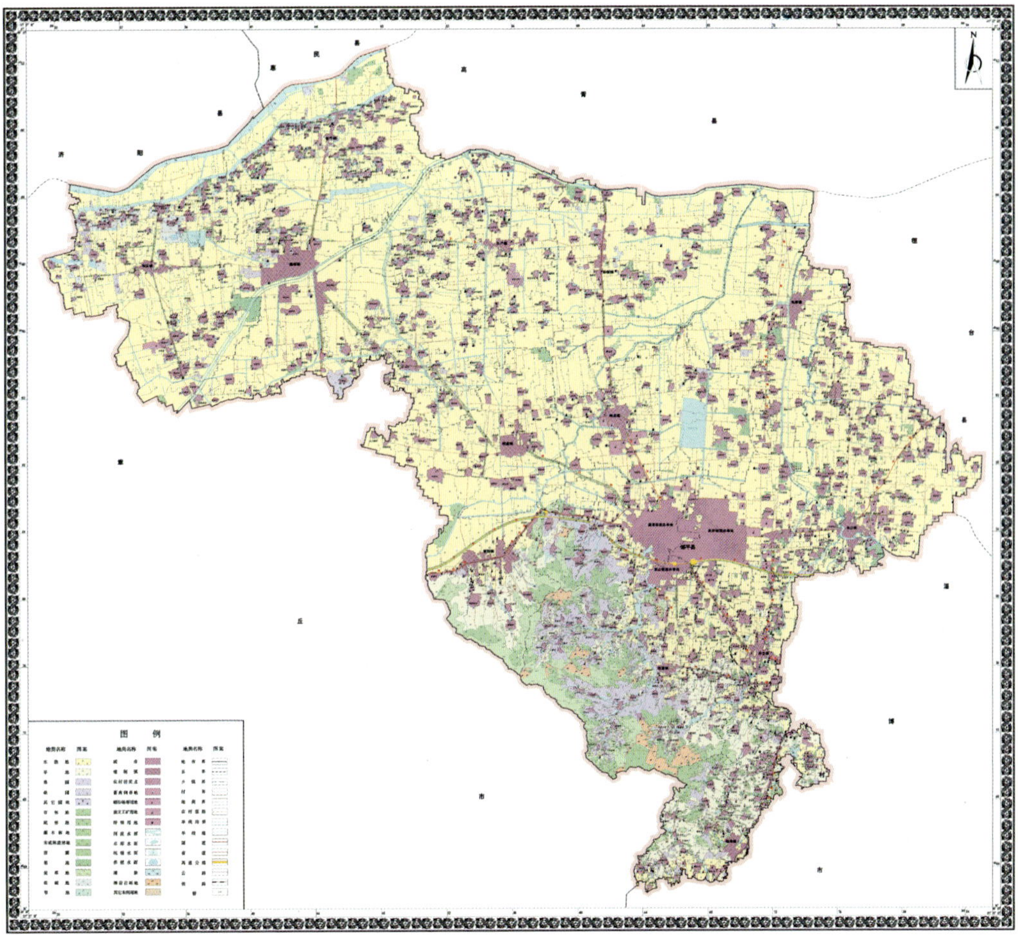

1954年北京坐标系 1956年黄海高程系　　比例尺1:450000　　山东农业大学资源与环境学院
山东天地亚太国土遥感有限公司 二〇〇九年十月

邹平县地貌图

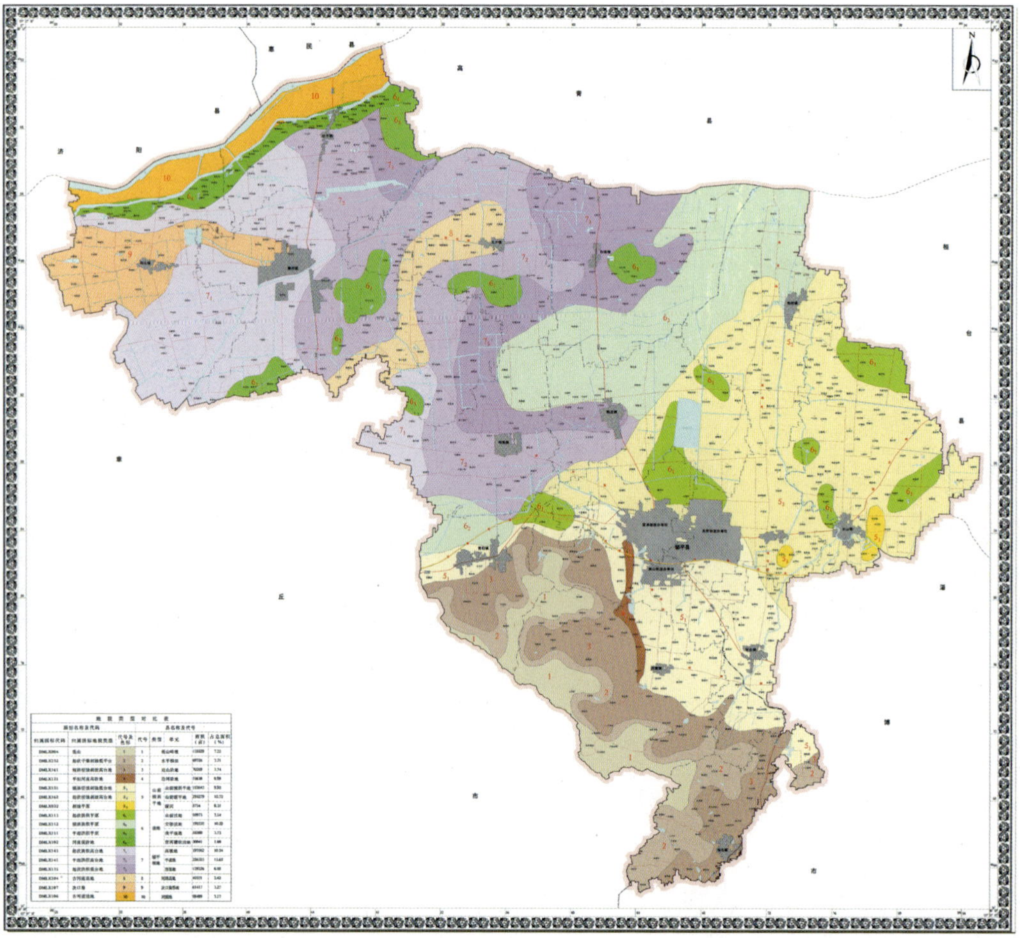

1954年北京坐标系 1956年黄海高程系

比例尺1:450000

山东农业大学资源与环境学院
山东天地亚太国土遥感有限公司 二〇〇九年十月

邹平县土壤图

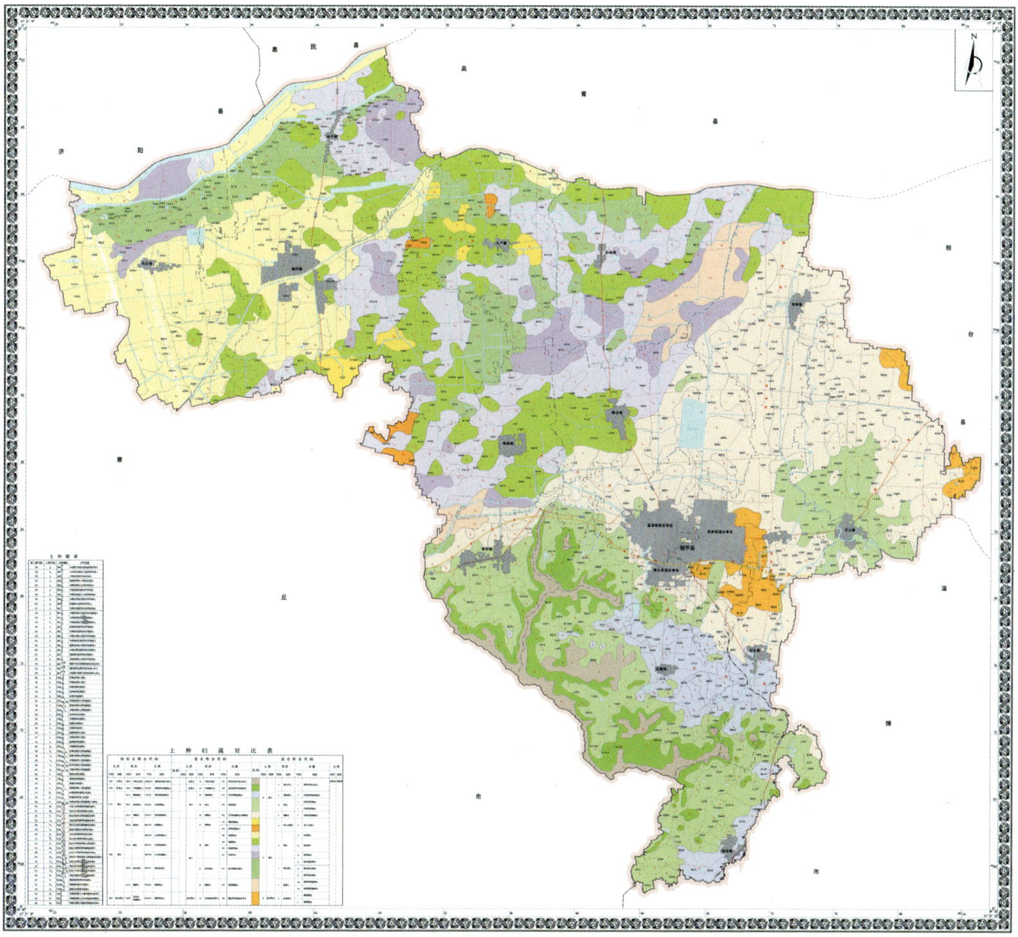

1954年北京坐标系 1956年黄海高程系

比例尺1:450000

山东农业大学资源与环境学院
山东天地亚太国土遥感有限公司 二〇〇九年十月

邹平县地理底图

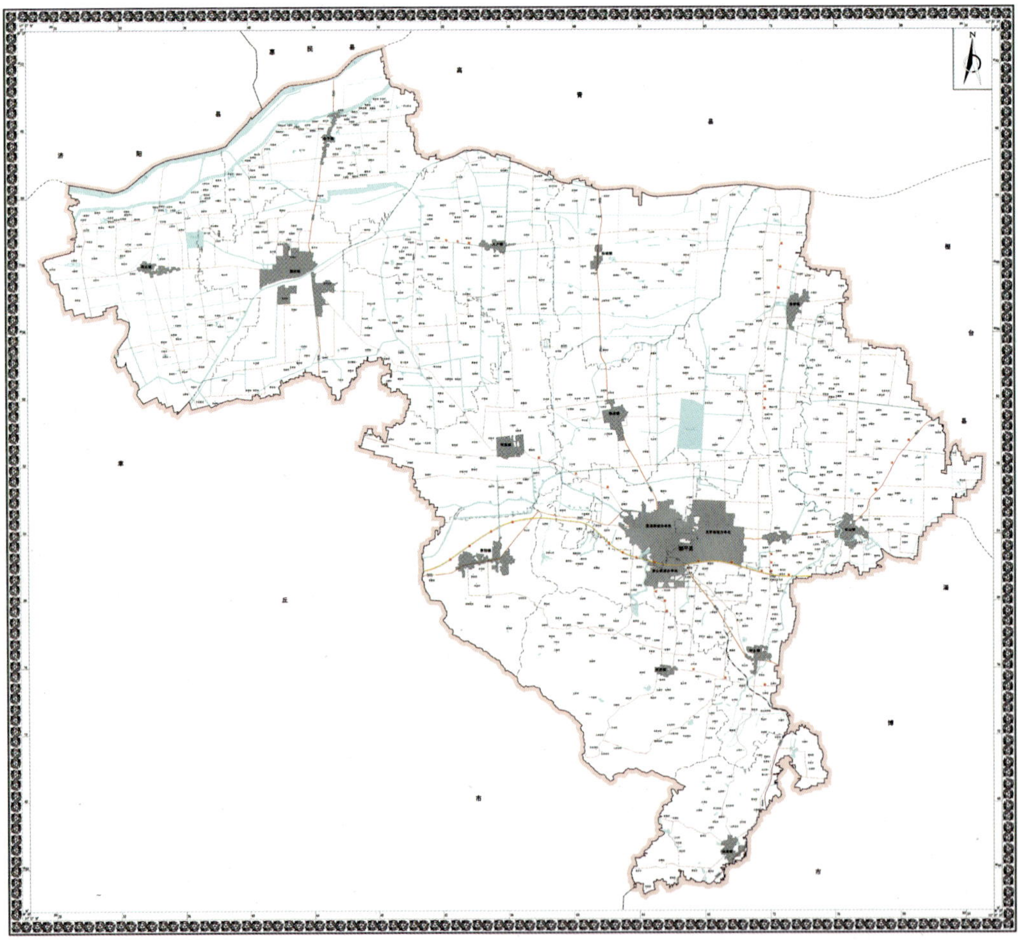

1954年北京坐标系 1956年黄海高程系

比例尺1:450000

山东农业大学资源与环境学院
山东天地亚太国土遥感有限公司 二〇〇九年十月

邹平县矿化度含量分布图

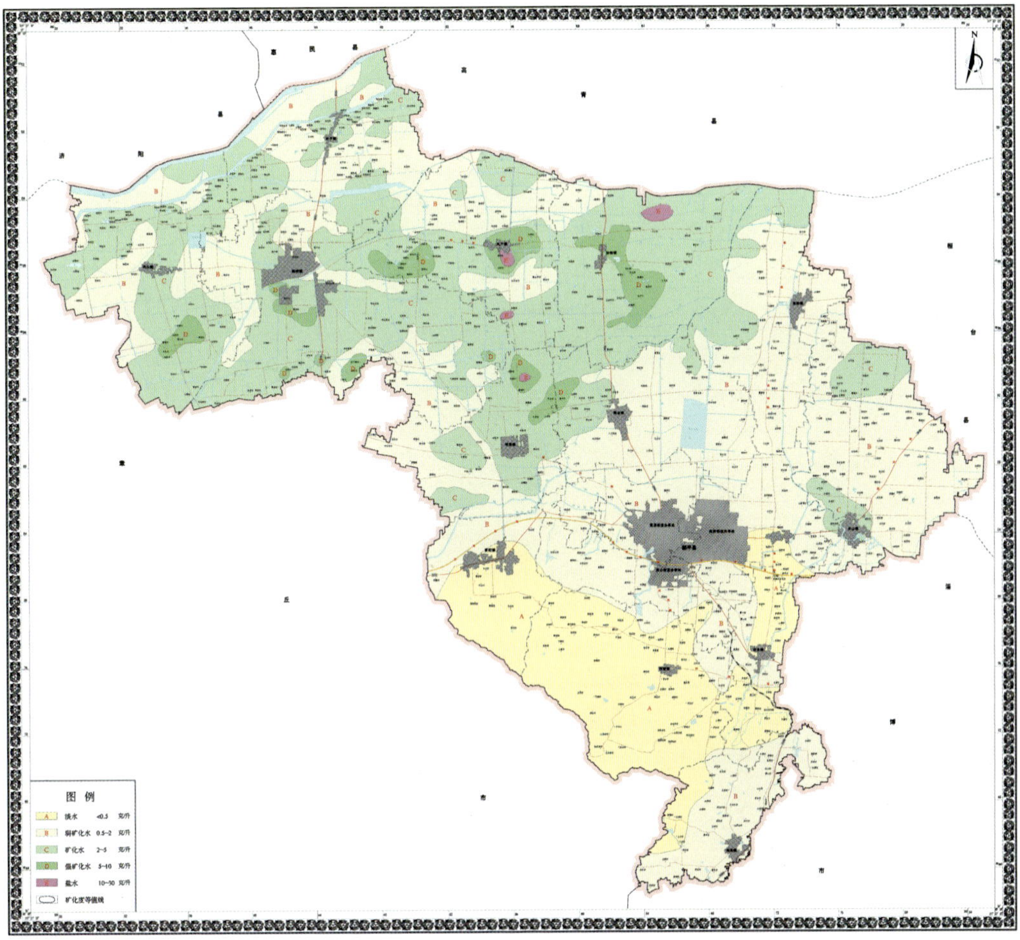

1954年北京坐标系 1956年黄海高程系

比例尺1:450000

山东农业大学资源与环境学院
山东天地亚太国土遥感有限公司 二〇〇九年十月

邹平县坡度图

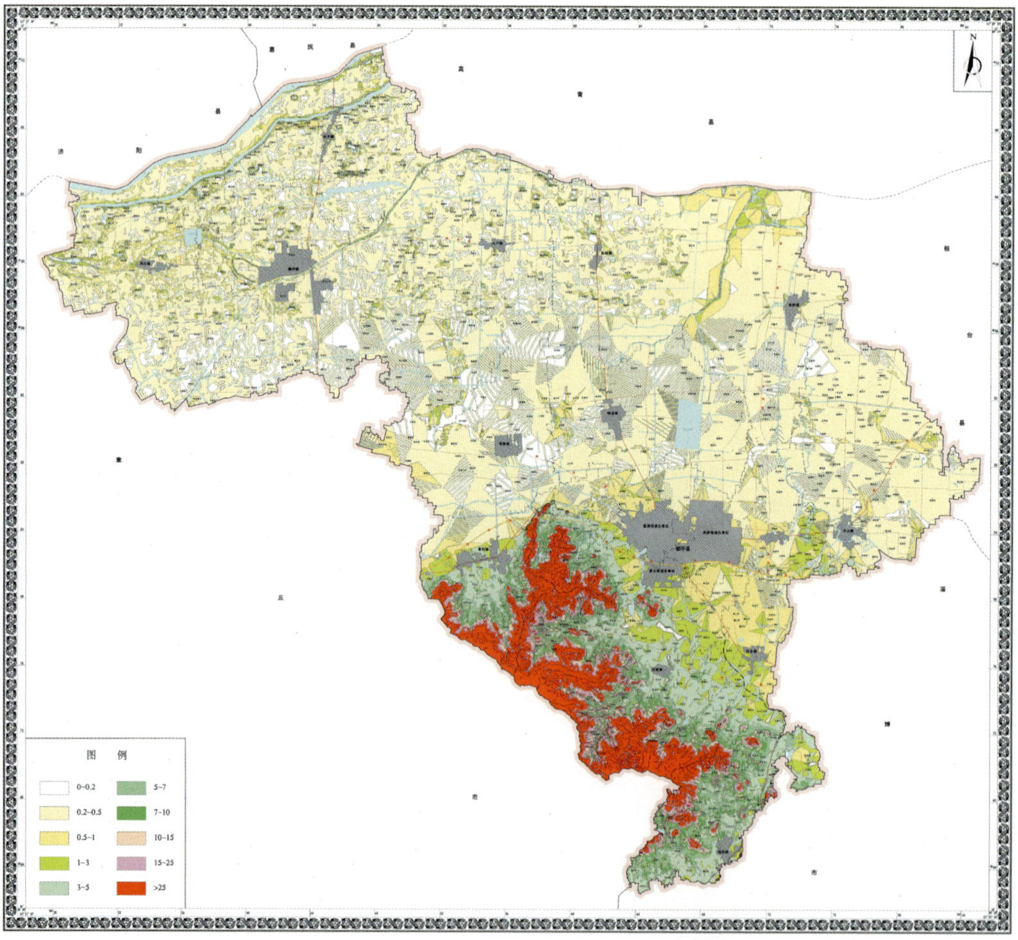

1954年北京坐标系 1956年黄海高程系　　比例尺1:450000　　山东农业大学资源与环境学院
山东天地亚太国土遥感有限公司 二〇〇九年十月

邹平县耕地地力调查点点位图

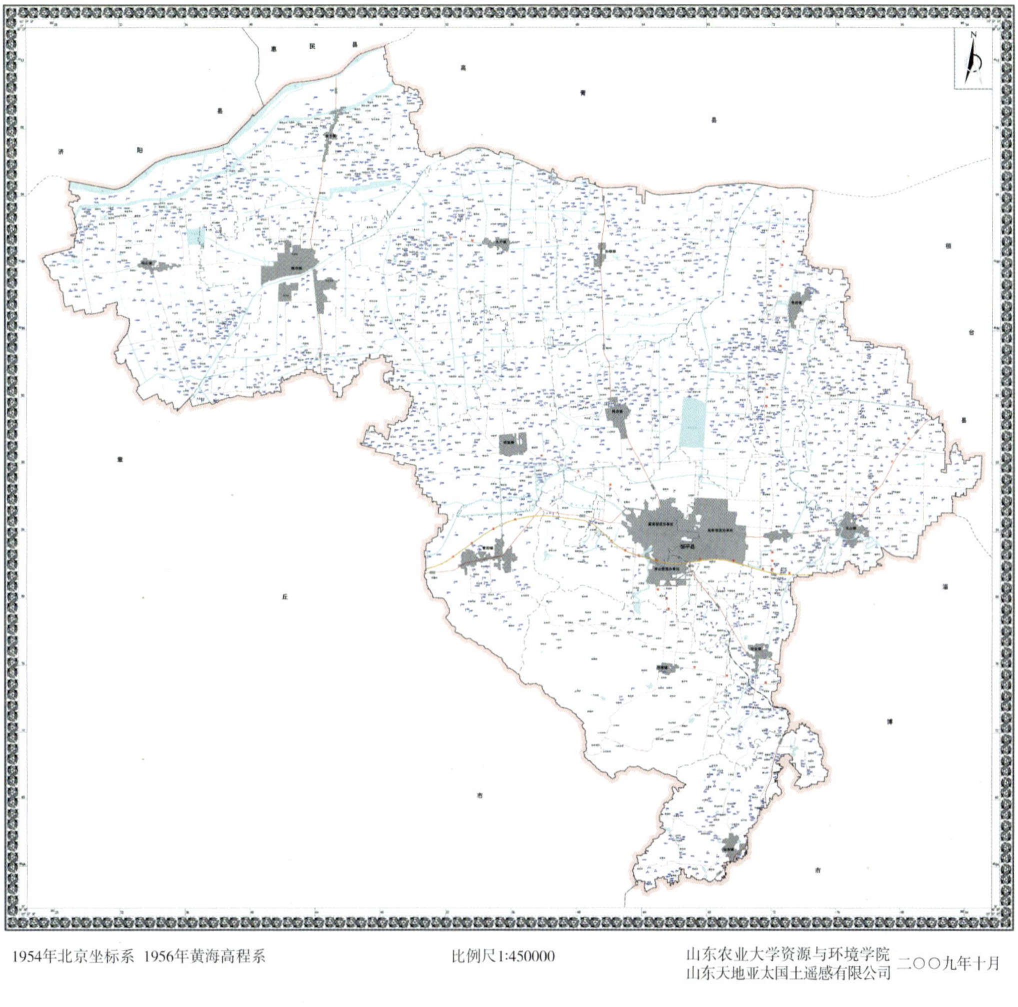

1954年北京坐标系 1956年黄海高程系　　比例尺1:450000　　山东农业大学资源与环境学院
山东天地亚太国土遥感有限公司　二〇〇九年十月

邹平县灌溉分区图

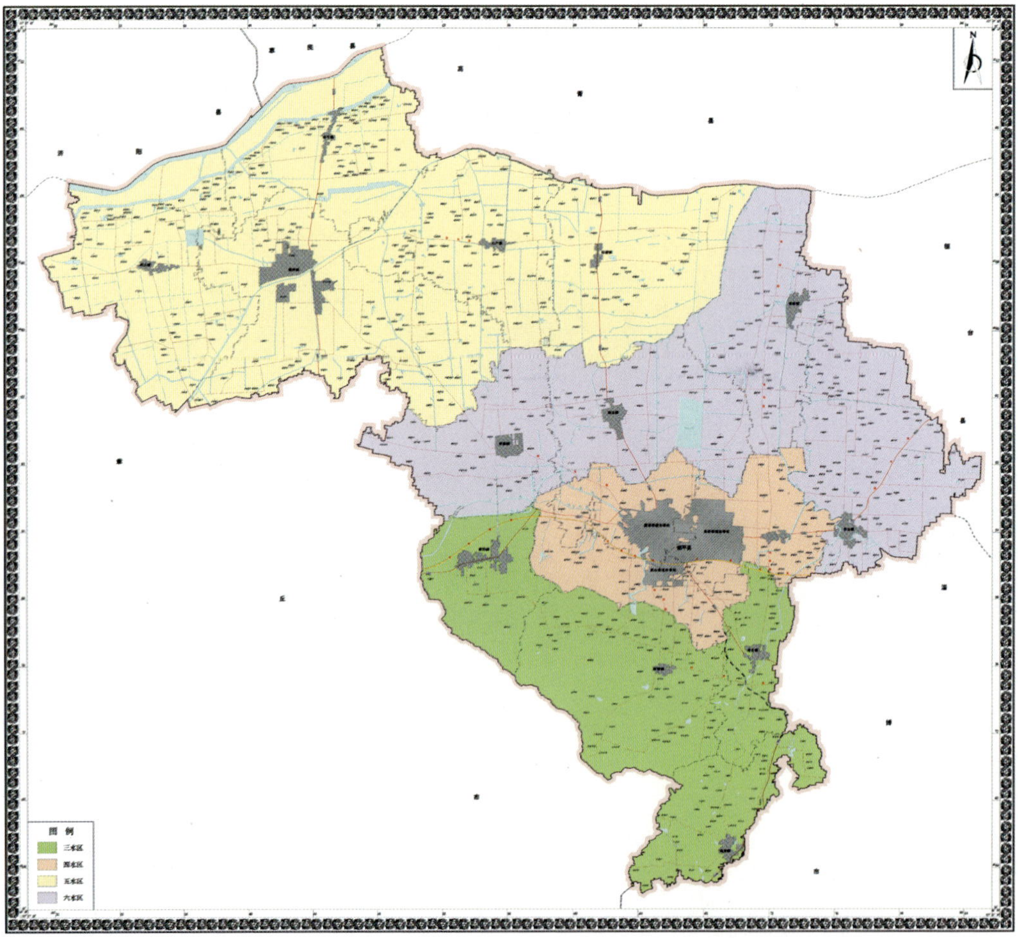

1954年北京坐标系 1956年黄海高程系

比例尺1:450000

山东农业大学资源与环境学院
山东天地亚太国土遥感有限公司 二〇〇九年十月

邹平县土壤pH分布图

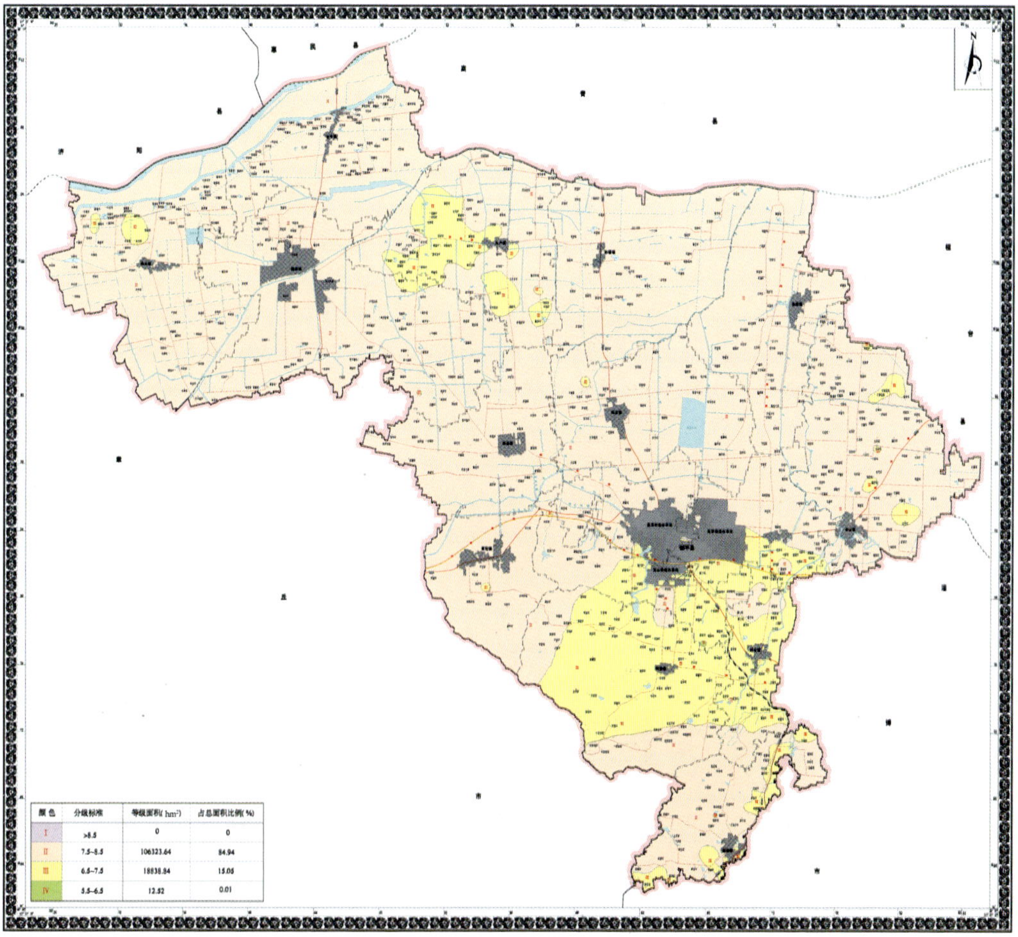

1954年北京坐标系 1956年黄海高程系　　比例尺1:450000　　山东农业大学资源与环境学院
山东天地亚太国土遥感有限公司　二〇〇九年十月

邹平县耕地地力评价等级图

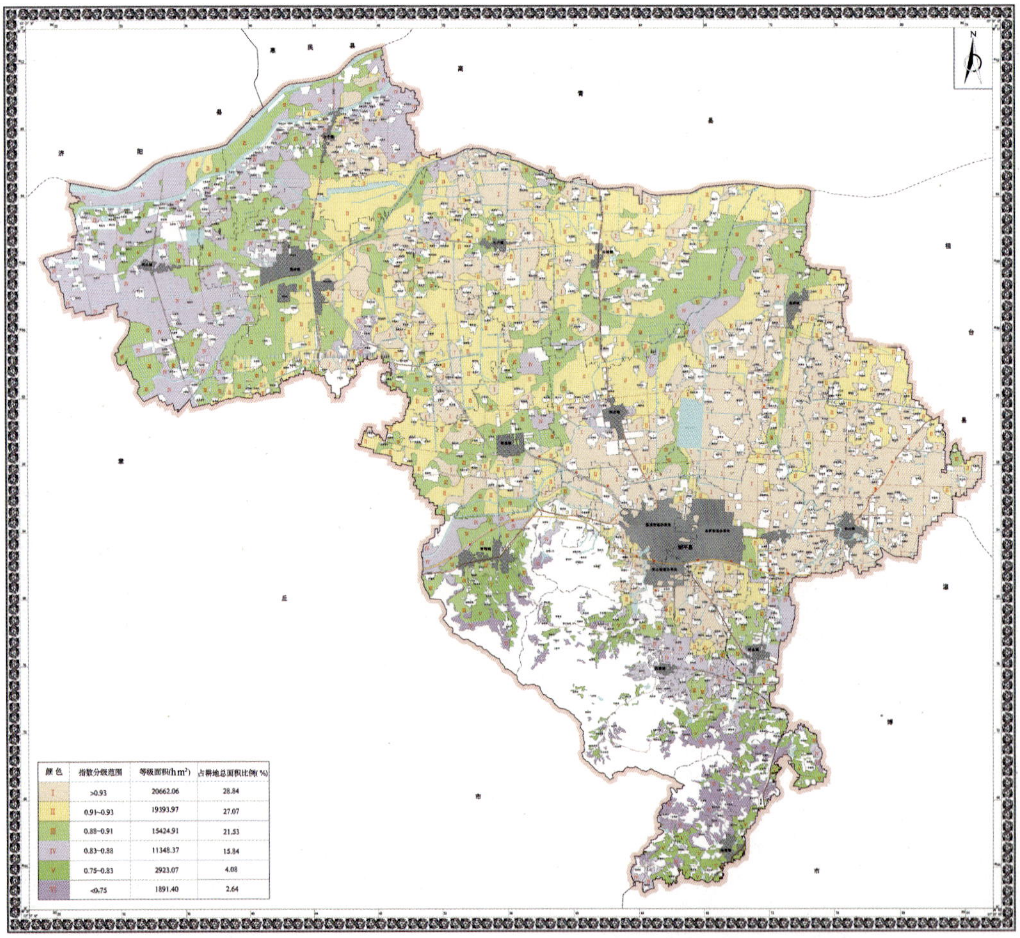

1954年北京坐标系 1956年黄海高程系 比例尺1:450000 山东农业大学资源与环境学院 山东天地亚太国土遥感有限公司 二〇〇九年十月

邹平县土壤缓效钾含量分布图

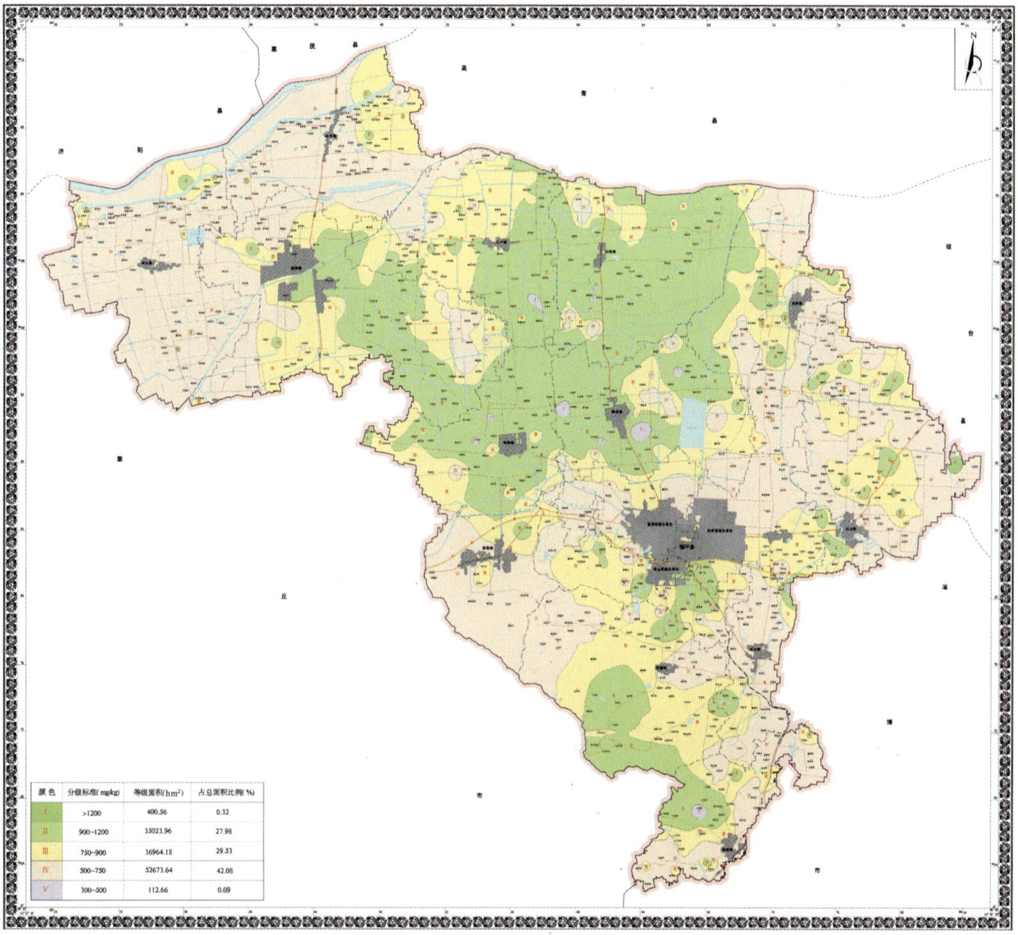

颜色	分级标准(mg/kg)	等级面积(hm²)	占总面积比例(%)
Ⅰ	>1200	400.56	0.32
Ⅱ	900~1200	35023.96	27.98
Ⅲ	750~900	36964.18	29.53
Ⅳ	500~750	52673.64	42.08
Ⅴ	300~500	112.66	0.09

1954年北京坐标系 1956年黄海高程系　　比例尺1:450000　　山东农业大学资源与环境学院
山东天地亚太国土遥感有限公司　二〇〇九年十月

邹平县土壤碱解氮含量分布图

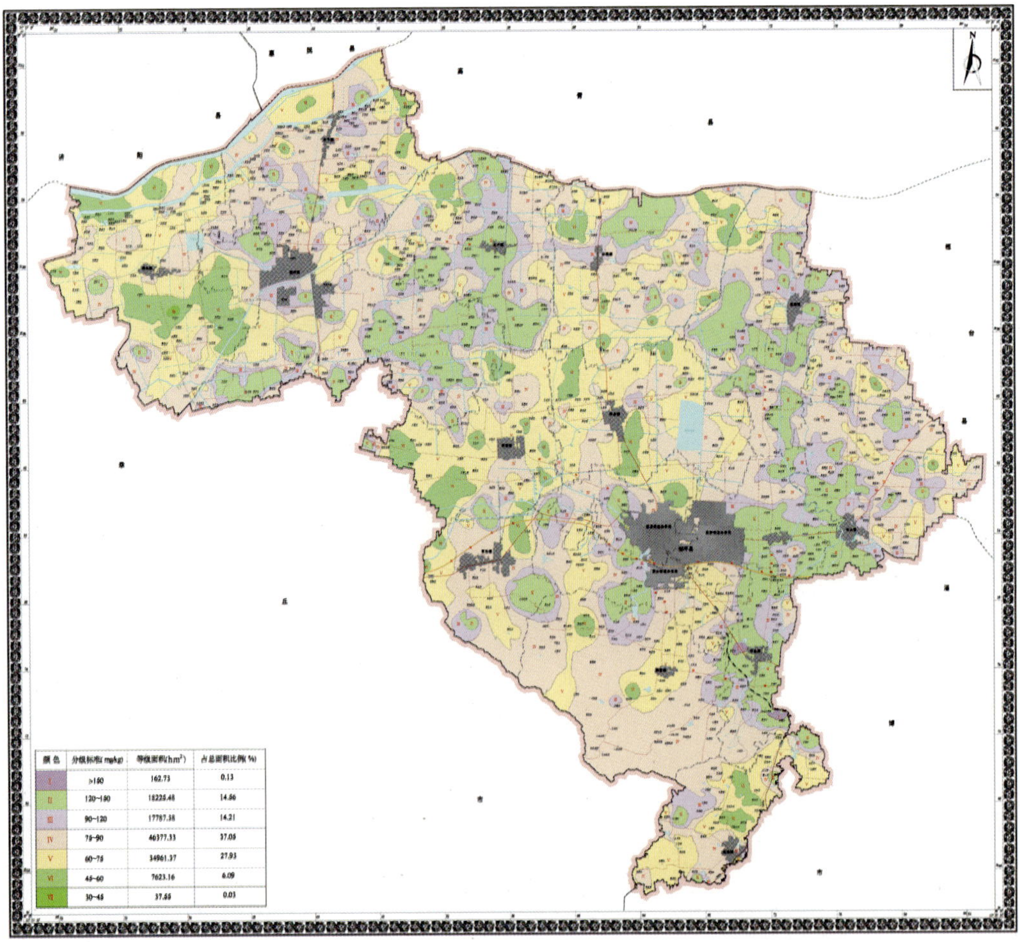

1954年北京坐标系 1956年黄海高程系　　比例尺1:450000　　山东农业大学资源与环境学院 山东天地亚太国土遥感有限公司 二〇〇九年十月

邹平县土壤全氮含量分布图

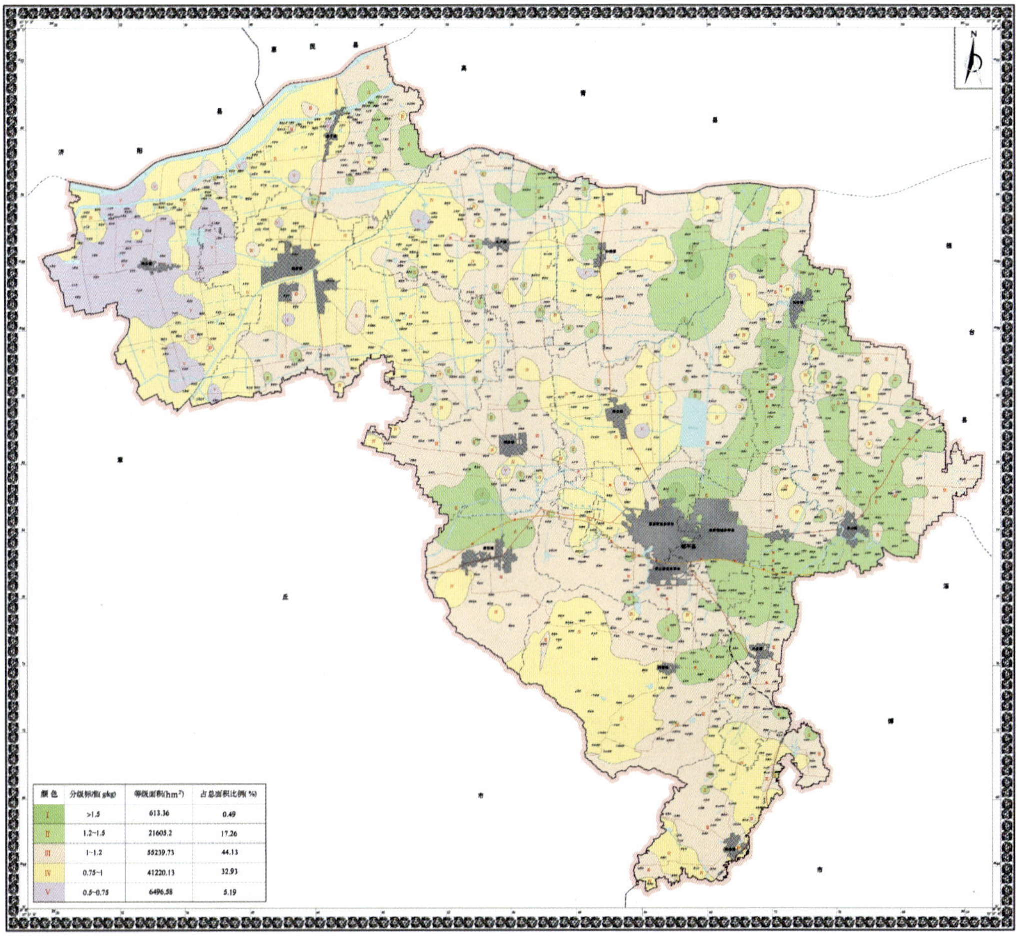

1954年北京坐标系 1956年黄海高程系　　比例尺1:450000　　山东农业大学资源与环境学院 山东天地亚太国土遥感有限公司 二〇〇九年十月

邹平县土壤速效钾含量分布图

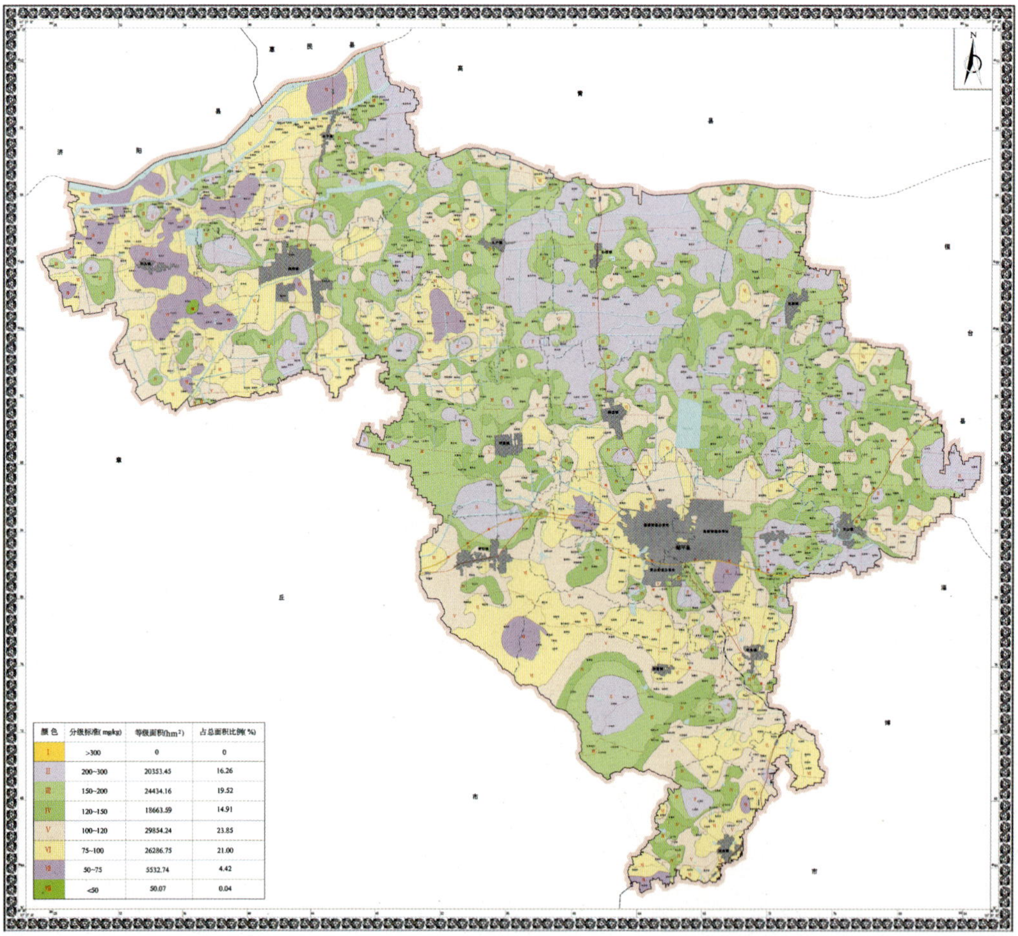

颜色	分级标准(mg/kg)	等级面积(hm²)	占总面积比例(%)
Ⅰ	>300	0	0
Ⅱ	200~300	20353.45	16.26
Ⅲ	150~200	24434.16	19.52
Ⅳ	120~150	18663.59	14.91
Ⅴ	100~120	29854.24	23.85
Ⅵ	75~100	26286.75	21.00
Ⅶ	50~75	5532.74	4.42
Ⅷ	<50	50.07	0.04

1954年北京坐标系 1956年黄海高程系　　比例尺1:450000　　山东农业大学资源与环境学院 山东天地亚太国土遥感有限公司 二〇〇九年十月

邹平县土壤有机质含量分布图

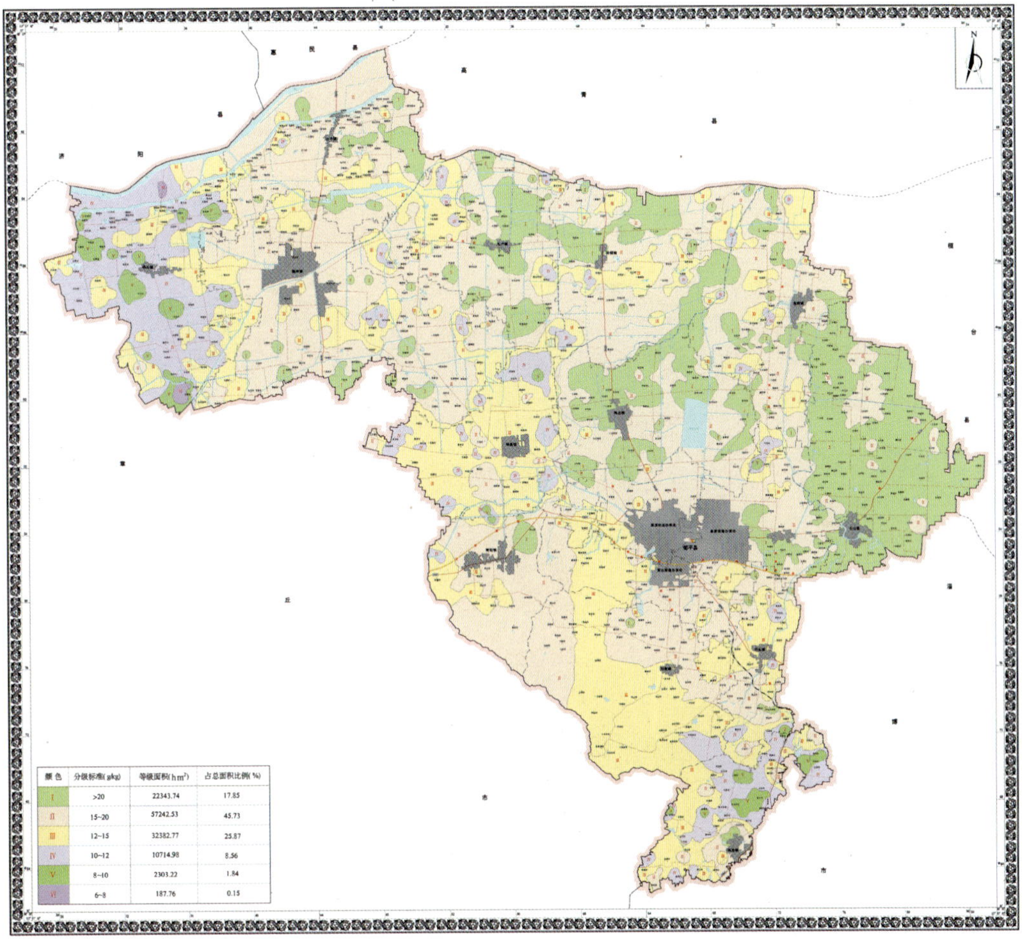

颜色	分级标准(g/kg)	等级面积(hm^2)	占总面积比例(%)
Ⅰ	>20	22343.74	17.85
Ⅱ	15~20	57242.53	45.73
Ⅲ	12~15	32382.77	25.87
Ⅳ	10~12	10714.98	8.56
Ⅴ	8~10	2303.22	1.84
Ⅵ	6~8	187.76	0.15

1954年北京坐标系 1956年黄海高程系

比例尺1:450000

山东农业大学资源与环境学院
山东天地亚太国土遥感有限公司 二〇〇九年十月

邹平县土壤有效磷含量分布图

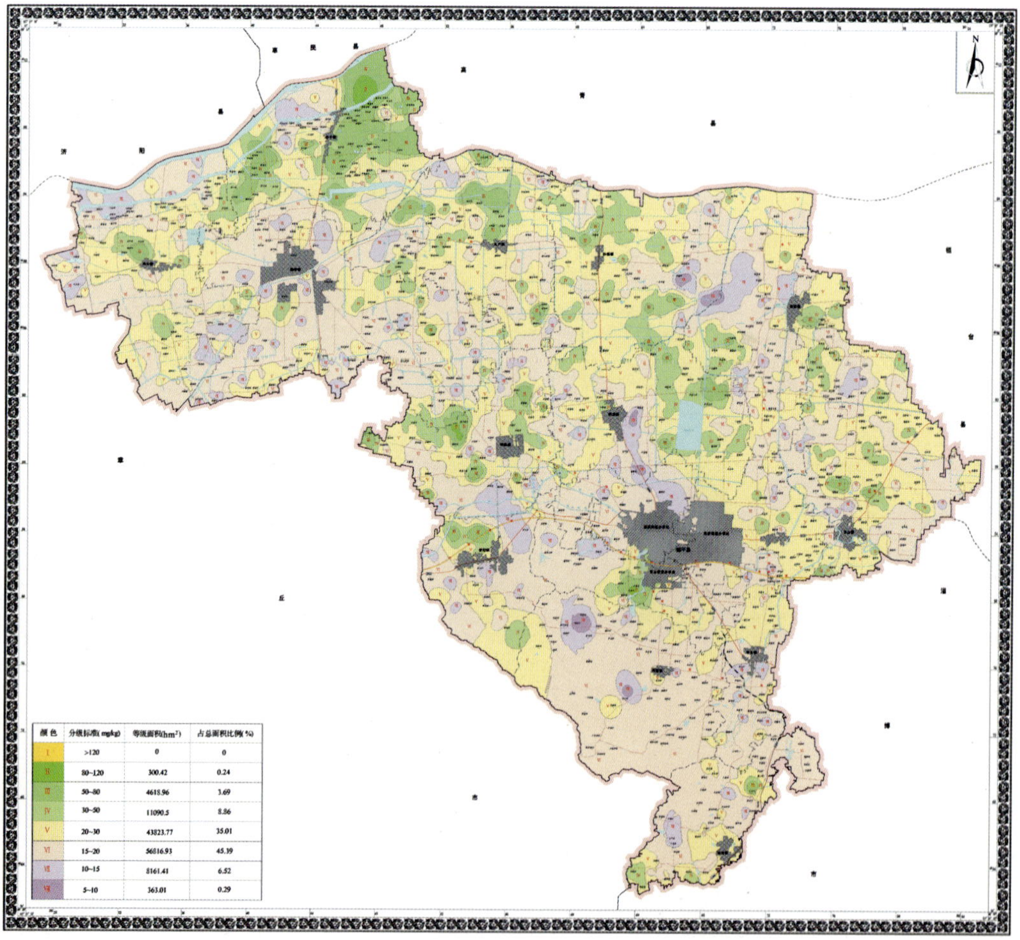

颜色	分级标准(mg/kg)	等级面积(hm²)	占总面积比例(%)
Ⅰ	>120	0	0
Ⅱ	80~120	300.42	0.24
Ⅲ	50~80	4618.96	3.69
Ⅳ	30~50	11090.5	8.86
Ⅴ	20~30	43823.77	35.01
Ⅵ	15~20	56816.93	45.39
Ⅶ	10~15	8161.41	6.52
Ⅷ	5~10	363.01	0.29

1954年北京坐标系 1956年黄海高程系

比例尺1:450000

山东农业大学资源与环境学院
山东天地亚太国土遥感有限公司 二〇〇九年十月

邹平县土壤有效锰含量分布图

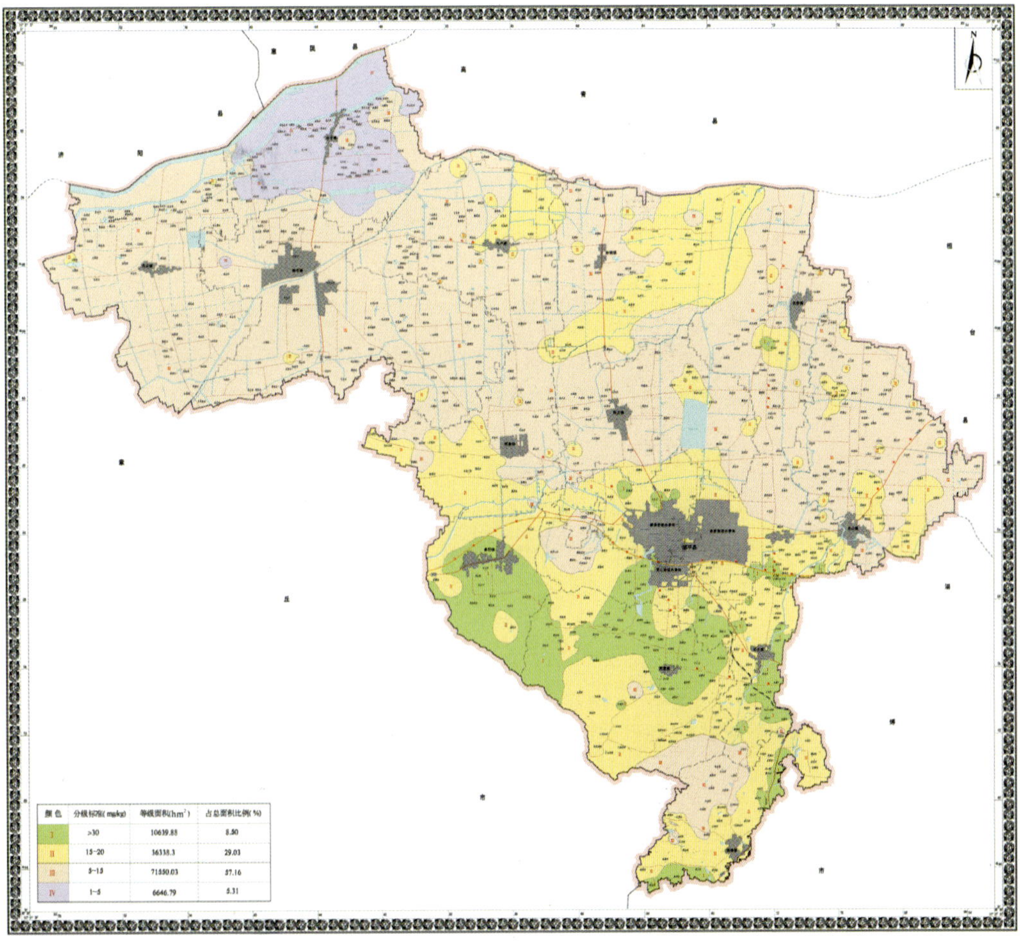

1954年北京坐标系 1956年黄海高程系　　比例尺1:450000　　山东农业大学资源与环境学院
山东天地亚太国土遥感有限公司 二〇〇九年十月

邹平县土壤有效硼含量分布图

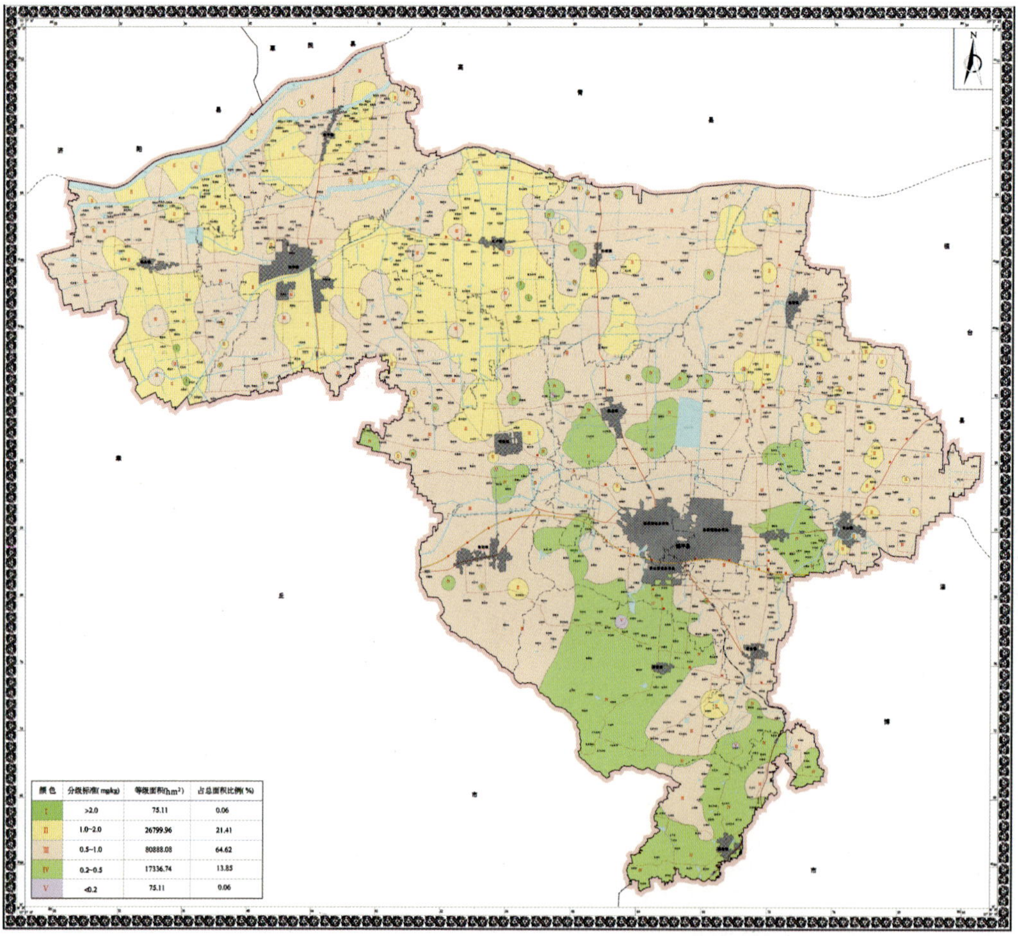

颜色	分级标准(mg/kg)	等级面积(hm²)	占总面积比例(%)
Ⅰ	>2.0	75.11	0.06
Ⅱ	1.0~2.0	26799.96	21.41
Ⅲ	0.5~1.0	80888.08	64.62
Ⅳ	0.2~0.5	17336.74	13.85
Ⅴ	<0.2	75.11	0.06

1954年北京坐标系 1956年黄海高程系

比例尺1:450000

山东农业大学资源与环境学院
山东天地亚太国土遥感有限公司 二〇〇九年十月

邹平县土壤有效铁含量分布图

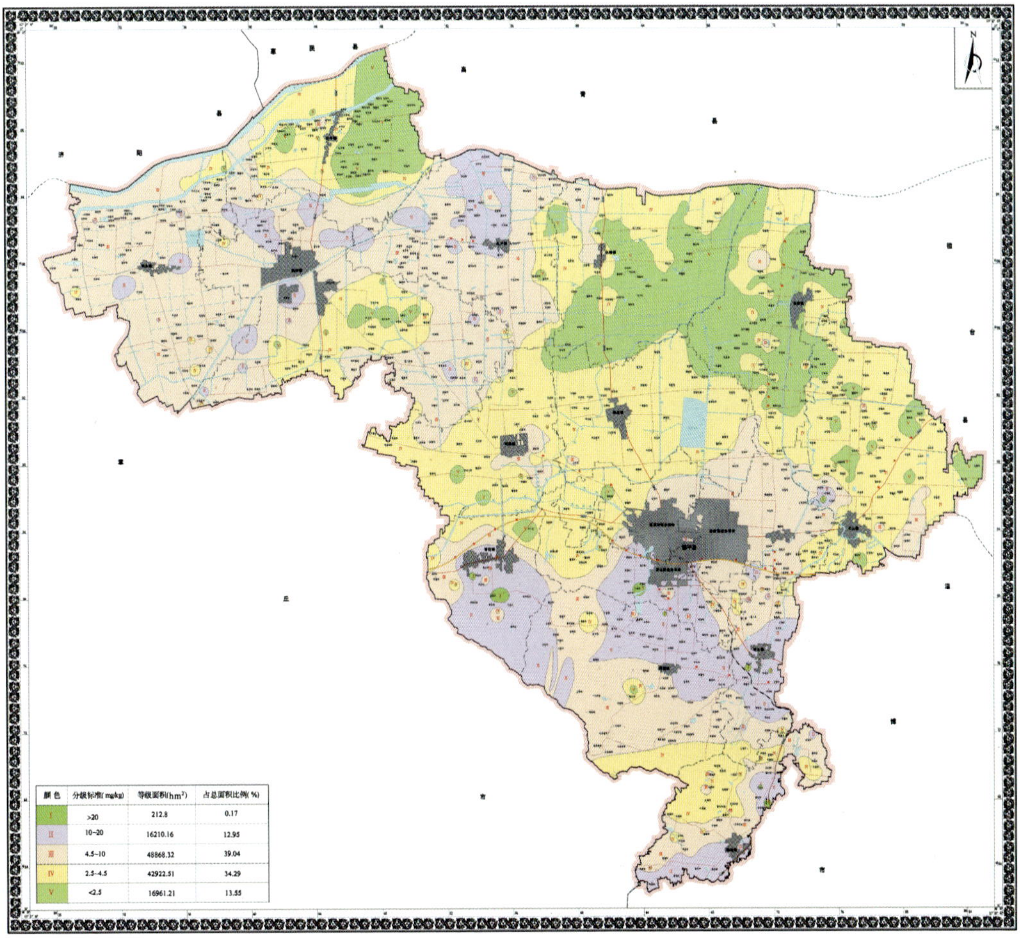

1954年北京坐标系 1956年黄海高程系

比例尺1:450000

山东农业大学资源与环境学院
山东天地亚太国土遥感有限公司 二〇〇九年十月

邹平县土壤有效铜含量分布图

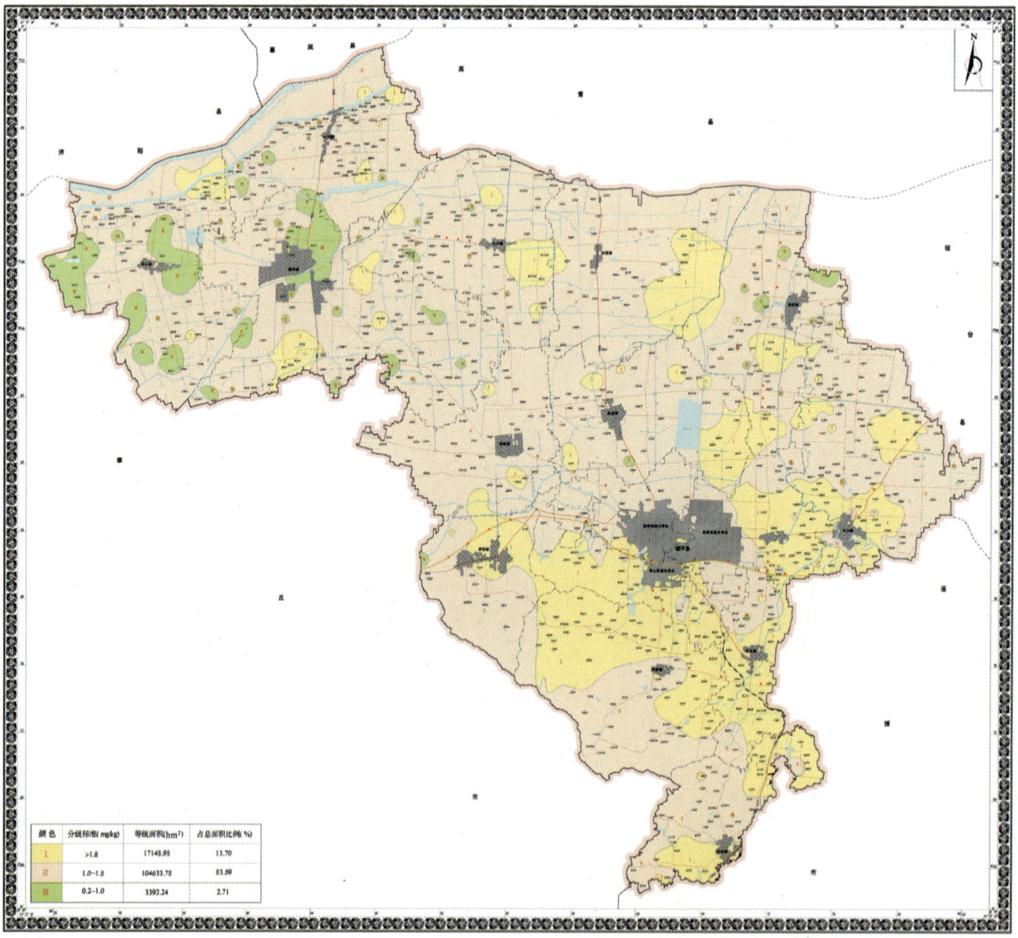

1954年北京坐标系 1956年黄海高程系　　比例尺1:450000　　山东农业大学资源与环境学院 山东天地亚太国土遥感有限公司 二〇〇九年十月

邹平县土壤有效锌含量分布图

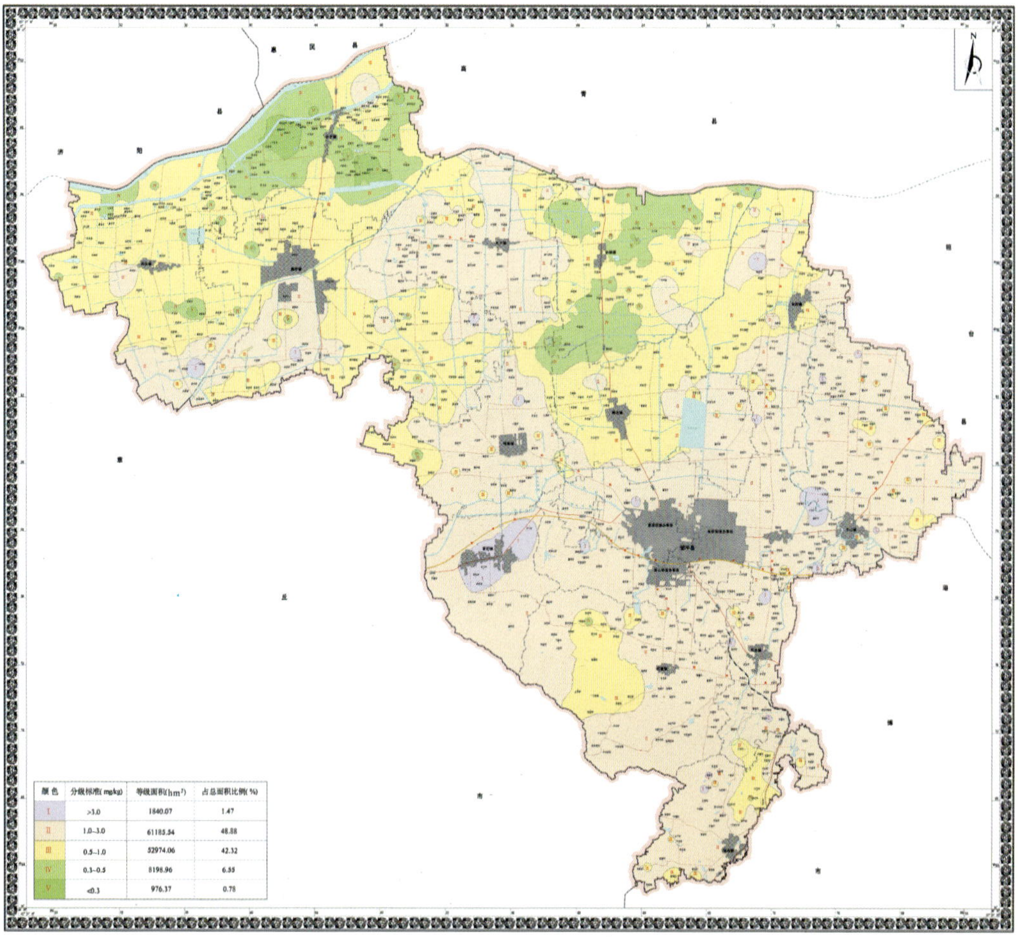

1954年北京坐标系 1956年黄海高程系　　比例尺1:450000　　山东农业大学资源与环境学院 山东天地亚太国土遥感有限公司 二〇〇九年十月

主要参考文献

[1]邹平县第二次土壤普查办公室.邹平县土壤志(内部资料),1985

[2]邹平县统计局.邹平县统计年鉴(内部资料),2006～2015

[3]山东省土壤肥料工作站.山东土壤,北京:中国农业大学出版社,1994

[4]山东省土壤肥料工作站.山东土种志,北京:农业出版社,1993

[5]惠民地区土壤肥料工作站.惠民地区土种志(内部资料),1988

[6]仲跻秀,施岗陵.土壤学,北京:农业出版社,1992

[7]杜春祥,李涛,王作喜.鱼台耕地,济南:山东大学出版社,2006

[8]邹平县地方史志办公室整理编印.齐东县志(内部资料),2009

[9]邹平县地方史志办公室整理编印.邹平县志(内部资料),2010

[10]邹平县地方史志办公室整理编印.长山县志(内部资料),2010

[11]刘永志,王天远.博兴耕地,济南:山东大学出版社,2013

图书在版编目(CIP)数据

邹平耕地/任兴超等主编.—济南:山东大学出版社,2017.1
ISBN 978-7-5607-5709-4

Ⅰ.①邹… Ⅱ.①任… Ⅲ.①耕地资源—资源评价—邹平县 Ⅳ.①F323.211

中国版本图书馆 CIP 数据核字(2017)第 027413 号

责任编辑:李　港
封面设计:张　荔

出版发行:山东大学出版社
社　址　山东省济南市山大南路 20 号
邮　编　250100
电　话　市场部(0531)88364466
经　销:山东省新华书店
印　刷:泰安金彩印务有限公司
规　格:787 毫米×1092 毫米　1/16
13.75 印张　12 插页　336 千字
版　次:2017 年 1 月第 1 版
印　次:2017 年 1 月第 1 次印刷
定　价:45.00 元